EDUCATION for the ELDERLY

노인교육론

현영렬 황여울 최윤지 정숙희 이현주 이장희
유승창 안경애 서민호 김채언 강희성 공저

양성원

머리말

노인들은 퇴직 후 기본적으로 생계유지와 주거부족 등의 경제적 어려움을 경험할 가능성이 높고, 더불어 다양한 노인성 질병에 노출될 가능성이 매우 높지만 이에 대한 적절한 서비스를 제공받지 못하는 상황이 발생하고 있다. 또한 가정과 사회로부터의 소외와 노인문화의 미정착으로 인해 정서적으로도 큰 고통과 혼란을 경험하게 된다. 다시 말해 노인이 된다는 것은 노인 개인의 문제는 물론 사회 전체에 문제를 일으키게 되는데, 이러한 사회의 고령화 현상은 세계적인 추세로 나타나고 있고 심각한 사회문제로 발전하는 양상을 보이고 있다. 이처럼 노인인구의 증가는 국가 및 사회의 모든 영역에 영향을 미치며 노인문제가 곧 사회문제가 된다.

이와 같은 노인문제의 발생은 사회적 환경과 심리적 불안 등의 사회 복합적인 형태를 가지고 있기 때문에 노인 스스로 자신의 신체적, 심리적, 사회적으로 약화된 기능을 보완하고, 변화하는 생활환경 등을 이해하고, 노년생활의 환경적 변화를 적절히 대처할 수 있는 능력을 배양하기 위한 노인교육이 어느 때보다 필요하다고 할 수 있다.

노인의 삶 내지 성공적인 노년기는 노인복지서비스 차원에 있어서 중대한 결정 요인이 될 수 있다. 앞으로 다가올 사회의 노인문제는 단순히 사회복지적 차원의 노력만으로 해결할 수 없다. 물론 노인들이 가지고 있는 가장 기본적인 수준의 욕구 해소에 있어서 사회복지정책의 기여를 무시할 수는 없지만 보다 근본적인 수준에서 그리고 효율적이고 적극적인 방향으로의 해결을 위해서는 평생교육적 접근이 필수적이라고 할 수 있다.

따라서 본 책은 우리나라의 노인교육을 이해하고 탐구함으로써 노인교육의 현주소와 문제점 및 개선방안을 파악하고, 이를 바탕으로 노인교육을 위한 실천방법들을 구체적으로 익힘으로써 노인교육을 위한 전문가로서의 실천능력을 함양하는 데 목적을 두고 있으며, 이를 위해 총 2부 12장으로 구성하였다.

1부 노인교육의 기초에서는 6개의 장으로 구성하였는데, 1장 노인과 노인교육의 이해에서는 노인에 대한 이해, 인간의 노화 및 노인교육의 이해에 대해 소개하였고, 2장 노인의 신체적 특성과 교육에서는 신체적 노화 및 노인의 신체적 특징과 교육에 대해 기술하였으며, 3장 노인의 인지적 특성과 교육에서는 심리적 노화, 심리적 노화의 주요 사례 및 노인의 인지적 특성과 교육에 대해 소개하였고, 4장 노인의 사회적 특성과 교육에서는 사회적 노화, 사회적 노화이론 및 노인의 사회적 특성과 교육에 대해 기술하였으며, 5장 노인평생교육의 이해 및 현황에서는 평생교육의 이해, 노인평생교육의 이해, 노인평생교육 프로그램의 운영 실태, 노인 및 중장년 평생교육 현황을 소개하였고, 6장 노인교육방법의 이해 및 평가에서는 교육방법의 개념과 유형, 평생교육방법의 개념과 특징, 노인평생교육방법의 원리 및 노인평생교육의 평가에 대해 기술하였다.

2부 노인교육의 실제에서는 6개의 장으로 구성하였는데, 7장 노인정보화교육에서는 4차 산업혁명의 이해, 정보통신기술의 이해 및 노인정보화교육에 대해 소개하였고, 8장 퇴직준비교육에서는 은퇴와 노년생활, 퇴직과 퇴직준비교육, 외국의 퇴직준비교육 및 우리나라 퇴직준비교육의 문제점 및 발전방향에 대해 기술하였으며, 9장 재취업교육에서는 노인고용의 의미와 실태, 정년퇴직예정자의 재취업지원, 재취업지원교육 및 사회적 노인일자리 사업에 대해 소개하였고, 10장 노인여가교육에서는 노인여가활동의 이해 및 노인여가교육에 대해 기술하였으며, 11장 죽음준비교육에서는 죽음에 대한 이해 및 죽음준비교육에 대해 소개하였고, 12장 세대공동체교육에서는 세대, 세대갈등과 세대공동체의 이해 및 세대공동체교육에 대해 자세하게 기술하였다.

본 책을 통해 사회변화에 따른 노인의 변화와 노인에 대한 다양한 관점들을 이해하고, 한국사회 노인들이 경험하는 문제들을 바탕으로 노인교육에 대한 대책과 개입 방안을 모색해 보기를 바란다. 또한 우리나라의 노인교육실천의 방법론을 이해하고 주제별 노인교육서비스를 효과적으로 제공할 수 있는 방법들을 학습하길 바란다.

끝으로 이 책의 출판을 허락해 주시고 좋은 책이 될 수 있도록 편집에 힘을 써 주신 양성원 출판사의 강철원 사장님을 비롯해 임직원 여러분들께도 깊은 감사의 마음을 전한다.

2024년 7월

저자 일동

차 례

PART 2 노인교육의 실제

P·A·R·T 1

노인교육의 기초

01
Chapter

노인과 노인교육의 이해

배울 내용

1. 노인에 대한 이해
2. 인간의 노화
3. 노인교육의 이해

학습목표

1. 노인에 대한 정의 및 특성을 파악하고 발달단계의 노년기를 설명할 수 있다.
2. 인간의 노화이론과 성공적 노화를 설명할 수 있다.
3. 노인교육의 개념을 이해하고 필요성을 숙지한다.

1. 노인에 대한 이해

1) 노인의 정의

일반적으로 '노인'을 정의하는 데 개인의 신체적 특성이나 사회 · 문화적 차이에 따라 그 기준이 서로 다르지만, 일반적으로 나이라는 기준을 통해 노인의 개념을 규정하고 있다. 구체적으로 UN에서는 노인의 기준을 65세로 규정하고 있고, 국내의 「노인복지법」에서는 노인을 65세 이상인 자로, 국민연금수급 대상자 선정에서는 노인을 60세 이상인 자로, 기초노령연금제도나 각종 경로우대제도는 65세 이상인 자를 노인의 기준으로 하고 있다(김청자 외, 2012).

이와 같이 나이를 기준으로 노인을 구분하는 것이 일반적이지만, 인간의 발달은 단순히 시간의 경과에 따라 이루어지는 것이 아니기 때문에 나이로만 노인을 규정하는 것이 반드시 옳은 것은 아니라는 논의도 많다. 왜냐하면 발달의 속도가 개인마다 다를 뿐만 아니라 같은 사람이라도 어떤 측면은 빨리 성장하고 또 다른 측면은 느리게 성장하기 때문이다.

따라서 나이에 따른 개념적 정의의 한계를 벗어나 기능적인 측면에서 노인을 규정하고자 하는 의견이 있어 왔다. 이 관점에서는 생물학적 연령(biological age), 심리적 연령(psychological age) 그리고 사회적 연령(social age)으로 노인을 구분하자고 주장한다(정옥분, 2008). 생물학적 연령은 개인이 어느 정도로 신체적 활력을 갖고 있는가를 의미하는 것으로 나이와 가장 밀접한 관련성을 가진다. 생물학적 연령은 출생 이후 계속 성장을 해 나가다가, 20대를 전후해서 천천히 하강 내지는 유지하며, 60세를 전후로 해서 급격한 쇠퇴를 나타내는 것으로 알려져 있다(Cross, 1982). 그러나 중요한 사실은 이러한 생물학적 연령이 나이와 반드시 일치하는 것은 아니며 또한 모든 개인에게 동일하게 적용되는 것도 아니라는 것이다. 즉, 생물학적 연령은 개인마다 큰 차이를 보인다. 왜냐하면 생물학적 연령은 개인의 신체적 건강수준에 따라 측정되기 때문에 유전적 요소와 운동량, 식사, 그가 경험한 사고의 종류와 횟수, 흡연과 음주 등 생활습관, 그리고 생활환경 등의 영향을 받기 때문이다. 그렇기 때문에 규칙적으로 운동을 하는 60세 성인이 전혀 운동을 하지 않는 50세 성인보다 생물학적 연령이 더 낮을 수 있다(남선경, 2012).

심리적 연령은 심리적 성숙도를 의미하는 것으로 나이가 같은 사람들과 비교하여 환경변화에 얼마나 잘 적응하며 예기치 않은 생활사건이 주는 스트레스에 얼마나 잘 대처하는가에 의해 측정된다. 이러한 심리적 연령은 개인에 따라 차이가 크다. 즉, 다양한 개인차가 나타나는 원인은 유전적 요인, 환경적 요인, 각 개인이 그 자신의 삶의 과정에 영향을 주는 방식에서부터 초래되는 개별화의 효과, 그리고 다양한 종류의 질병 등의 영향을 받기 때문이다. 따라서 심리적 연령은 나이에 따른 일률적인 과정이 아니라는 점이 강조된다(Baltes & Baltes, 1990).

사회적 연령은 개인이 속한 사회에서 자신의 연령에 적합한 역할을 얼마나 훌륭히 수행하는가를 의미하는 것으로 우리사회에서 하나의 규범으로 정해진 나이를 말한다. 사회적 연령은 나이와 밀접한 관련이 있다. 즉, 취업, 결혼, 출산, 은퇴 등에 적절한 나이가 있다는 사회적 기대가 형성되어 있어 사람들은 이 같은 사회적 시간대에 자신의 주요 인생사건을 맞추려는 경향이 강하기 때문이다. 과거에 비하여 평균수명이 연장되고 노년층의 건강상태가 보다 향상되었음에도 불구하고 하나의 규범으로 정해진 사회적 연령은 과거 관습에서 벗어나지 못하고 있다.

특히 강제정년에 의하여 노년층은 일정 연령에 이르면 직상에서 도태되기 쉽다. 정년제도가 처음으로 도입될 당시 우리나라 사람들의 평균수명은 남녀 각각 54.9세와 61.0세였으나 2021년 우리나라 사람들의 평균기대수명은 남녀 각각 80.9세와 86.8세로 25세 이상이 증가했음에도 불구하고 정년연령은 그 당시의 수준을 유지하고 있다. 또한 의료기술의 발달과 풍부한 영양섭취로 평균수명은 계속 증가할 것으로 전망되므로, 건강하고 일을 계속할 능력을 가진 노년층에게 고용을 연장해 주고, 적절한 분야에 재배치하기 위한 노력뿐 아니라 시대상에 맞춘 사회적 연령의 변화가 무엇보다 필요하다고 할 수 있다.

앞서 살펴본 바에 의하면, 노인을 정의할 때 가장 일반적인 것은 나이에 의한 개념으로서 우리나라의 경우 65세 이상을 노인으로 분류한다. 하지만 발달이 단순히 시간이 경과하는 것으로 이루어지는 것은 아니기 때문에 여러 가지 기능적 연령도 함께 고려되어야 한다. 따라서 단순히 나이만으로 노인을 구분 짓는 것보다는 기능적 연령을 고려하여 노인을 이해하는 것이 필요하다. 특히 사회적 연령 중 정년제도의 나이는 과거에 비하여 평균수명이 연장되고 노년층의 건강상태가 보다 향상되었음을 고려하여 상향 조정될 필요가 있다(남선경, 2012).

2) 노인의 인구학적 특성

일반적으로 고령화란 한 사회에서 노인의 인구비율이 높아져 가는 변화를 지칭하며, 우리나라는 고령인구 비율이 7%(고령화사회)에서 14%(고령사회)로 도달하는 데 걸린 기간은 18년이고, 14%에서 20%(초고령사회)는 불과 8년에 불과할 것으로, 기타 선진국에 비해 훨씬 빠른 속도로 초고령사회에 진입할 것으로 예상되고 있다.

표 1-1. 주요국가의 인구 고령화 속도 추이

	도달연도			증가소요연수	
	7%	14%	20%	7%→14%	14%→20%
일본	1970	1994	2006	24	12
프랑스	1864	1979	2018	115	39

	도달연도			증가소요연수	
	7%	14%	20%	7%→14%	14%→20%
독일	1932	1972	2009	40	37
이탈리아	1927	1988	2006	61	18
미국	1942	2015	2036	73	21
한국	2000	2018	2026	18	8

노인의 인구학적 특성에서 연령계층별 고령인구 및 인구구조 변동추이 및 전망을 살펴보면 **그림 1-1**과 같다.

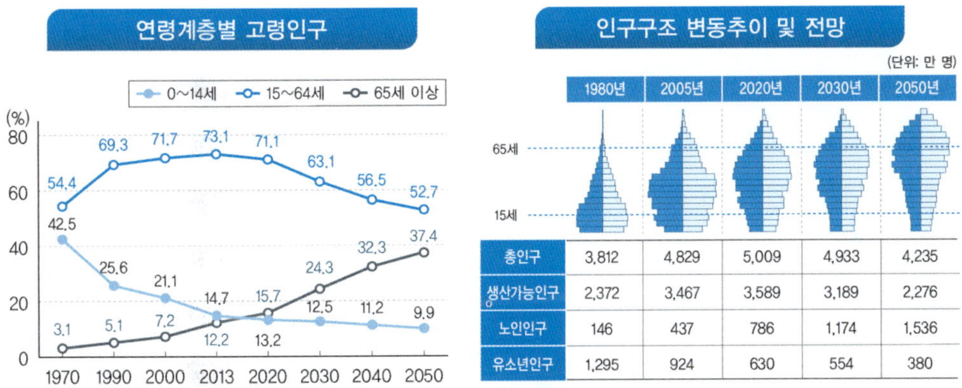

그림 1-1. 연령계층별 고령인구와 변동추이

총인구에서 65세 이상 고령자가 차지하는 비율인 노령인구는 1970년 3.1%에서 2013년 12.2%, 2021년 16.6%로 크게 증가하였으며, 2030년 24.3%, 2050년 37.4% 수준에 이를 것으로 전망되고 있다. 특히 85세 이상 초고령 인구 비율은 2013년 0.9%에서 2030년 2.5%, 2050년 7.7%로 크게 증가할 것으로 예상된다. 또한 가임여성 인구가 크게 감소하고 있기 때문에 출생아 수는 지속적으로 감소하고 있다. 성별 고령인구에 대한 현황은 **그림 1-2**와 같다.

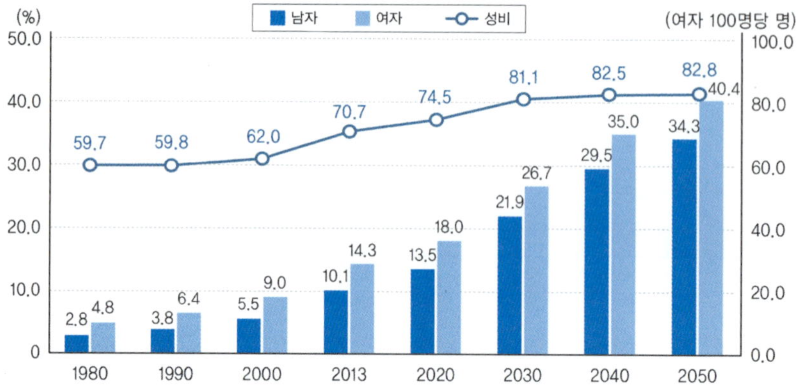

그림 1-2. 성별 고령인구

성별 고령인구를 보면, 2013년에 65세 이상 고령자의 성비(여자인구 100명당 남자 수)는 70.7%로 2030년에는 81.1%로 크게 높아질 것으로 예상되며, 이는 의료기술의 발달 및 건강에 대한 관심 고조 등으로 인해 남자 고령자의 사망률이 점차 낮아지고 있기 때문이다. 우리나라 연도별 평균 기대수명 추이와 OECD 주요 국가 기대수명 현황은 **그림 1-3**과 같다.

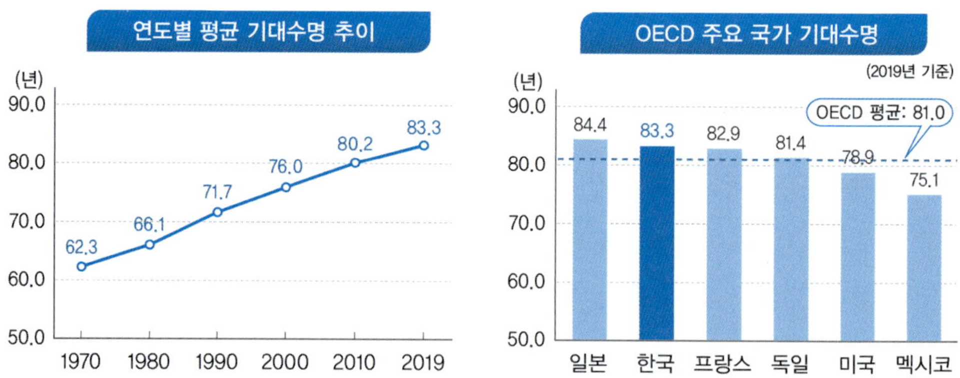

그림 1-3. 연도별 평균 기대수명과 OECD 주요 국가 기대수명

1970년 통계를 집계한 이후 해당 연도 출생아의 기대수명은 꾸준히 증가세를 보였는데, 2019년에는 처음으로 83년을 넘어 경제협력개발기구(OECD) 국가 평균(81.0년)보다 2년 이상 긴 것으로 나타났다. 성별로는 남성이 80.3년, 여성은 86.3년으로 여성과 남성 간의 격차(6.0년)는 1985년(8.6년)을 정점으로 줄어드는 추세이다. 경제협력개발기구(OECD) 평균과 비교하면 남성은 2.2년, 여성은 2.9년 더 높다. 여성은 OECD 회원국 중 일본(87.3년) 다음으로 높았고, 남성은 11위였다. 1999년에는 남성과 여성 각각 OECD 평균보다 0.6년, 0.7년 낮았으나 의학기술의 발달 등으로 빠른 속도로 개선되어 왔다.

3) 발달단계로 본 노년기

노년기 역시 다른 발달단계와 마찬가지로 독특한 발달과업을 포함하고 있다. 아동기를 힘과 경험을 모으고 확대시키는 시기로 본다면, 노년기는 학습하고 적응하는 과정에서 이미 성취해 놓은 것들을 더욱 명확히 하고 심화시켜 나가며, 삶 전체에 대한 본인만의 조망을 형성해 가는 시기라고 할 수 있다. 이러한 의미에서 본다면, 결국 노년은 보다 완성에 가까운 것을 향유할 수 있는 시기이며, 더 성숙하고 복잡한 인간으로서 살아가는 시기라고 할 수 있다.

노년기에 관한 이러한 시각은 특히 인간발달에 관한 새로운 이론적 입장, 즉 전생애 발달이론(life-span development)의 등장과 큰 관련이 있다. 이 이론의 등장 이전에는, 인간은 태어나서 청소년기까지만 발달하며 그 이후로는 정지 내지는 오히려 쇠퇴하는 것으로 생각하였다. 그러나 1950년대부터 등장하기 시작한 전생애 발달이론의 관점은, 인간이 태어나 사망에 이르기까지 전생애 기간에 걸쳐 발달이 이루어진다는 새로운 관점을 제시하였다. 전생애 발달이론의 관점에서 볼 때, 노년기란 인간의 전생애에 걸친 긴 발달 행로 중의 한 과정이라고 할 수 있다. 노년기는 인생의 마지막이거나 더 이상 갈 곳이 없는 막다른 골목이 아니라 미완의 발달과업을 남겨 놓고 있는 진행형의 과정으로 보는 것이다. 또한 노년기는 단순히 양적인 쇠퇴의 시기이기보다는 계속적인 질적 변화와 발달의 시기이며 어떤 특수한 계층이나 집단만이 경험하게 되는 비정상적이고 특수한 경험이 아닌, 인간이라면 누구나 맞이하게 되는 보편적인 발달상의 한 단계이다(신경안 외, 2023).

에릭슨(Erikson)의 인간발달과정 모형은 발달과 노화의 이해를 돕는 데 가장 유용한 모형이다. 에릭슨은 평생 동안의 성장을, 반드시 수행되어야 할 발달과업을 제시하였다. 삶의 각 단계에서 안정의 시기는 발달위기를 수반한다. 이 위기를 해결함으로써 다음 단계로의 이행이 계속된다. 하지만 이 단계들은 위계적이지 않고 순환적이며 예측이 가능하다. 단계들이 순환적이라는 것은 특정 단계의 과업이나 위기를 완전히 해결하지 않고서도 다음 단계로 진행될 수 있다는 것이다. 위기의 해결 여부와 상관없이 일정 연령에 도달하면 생물학적 성숙이나 사회적 압력에 의해 다음 단계의 발달로 진행하게 된다고 보았다. 그 결과, 노년기가 되었을 때에는 전 단계에서 해결하지 못한 과업이나 위기는 그대로 남아 있어 자아통합을 이루고자 할 때 장애가 될 수 있다.

에릭슨의 여덟 가지 발달단계 중 마지막 단계인 노년기는 자신의 삶을 되돌아보고 평가하며 통합하는 시기이다. 통합은 지난날의 과오, 결점, 실패 등을 인정하고 수용하는 데서 시작된다. 자신의 삶에서 이루고자 했던 것을 실현시키고 이루었으며 후회를 거의 하지 않고 만족하며 자신의 인생을 받아들이게 된다.

기존의 정신분석이론이 인간의 발달을 주로 청소년기까지로 한계를 긋고 있는 반면, 에릭슨의 발달이론은 개인의 자아발달을 장년기 · 노년기까지 포함하고 있다는 점에서 인간의 전생애 발달과정을 좀 더 폭넓게 설명해 준다. 하지만 같은 연령의 성인이라도 개인차가 매우 심하기 때문에 성인의 발달을 연령에 따른 일련의 단계로만 보는 것은 현실과는 잘 맞지 않는다.

레빈슨(Levinson, 1978)은 임신에서 죽음에 이르기까지 개인의 인생주기를 계절의 개념으로 접근하였다. 레빈슨의 성인발달모델 역시 에릭슨과 마찬가지로 발달과정을 연령의 단계로 구분하였다. 그는 노년기를 인생의 마지막 계절이라고 지칭하면서 60대 초반에 전환기를 거쳐 65세에 노년기에 진입한다고 보았다. 전환기는 중년기를 끝내고 노년기를 준비하는 시기이다. 즉, 중년기를 성공적으로 끝내고, 은퇴를 준비하며, 노년기의 신체적 쇠퇴에 대비하는 시기로서 인생주기에서 매우 중요한 전환점이다. 전환기를 마치면 노년기에 진입하게 되는데, 이 시기는 은퇴와 신체 쇠퇴에 적합한 새로운 인생구조를 수립하고, 질병에 대처하고 잃어버린 젊음에 대한 심리적 적응을 하게 된다.

두 이론의 특성을 비교해 보면 에릭슨이 8단계로 발달의 전생애이론을 주장한 반면, 레빈슨은 인생주기 모형을 크게 4개의 시기로 나누고 세 번의 전환기를 통해 각 단계별로 거쳐야지만 발달이 이루어진다고 주장하였다. 두 이론은 단계의 구분은 다르지만 성인발달이 연령과 밀접한 관련이 있음을 주장한 점에서는 유사하다. 하지만 아동기와는 달리 성인기에는 동일한 쟁점들이 되풀이되고, 동시에 복잡하고 역동적인 사회적 관계 속에서 다양한 역할을 부여받기 때문에 이같이 단순화시켜서 이해하는 것은 자칫 성인기의 다양성을 단순화시킬 수 있다는 우려도 있다.

연령지향적인 발달단계가 이 같은 결함에도 불구하고 매력을 느끼게 하는 이유는 중년기 및 그 이후의 성격발달에서는 어떠한 주요 변화도 일어나지 않는다는 기존의 관념에 도전하여 성인기에도 계속해서 변화하고, 발달하고, 성장한다는 메시지 때문이다.

2. 인간의 노화

1) 인간의 노화이론

노화란 시간의 흐름에 따라 유기체의 세포, 조직, 기관 또는 유기체 전체에서 일어나는 점진적 변화이며 인간이 출생하여 죽음에 이르기까지 나타나는 전반적인 변화이다. 또한 노화는 각 장기가 성숙해 가고 퇴화되어 가는 점진적이고 예측되는 과정이다. 이러한 노화는 피할 수 없는 과정이지만 노화의 정도는 개개인에 따라 다르게 나타난다.

인간의 노화는 수정에서 시작되어 일생 동안 지속되는 정상적인 과정이며, 노화현상은 모든 사람에게 관계되는 문제임과 동시에 누구도 막을 수 없는 불가피한 현상이다. 최근 평균수명이 길어지고 사회에서의 노인인구가 증가됨에 따라 노화과정에 대한 특별한 관심이 더욱 증가되고 있다(한준, 2022). 노화는 한편으로는 몸과 정신이 노쇠해지는 생물학적 과정(senescence)인 동시에 주변의 변화를 따라가기 힘들어지는 사회학적 과정(obsolescence)이다. 신체적 노화는 보통 생물학적인 감퇴와 동일시되어 왔다. 그러나 신체적 노화의 과정은 생리적 기능의 효율성이 감소하는 것뿐이 아니라 경험, 환경 등 다른 상황적 요인에 의해서도 영향을 받는다. 질병이 없는 상태에서의 정상적인 노화는 서서히 지속적으로 진행하게 된다. 인체기관으로 살펴보면, 지속적으로 기관의 기능과 조절능력의 감소를 가져오게 된다. 노화에 따라서 자극에 대한 반응이 늦게 나타나고 기능면에서도 많은 개개인의 편차를 보이며 안정상태로의 회복도 서서히 일어나게 된다. 질병과 노화가 예민하고도 복잡하게 연관되기는 하지만 노화가 질병의 축적에 의해서 일어나지는 않는다. 노화가 단순한 그 과정보다는 흡연, 음주, 운동, 영양상태, 경제적 빈곤 등의 생활습관의 지배를 많이 받는다는 사실이다.

인체의 노화이론은 **표 1-2**에서 보는 바와 같이 생물학적 노화이론, 심리학적 노화이론, 사회학적 노화이론 등으로 구분된다.

표 1-2. 인체의 노화이론

구분	개념	이론의 종류
생물학적 노화이론	노화를 가장 기본적으로 이해, 시기와 진행속도에 차이가 있을 뿐 누구에게나 보편적으로 발생	유전적이론, 면역이론, 비유전적세포이론
심리학적 노화이론	감각기능, 지각기능, 정신기능, 적응능력, 성격 등이 연령증가에 따라 변화함을 의미하며 심리 내적 · 외적 측면의 상호작용 내포	사회유리이론, 사회교환이론, 성장발달이론, 활동이론, 지속성이론
사회학적 노화이론	나이가 들어가면서 사회적 역할을 상실해 가는 과정	현대화이론, 연령계층화이론, 하위문화이론, 사회와해이론

생물학적 노화(Biological aging)는 노화를 가장 기본적으로 이해하는 측면이라 할 수 있는데, 시기와 진행 속도에 차이가 있을 뿐 누구에게나 보편적으로 일어나는 것으로 신체 내적인 것에 기인하여 점차 신체기능을 약화시키고 죽음을 동반한다. 생물학적 노화이론에는 유전적이론, 비유전적세포이론, 면역이론 등이 있다. 심리학적 노화는 감각기능, 지각기능, 정신기능, 적응능력, 성격 등이 연령 증가에 따라 변화함을 의미하는데, 심리 내적 측면과 심리 외적 측면의 상호작용에서의 퇴행, 유지 및 성숙을 동시에 내포하는 심리적 조절과정으로, 반드시 퇴행적 발달만을 의미하지는 않는다. 심리학적 노화이론에는 사회유리이론, 활동이론, 사회교환이론, 지속성이론, 성장발달이론 등이 있다. 그리고 사회적 노화란 나이가 들어가면서 사회적 역할을 상실해 가는 과정을 말하며, 사회적 노화이론에는 현대화이론, 사회와해이론, 하위문화이론, 연령계층화이론 등이 있다.

2) 성공적 노화

세계적으로 노인인구의 증가추세는 선진국에서 시작되었고 이와 관련하여 성공적인 노화에 대한 연구가 과학적, 학문적으로 연구되기 시작한 것은 1960년대이다. 그리고 인생에 대한 만족의 개념에 머물던 노화의 관점은 1986년 세계노년학회의 연례회의에서 "Successful Aging" 개념이 제안되면서 "성공적 노화" 또는 "성공적 노후"에 대한 연구가 촉발되었다.

성공적 노화이론은 크게 전생애발달론, 자아통합론, 불연속이론, 적극적 인생참여론, 최적화이론 및 삶의 질과 주관적 안녕감 이론 등이 있으며, 이를 구체적으로 살펴보면 **표 1-3**과 같다(신경안 외, 2023; 이정희, 2015).

표 1-3. 성공적 노화이론

구분	시기	내용
전생애발달론	1960년대 Erikson, Jung, Maslow, Neugarten	• 생산적 성인발달관점에서 다양한 심리적, 사회적 단계 규명 • 노화를 성장으로 보며, 발달은 노년기에도 가능한 것으로 봄 • 퇴보와 관련된 적응양식의 변화도 발달개념에 포함하고, 노인에 대한 사회적 시각과 노인 자신의 시각전환의 계기가 됨
자아통합감	1963년 Erikson	• 성숙은 자율성, 주도성과 같은 자아양식의 성장을 촉진하는 것 • 생애발달 8단계 중 마지막 단계 '자아통합 대 절망감'은 노년기 과업 • 신체적, 사회적 퇴보를 보다 더 높은 인생철학으로 자아통합의 계기로 간주
불연속이론	1979년 Neugarten	• 전기 노인기: 55세~75세, 비교적 일과 가족의 구속으로부터 자유로우며, 소득활동, 새로운 것의 학습, 정치적 지식과 건강유지 • 후기 노인기: 특별한 보호와 보살핌이 필요한 연약한 노인기
적극적 인생참여론 (활동이론)	1984년 Rowe와 Kahn(미국)	• 노년학의 토대, 노화는 퇴화적 과정이 아님 • 노화는 개인의 기능수행에 어떤 방해를 하는가가 중요하며, 노인들도 새로운 것을 학습할 수 있음 • 노인기에도 생활습관을 바꾸면 건강해질 수 있음 • 노인기는 건강과 기능, 친구관계 등 사회적 관계, 교육수준과 삶에 대해 도전할 수 있는 시기

구분	시기	내용
최적화이론 (SOC)	1990년 Baltes와 Baltes(유럽)	• 정상적(nomal), 최적의(opimal), 병리적(pathological) 노화에는 차이가 존재 • 노화에는 개인적 다양성이 존재 • 노인의 인생후기에도 잠재능력이 존재 • 노인의 잠재능력과 가소성에는 한계가 존재 • 지식과 기술은 노인의 기능쇠퇴를 보완할 수 있음 • 연령증가에 따라 이득보다 손실이 증가하는 경향이 있음 • 자아는 노년기에도 탄력적으로 유지됨
삶의 질과 주관적 안녕감	1990년 Hughes 1989년 Ryff	• 삶의 질은 다차원적 개념으로 3가지 분리된 심리학적 영역, 즉 전생애 발달, 개인적 성장, 정신건강을 통합하여 심리적 안녕감을 도출함(Hughes, 1990) • 6가지 심리적 안녕감, 즉 자기수용, 타인과 긍정적인 관계, 자율성, 환경적 숙련, 삶의 목적, 개인적 성장은 노인의 심리적 안녕감에 매우 중요한 요소(Ryff, 1989)

노화이론 전기에는 에릭슨, 융(Jung), 매슬로우(Maslow), 뉴거튼(Neugarten) 등이 전생애발달론을 주장하였다. 이들은 생산적 성인발달관점에서 다양한 심리적, 사회적 단계를 규명하고, 노화를 성장으로 보며, 발달은 노년기에도 가능하다고 주장하였다. 그리고 퇴보와 관련된 적응양식의 변화도 발달개념에 포함하였는데, 이것은 노인에 대한 이전의 사회적 시각과 노인 자신의 시각전환의 계기가 되었다.

자아통합론은 에릭슨이 주장하였다. 그에 의하면 성숙은 자율성, 주도성 같은 자아양식의 성장을 촉진하는 것이다. 생애발달 8단계 중 마지막 단계 '자아통합 대 절망감'은 노년기의 과업이 된다. 그리고 신체적, 사회적 퇴보를 보다 더 높은 인생철학으로 자아통합의 계기로 삼을 수 있다고 주장하였다.

뉴거든은 불연속 이론을 주장하였는데, 이 이론에서는 노인기를 전기 노인기와 후기 노인기로 구분하였다. 전기 노인기는 55세~75세의 연령대로서, 비교적 일과 가족의 구속으로부터 자유로우며, 소득활동, 새로운 것의 학습, 정치적 지식과 건강을 유지하게 된다. 반면 후기 노인기는 특별한 보호와 보살핌이 필요한 연약한 노인기로 정의할 수 있다.

로우와 칸(Rowe & Kahn)은 적극적 인생참여론 또는 활동이론을 제안하였다. 이들의 연구는 노년학의 토대가 되었는데, 이들의 주장에 의하면 노화는 퇴화적 과정이 아니다. 즉, 노화는 개인의 기능수행에 어떤 방해를 하는가가 중요하며, 노인들도 새로운 것을 학습할 수 있다는 것이다. 그리고 노년기에도 생활습관을 바꾸면 건강해질 수 있으며, 노년기는 건강과 기능, 친구관계 등 사회적 관계, 교육수준과 삶에 대해 도전할 수 있는 시기이다.

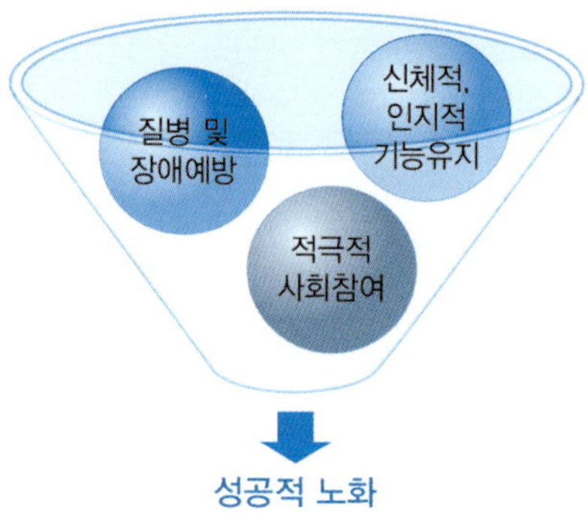

그림 1-4. 성공적 노화의 핵심 3요소

로우와 칸(1988)의 연구에서 밝혀진 세 가지 핵심요소들은 위계적 관계를 유지하고 있다. 각각의 핵심 요인들은 독립적으로 존재하지 않는다. 즉, 신체가 건강하지 않은 노인이 적극적인 사회참여를 할 것으로 기대하기 힘들며, 인지능력이 저하된 채로 활발한 신체활동이 어렵기 때문이다. 이처럼 각 요인들은 상호관계성을 가진다. 구체적으로 질병이나 장애가 없으면 신체적 기능과 정신적 기능을 유지하기가 더욱 용이하고, 신체적 기능이 유지됨으로써 적극적으로 인생참여가 가능하다는 것이다.

미국에서는 주로 활동이론이 주도적인 흐름이었지만 유럽에서는 발테스와 발테스(Baltes & Baltes)의 선택적 최적화모형(The model of selective optimization with compensation: SOC)이론이 주목을 받았다. 이들의 연구는 몇 가지 핵심 사항으로 요약할 수 있는데, 첫째, 정상적(nomal), 최적의(opimal), 병리적(pathological) 노화에는 차이가 존재한다. 둘째, 노화에는 개인적 다양성이 존재한다. 셋째, 노인의 인생후기에도 잠재능력이 존재한다. 넷째, 노인의 잠재능력과 가소성에는 한계가 존재한다. 다섯째, 지식과 기술은 노인의 기능쇠퇴를 보완할 수 있다. 여섯째, 연령증가에 따라 이득보다 손실이 증가하는 경향이 있다. 일곱째, 자아는 노년기에도 탄력적으로 유지된다. 따라서 이들의 이론은 노인들마다 차이가 있으며, 노인들에게도 새로운 것을 학습할 수 있는 능력과 환경에 적응하는 능력이 있다고 주장한다. 그리고 노화의 과정에서 필연적으로 일어나는 신체적 쇠퇴는 지식과 기술 등으로 어느 정도는 보완이 가능한 것으로 보았다.

삶의 질과 주관적 안녕감이론은 휴즈와 리프(Hughes & Ryff)에 의해 주장되었다. 우선 휴즈에 의하면, 삶의 질은 다차원적 개념을 가지는데, 3가지 분리된 심리학적 영역, 즉 전생애발달, 개인적 성장, 정신건강을 통합하여 심리적 안녕감을 도출할 수 있다고 주장하였다. 휴즈의 연구를 더욱 발전시켜, 리프는 6가지 심리적 안녕감을 제안하였다. 즉, 자기수용, 타인과 긍정적인 관계, 자율성, 환경적 지배, 인생의 목표, 개인적 성장[1)]은 노인의 심리적 안녕감에 매우 중요한 요소라고 주장하였다.

1) • 자기수용(self-acceptance)으로, 노인 스스로에 대한 긍정적인 태도를 지니고 노인의 다양한 측면을 인정하는 것이 성공적 노화의 요소이다.
- 긍정적인 관계(positive relations with others)의 유지로써, 타인과 신뢰를 기반으로 대인관계를 갖고, 정서 및 친밀감을 주고받는 것이 성공적 노화의 요소이다.
- 독립적인 자율성(autonomy)으로, 사회적 지배규범에서 자유롭고 자기결정력을 가지는 것이 성공적 노화의 요소이다.
- 환경의 지배(environment mastery)로써, 환경에 대한 활동 통제와 효율적으로 환경을 이용하는 것이 성공적 노화의 요소이다.
- 방향감을 갖는 인생의 목표(purpose in life)를 소유함으로 인해 과거와 현재의 삶에 의미가 있다고 느끼는 것이 성공적 노화의 요소이다.
- 자아가 계속 발달한다는 의미의 개인성장(personal growth)으로 자아는 성장하는 것으로 새로운 경험에 대하여 개방적이라 할 수 있는 것을 형성하는 것이 성공적 노화의 요소이다.

3. 노인교육의 이해

1) 노인교육의 개념

노인교육이란 노인을 학습자인 동시에 교수자이며, 귀중한 교육자원으로 인식하고, 이들 노인학습자와 노화에 대해 연구하고 교육적 실천을 하는 활동을 의미한다. 이러한 노인교육의 위치를 정립하기 위해서는 '평생교육'에 대한 개념을 정립해야 하며, 평생교육은 인간생활 자체라고 볼 수 있다. 노인교육은 평생교육의 관점에서 노령화에 의한 노인들의 사회 · 경제적 고통과 심리적, 생리적인 노화 및 현대사회 구조자체의 문제 등으로 발생할 수 있는 노인문제를 예방적 차원의 복지서비스를 통하여 해결할 수 있는 방안을 제시하기 위해 노인의 학습능력, 발달과업 및 교육적 욕구 등에 대한 교육을 의미한다.

하지만 노인교육은 노인학습자를 대상으로 노인에게 필요한 지식, 기능, 정보 등을 가르치는 '노인을 위한 교육'이며, 동시에 연령을 불문하고 모든 학습자에게 노인과 노화에 관한 지식과 태도를 가르치는 '노인에 관한 교육'이기도 하다. 또한 노인이 지닌 귀중한 자원인 인생의 경험과 지혜를 교육적 방법을 통해 사회에 환원할 수 있도록 돕는 '노인에 의한 교육'이기도 하다. 이러한 세 영역이 각각 독립적인 분야로서보다는 서로 어우러져 보완적으로 진행될 때 효과성을 나타내게 된다. 따라서 노인교육은 노인을 위한, 노인에 관한, 노인에 의한, 즉 노인평생교육이라고 할 수 있다. 이와 같은 노인교육학의 기본개념은 **그림 1-5**와 같다.

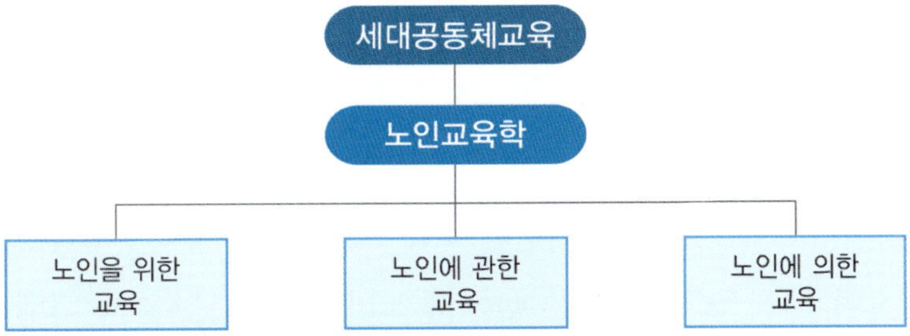

그림 1-5. 노인교육학의 기본개념

구체적으로 '노인을 위한 교육'은 노인들이 배우기를 원하거나, 아니면 전문가들이 노인들의 노년생활에 도움이 된다고 생각하는 교과목들을 복지관이나 노인대학 등에서 개설해 교육하는 것을 말한다. '노인에 관한 교육'은 노인은 물론이고 어린이와 청소년, 중년 등 모든 연령대의 사람들이 나이 듦과 늙어 가는 것을 이해하고 적응하며 노년을 준비하도록 돕는 것이다. 또한 '노인에 의한 교육'은 노인들이 가진 지식과 기술을 바탕으로 다른 사람들에게 가르침을 제공하는 것이다. 이러한 노인교육학의 범위를 구체적으로 살펴보면 **표 1-4**와 같다.

표 1-4. 노년교육학의 범위

구분	노인을 위한 교육	노인에 관한 교육	노인에 의한 교육
학습자	노인	모든 연령의 학습자	모든 연령의 학습자
교수자	(노인을 포함하여) 모든 연령이 가능	(노인을 포함하여) 모든 연령이 가능	노인
목적	재교육, 사회적응, 여가활용, 직업준비 등	노인기 준비, 노인 이해, 직업준비 등	세대 간 이해 확장, 사회참여, 사회봉사 등
주요 내용	노인의 특성, 노인기에 필요한 건강, 여가, 직업기술 등	노인의 특성, 노화과정에 적응하기 위한 지식과 기능, 고객으로서의 노인의 특성 등	노인의 경험과 지혜가 기여할 수 있는 역사적 사실, 전통 지식과 기능, 각종 봉사활동 등

하지만 현재의 노인교육은 주로 '노인을 위한 교육'인 여가시간을 무료하지 않게 보낼 수 있는 교육, 즉 스포츠댄스, 노래교실 등과 같은 여가활동 교육이 주를 이루고 있으며, 교양과 전문지식 및 취업을 위한 교육부분에 대한 투자와 활성화는 매우 부족한 실정이다. 따라서 노인을 위한 다양한 교육 프로그램을 개발하여 운영할 필요성이 제기되고 있으며, 특히 '노인에 관한 교육' 및 '노인에 의한 교육' 프로그램들의 개발이 확대 · 운영될 필요성이 제기된다고 할 수 있다.

2) 고령사회와 노인교육

오늘날 우리는 눈부시게 발전하는 사회 속에 살고 있다. 통신매체와 사회문화의 변화는 물론이며 개인의 사고방식까지 시대의 흐름과 함께하고 있다. 2006년 대한은퇴자협회가 조사한 바에 따르면, 40대 이상이 체감하는 세대차이 체감지수가 높고 청소년들의 노인에 대한 태도가 매우 부정적인 것으로 나타나 세대 간 갈등이 점차 확산되고 있는 것으로 조사되었다(한정란, 2006). 특히 사회 · 문화적 인프라가 대부분 젊은 층을 중심으로 구축돼 있어 40대 이상의 소외감이 더 큰 것으로 해석되고 있다. 또한 중 · 고등학생들의 노인에 대한 부정적인 인식정도도 86.9점(100점 만점, 낮을수록 긍정적)으로 매우 부정적인 것으로 조사되어, 향후 세대 간 갈등 폭은 더욱 커질 것으로 예상된다.

이와 같이 인구의 고령화는 사회의 경제적 활력을 감소시키고 노인실업과 연금제도부실 등 심각한 사회문제와 갈등을 초래한다. 또한 일상생활에 정보화가 급속하게 침투하고 있는 점을 감안할 때 기본적인 정보화 능력을 갖추지 못한 중 · 장년층과 정보화 세대와의 세대 간 갈등은 적지 않은 사회적 비용을 발생시킬 것으로 전망되고 있다.

더불어 현대사회는 의료의 발달과 식생활의 향상으로 평균수명이 크게 늘어나 노령인구가 증가하고 노인인구의 증대로 인해 많은 문제가 제기되고 있다. 노후가 완벽히

보장되는 선진국을 제외하고는 대부분의 국가에서 노인문제를 빈곤(貧困), 병고(病苦), 고독(孤獨), 무위(無爲) 등의 4고(四苦)로 표현하거나, 때로는 빈곤, 병고, 고독의 3악(三惡)으로 말하기도 한다.

노인들은 퇴직 후 기본적으로 생계유지와 주거부족 등의 경제적 어려움을 겪고 있고, 다양한 노인성 질병을 앓게 되는 시기임에도 적절한 치료와 도움을 받지 못하는 상황이다. 또한 가정, 사회 등에서의 소외와 노인문화의 미정착으로 인해 정서적으로도 큰 고통과 혼란을 겪고 있다. 고령화된다는 것은 노인 개인의 문제이자 사회 전체의 문제이다. 고령사회에서는 고용, 문화, 산업구조 등이 새롭게 변화한다. 이러한 사회의 고령화 현상은 세계적인 추세로 나타나고 있고 심각한 사회문제로 발전하는 양상을 보이고 있다. 이처럼 노인인구의 증가는 국가 및 사회의 모든 영역에 영향을 미치며 노인문제가 곧 사회문제가 된다.

노인문제의 발생은 사회적 환경과 심리적 불안 등의 사회 복합적인 형태를 가지고 있기 때문에 신체적, 심리적, 사회적으로 약화된 기능을 보완해 줄 수 있고 변화하는 생활환경 등을 이해하고 노년생활의 환경적 변화를 적절히 대처할 수 있는 능력을 배양하기 위한 노인교육의 필요성이 절실히 요구된다. 노인교육은 노인의 삶 내지 성공적인 노년기 노인복지서비스 차원에 있어서 중대한 결정 요인이 될 수 있다. 앞으로 다가올 사회에 있어서 노인문제는 단순히 사회복지적 차원의 노력만으로 해결할 수 없다. 물론 노인들이 가지고 있는 가장 기본적인 수준의 욕구 해소에 있어서 사회복지정책의 기여를 무시할 수는 없으나, 보다 근본적인 수준에서 그리고 효율적이고 적극적인 방향으로의 해결을 위해서는 평생교육적 집근이 필수적이라고 할 수 있다.

어떠한 제도적 교육이라고 할지라도 한 인간을 완전하게 교육시킬 수는 없다. 끊임없이 새로운 지식을 추구하고 새롭게 도전해 오는 환경에 적응하고자 하는 인간의 욕구는 계속적인 배움을 필요로 하며, 결국 한 인간의 일생 전체가 배우고 익히는 과정이라 해도 과언이 아닐 것이다. 이것이 바로 평생교육, 그리고 노인교육의 중요성이 제기되는 이유이다.

과거에 주로 노인들은 보호의 대상일 뿐 교육의 대상은 아니었다. 미래의 노인들은 오늘의 노인과는 여러 가지 면에서 다른 점이 많을 것이다. 이전의 노인의 지식은 가치 있는 것으로서 사회적 지위와 일치하는 것이었다면, 현대의 기술, 정보사회는 해가 거듭되면서 지식과 정보의 양이 늘어나고, 이전의 지식은 쓸모없는 것으로 간주되고 있다. 급변하는 시대에 살아가는 현대노인들은 노후생활에 필요한 정보, 지식, 기술, 자원을 확보하기 위한 계속교육이 필요하다. 이와 같은 노인문제를 보다 적극적이고 예방적인 방법으로 해결하기 위해서는 노인복지의 제도적인 정책개발은 물론 노인교육을 포함한 종합적인 대책이 필요하다. 그것은 노인들이 처하게 될 제반 조건에서 오늘과는 훨씬 달라질 것이고 따라서 그 욕구수준도 많이 달라질 것이기 때문이다.

또한 노인의 욕구는 점점 다양화되고 요구수준이 높아지고 있는 것은 사실이며 현재 노인의 여가를 위한 학습시설이 꾸준한 증가를 보이고 있는 것을 보면 우리는 노인이 자신의 발전을 위한 노력을 계속함을 알 수 있다. 노인에 대한 교육, 노인을 위한 교육, 노인에 의한 교육, 그리고 노인복지 전문요원을 양성하기 위한 교육 등의 보다 전문적이고 종합적인 차원의 노인교육이 요구된다. 그리하여 고령화된다는 것은 노인 개인의 문제이자 사회 전체의 문제이기 때문에 고령화의 문제와 노인교육 문제를 평생교육의 관점에서 해결해야 할 것이다.

고령사회의 문제점에 대응하기 위해서 노인교육이 강조되는 중요한 이유는 노인문제를 더욱 근본적으로 해결하고 노인의 삶의 질을 향상시키며 고령사회의 진전에 적극적으로 대응할 수 있는 힘을 제공해 줄 수 있기 때문이다.

02
Chapter

노인의 신체적 특성과 교육

배울 내용

1. 신체적 노화
2. 노인의 신체적 특징과 교육

학습목표

1. 노인의 신체적 변화 및 생물학적 노화를 설명할 수 있다.
2. 노인의 신체적 특징을 파악하고 교육 프로그램을 모색해 본다.

인간은 일정한 나이가 넘으면 노화(老化)에 의해서 신체활동이 서서히 둔화되고 작업능률이 저하되기 시작한다. 이러한 신체상태 자체는 자연적 변화로 정상적인 것으로 보아야 한다. 또한 나이가 들어감에 따라 신체 내부의 기능에서도 이러한 변화를 수용해야 한다. 노화현상은 신경계통 및 혈액순환, 호흡, 소화, 배설, 생식 같은 모든 기능에 영향을 미치고 수면시간 또한 감소하게 된다.

1. 신체적 노화

인간의 가장 기본적인 욕구는 무엇보다 건강한 삶을 누리는 것이다. 건강이란 단지 질병이 없는 상태를 의미하는 것 뿐만 아니라 신체적(Physical), 정신적(Mental), 사회적(Social)으로 완전하게 안녕함(Well-being)을 의미한다(WHO, 2014). 그중 신체건강이란 통상적으로 인지하는 육체의 건강을 말한다. 생물학적 병리현상이 존재하고 독특한 증상이 나타나는 상태를 질병이라고 하는데, 건강은 그러한 상태가 없는 것이다. 노화로 인한 신체 기능 저하는 생리적 현상이다. 이러한 건강은 노인의 삶의 질에 긍정적인 영향을 미치는 것으로 설명되고 있다. 즉, 노인의 건강상태는 삶의 질에 정적인 영향을 미치는 것으로 나타나, 신체적 건강이 좋은 노인일수록 삶의 질이 높으며, 그에 따라 노인의 건강상태 수준이 노인의 삶의 질에 미치는 중요한 요인이 될 수 있다는 것이 발견되었다.

노년기의 신체적 건강은 노화과정의 정도에 따라 기능의 저하와 기능의 장애 및 상실과 병리적 변화 등 다양한 변화를 겪는데, 신체건강의 문제는 성공적 노화를 가늠하는 척도가 될 수 있다. 신체건강은 인간의 전주기의 어느 시기에나 중요하지만 특히 노화로 인한 신체건강의 악화와 적응력의 감소를 경험하는 노인들에게는 더욱 광범위한 문제의 원인이 될 수 있다. 노인의 신체적 건강은 생물학적 기능의 쇠퇴와 더불어 악화되는 것이 일반적이다. 이러한 신체의 건강 기능의 악화는 곧 질병으로 발전되고, 동시에 질병에 대한 저항력을 약화시킴으로써 결국 질병의 상태를 확대 및 증가시키는 원인으로 작용한다.

표 2-1. 신체적 건강 척도

다음은 신체적 건강에 관한 질문입니다. 아래에 적혀 있는 문항을 잘 읽으신 후 어르신의 생각과 가장 일치한다고 생각하는 숫자에 표시를 해 주시기 바랍니다.

번호	문항	전혀 그렇지 않다	그렇지 않다	그저 그렇다	그렇다	매우 그렇다.
1	나는 신체적으로 건강하다.	0	1	2	3	4
2	건강 때문에 활동에 제약이 있다.	4	3	2	1	0
3	체중에 변화가 없다.	0	1	2	3	4
4	건강을 걱정하는 일이 별로 없다.	0	1	2	3	4
5	일을 할 때 쉽게 지치지 않는다.	0	1	2	3	4
6	나의 건강상태는 양호하다.	0	1	2	3	4
7	식사를 잘한다.	0	1	2	3	4
8	건강을 유지하고 있다.	0	1	2	3	4
9	늘 피로를 느낀다.	4	3	2	1	0
10	매우 복잡한 건강 문제가 있다.	4	3	2	1	0
11	지난 몇 해 동안 대체로 건강했다.	0	1	2	3	4
12	나는 일상생활에서 원기가 왕성하다.	0	1	2	3	4
13	잠을 잘 깨고 설치게 된다.	4	3	2	1	0
14	지금 나는 과거 어느 때보다도 건강하다.	0	1	2	3	4
15	머리가 늘 쑤시고 아픈 것 같다.	4	3	2	1	0
16	때로는 머리를 건드리기만 해도 이프다.	4	3	2	1	0
17	정기 검진을 받는다.	0	1	2	3	4
18	영양제나 보약을 먹는다.	0	1	2	3	4
19	팔 다리에 힘이 없다.	4	3	2	1	0
20	최근 들어 평소보다 더 생기가 넘친다.	0	1	2	3	4

출처: 이승윤(2022). 노인의 신체적 건강, 연령주의, 우울 간의 관계: 삶의 의미의 조절된 매개효과. 전북대학교 대학원 석사학위논문.

표 2-2. 삶의 의미척도[2)]

다음은 어르신의 삶의 의미에 관한 질문입니다. 인생의 중요성을 느끼게 해 주는 것들을 잠시 떠올려 본 후, 질문을 읽고 자신의 상태와 가장 가깝다고 생각되는 칸에 체크해 주시기 바랍니다.								
번호	문항	전혀 아니다	대개 아니다	다소 아니다	모른다	약간 그렇다	대부분 그렇다	언제나 그렇다
1	나는 내 삶의 의미를 이해하고 있다.							
2	나는 내 삶을 의미 있게 만드는 무언가를 찾고 있다.							
3	나는 항상 내 삶의 목적을 찾기 위해 노력하고 있다.							
4	나는 분명한 삶의 목적의식을 가지고 있다.							
5	나는 내 삶을 의미 있게 해 주는 것이 무엇인지 잘 알고 있다.							
6	나는 만족할 만한 삶의 목적을 발견하였다.							
7	나는 내 삶의 중요성을 느끼도록 해 주는 것들을 늘 찾고 있다.							
8	나는 내 삶의 목적 혹은 소명을 찾고 있다.							
9	내 삶에는 뚜렷한 목적이 없다.							
10	나는 내 삶의 의미를 찾고 있다.							

1) 신체적 변화

노년기가 되면 우리가 생각해 보지 못했던 다양한 변화들을 겪게 되는데 신체적 변화는 가장 크게 노화를 느끼게 하여 심리적으로도 큰 위축감을 느끼게 한다. 노화연구가 중요한 것은 나이가 들면서 우리에게 일어날 잠재적인 여러 변화에 대해 미리 알려주기 때문이다. 앞으로 벌어질 일에 대해 알 수 있다는 것은 자신의 미래, 특히 은퇴와 같은

2) 삶의 의미 존재: 1, 4, 5, 6, 9
삶의 의미 추구: 2, 3, 7, 8, 10

중대한 시기를 앞두고 보다 적절한 계획을 세우는 데 도움을 주기 때문에 전문가든 비전문가든 노인의 욕망과 요구를 파악하고 이해하는 것은 반드시 필요한 일이다. 노인의 신체적 변화를 구체적으로 살펴보면 **표 2-3**과 같다.

표 2-3. 노인의 신체적 변화

구분	특징
눈	40대부터 노안이 시작되며, 눈물샘에서 분비되는 눈물의 지방질 성분이 줄어들면서 눈이 덜 촉촉해지면서 뻑뻑하다고 느낀다.
코	냄새에 둔감해지고, 그 영향으로 맛도 덜 느끼게 된다.
입	침 분비량이 줄어 구강 건조증이 발생한다. 혀의 움직임도 둔해져 발음이 나빠진다.
귀	고음 영역대가 잘 들리지 않기 시작한다. 모음보다는 자음을 잘 알아듣지 못한다.
목	목소리가 쉬고 허스키해지며 윤활액이 줄어들어 목이 건조해진다. 국물을 마실 때 사레가 자주 들리기 시작한다.
폐	최대 폐활량이 줄어들기 시작하며 호흡 빈도가 빨라진다. 가래 배출이 더뎌진다.
위장	괄약근 약화로 위산 역류가 증가한다. 위액, 쓸개즙, 췌장액 분비가 줄어 소화능력이 약해진다.
대장(큰창자)	점액 분비가 감소되어 변비가 증가하고 항문 괄약근이 약해져 변실금도 증가한다.
방광	소변 저장량이 감소하고 잔뇨가 증가한다. 소변 나가는 속도 역시 감소한다.

이러한 변화에 대하여 인식하고 수용할 준비가 되어 있지 않다면 불안・욕구불만 및 스트레스 같은 심리적 반응을 초래하고, 행동과 적응력 등 모든 부분에 부정적 영향을 미칠 수도 있다(김청자 외, 2012). 이러한 신체적 특성은 나이와 가장 밀접한 관련을 갖지만, 나이와 반드시 일치하는 것이 아니며 모든 개인에게 동일하게 진행되는 것도 아니다. 노년층의 신체적 특성은 개인에 따라 큰 차이를 나타내므로 본인 스스로 자신의 건강을 지키기 위해 어떤 노력이 필요한지 알아야 한다.

2) 생물학적 노화

생물학적 노화이론은 신체적 노화현상이 왜 일어나는가를 설명한다. 생물학적 이론은 노화를 두 가지 방식으로 설명하는데, 즉 노화는 비의도적인 과정으로 결국에는 세포, 조직, 체액의 감소 또는 축소의 변화를 초래한다는 것과 노화는 환경과의 상호작용에 의한 구조상의 퇴행적 변화를 나타낸다는 것이다.

노화는 여러 가지 측면에서 정의될 수 있겠지만 생물학적 측면에서의 노화는 수정에서 시작되어 사망 시까지 계속되는 과정이며, 세포와 신체조직, 전 신체기관에 걸쳐 일어나는 기능 · 구조 · 생화학적 변화로 본다. 즉, 노화란 연령증가와 더불어 신체기능이 쇠퇴해 가는 과정으로서 출생 · 성장 · 성숙이 모두 정상적인 노화과정의 일부분이라고 할 수 있으며, 노화현상(senility)은 어떤 질병이나 사고에 의한 것이 아니고, 자연적으로 일어나는 생체조직의 변화와 세포의 내인성에 기인되며, 노화는 성숙기가 끝난 시기부터 시작되며, 일반적으로는 65세 이후를 노년기라고 하지만 이 노화현상은 개인차가 매우 크다.

이러한 생물학적 노화이론은 크게 착오이론(error theory)과 예정이론(programed theory)의 두 가지로 나눌 수 있다. 전자는 외부적 혹은 환경적인 손상에 초점을 두고 있는데, 마모이론(wear & tear theory)과 불안정산소이론(free radical theory)이 그 대표적인 예다. 이에 반하여 후자는 내부적인 유전적 부호화에 초점을 둔다. 그 대표적인 이론이 헤이프릭 현상(Hayflick phenomenon)이다(Morgan & Kunkel, 2001). 이 외에도 두 가지 분류체계에 속하지 않으나 노화과정을 적절히 설명하고 있는 면역체계이론(immune system theory)이 있다. 하지만 이들 이론은 상호배타적이지 않고 부분 교차되어 있다(모선희 외, 2006; 윤형준, 2010).

(1) 착오이론과 예정이론

생물학적 노화이론은 크게 착오이론(error theory)과 예정이론(programed theory)의 두 가지로 나눌 수 있다. 전자는 외부적 혹은 환경적인 손상에 초점을 두고 있는데 마모이론(wear & tear theory)과 불안정산소이론(free radical theory)이 대표적이다. 구체적으로 먼저 마모이론(wear & tear theory)은 노화는 신체기관이 시간이 지남에 따라 마모되기 때문에 일어난다고 가정한다. 하지만 노년생물학자들은 이 이론으로는 근육 성장과 발달이 어떻게 가능한지를 적절히 설명할 수 없다는 점 때문에 이를 대체적으로 지지하지 않고 있다. 그 다음은 불안정산소이론(free radical theory)으로 불안정산소이론은 하먼(Harman)에 의해 처음으로 제안되었고, 'free-radical'이란 세포가 산소를 신진대사시킬 때 발생된 불안정한 산소분자로 이러한 분자들은 체내 단백질에 부착되어 건강한 세포의 기능을 손상시키며, 체내에서의 손상은 불안정산소가 축적되어 세포조직에 손상을 끼칠 때 노화가 비로소 일어난다는 것이다. 불안정한 산소분자들은 암과 싸울 수 있고 피부세포의 손상을 회복시키며, 저밀도 지방세포가 동맥에 부착되는 것을 방지할 수 있는 체내의 능력을 손상시킨다(McInnis-Dittrich, 2005). 이 이론은 세포 손상이 시간이 지남에 따라 축적되고 결국 세포를 파괴시킨다는 이론적 가정 때문에 착오이론의 부류에 포함된다(모선희 외, 2006).

이에 반하여 헤이프릭 현상(Hayflick phenomenon) 이론은 내부적인 유전적 부호화에 초점을 두고 있으며, 헤이프릭(Hayflick)과 동료들은 세균배양 접시에서 재배된 피부세포들이 계속해서 50번에 가까워질수록 세포복제 비율은 완화되다가 결국 정지된다는 사실을 발견하였다. 즉, 세포분열의 횟수는 출생 시 정해져 있는데, 세포가 생명이 정지할 때까지 약 50번 정도 복제될 수 있다는 것이다. 이처럼 이 이론은 노화가 사전에 프로그램화(예정)된 세포의 사멸로 발생한다고 전제하고 있다.

(2) 면역이론

체내의 면역체계는 질병과 싸우고 이물질을 제거하는 데 책임이 있다. 이러한 기능을 수행하기 위하여 면역체계 바이러스, 박테리아, 비정상 세포들을 공격하는 항체를 만든다. 노화에 관한 면역이론은 질병을 인지하고 싸우는 면역체계의 능력이 나이가 증가함에 따라 감소된다고 전제한다. 따라서 비정상세포는 저지되지 않을 가능성이 커서 결국 주요 생리체계기능의 손상으로 유도하여 만성질환 상태를 초래하게 된다는 것이다.

3) 신체적 노화의 사례

노년기의 신체적 변화는 주로 노화와 관련이 많다. 즉, 피부는 양피지 같은 감촉을 가지게 되고, 탄력성을 잃으면서 주름이 잡히고 반점이 생기게 된다. 정맥이 튀어나오는 현상은 보다 보편적인 것이 된다. 남녀 모두 머리카락이 많이 성글게 되고, 남아 있는 것은 은발이나 백발이 된다. 또한 노인들은 척추의 디스크의 수축으로 인해 신장이 감소하고, 척추 사이에 있는 콜라겐의 감소는 허리를 구부러지게 만들어 체격이 줄어들기도 한다. 폐경 이후의 여성들에게서 종종 볼 수 있는 뼈에 구멍이 생기는 현상인 골다골증 때문에 골절상을 입기 쉽다. 또한 시각은 40세쯤 되면 노안이 진행되어 독서할 때 돋보기 안경을 써야 하는 경우가 많다. 청력의 점진적인 감퇴는 보통 25세 이전에 시작되어 25세 이후에는 감퇴가 보다 뚜렷해진다. 그러나 미각, 후각 및 통각과 온도에 대한 감각은 40세에서 50세경까지는 전혀 감소되지 않는다.

(1) 외적 변화

노화와 관련된 신체변화는 노화과정만이 원인은 아니다. 예를 들어, 미소 짓고, 찡그리는 것과 같이 반복되는 얼굴표정은 표정주름을 증가시키고, 자외선 노출은 노인 반점과 피부를 건조하게 만들며, 운동 부족은 근육 기능을 감소시키게 된다.

사춘기 이후 나이를 먹으면서 피부는 수분을 잃기 시작하고 점점 건조해지고 주름이 생긴다. 일반적으로 여성에 비해 지성피부를 가진 남성은 피부가 좀 더 천천히 건조해지며 주름도 여성보다 늦게 생긴다. 그리고 남성이 매일하는 면도는 죽은 세포층을 제거하는 것으로 젊어 보이게 하는 효과가 있다.

피부의 피지선과 땀샘 역시 변화가 나타난다. 피지선은 기능이 거의 퇴화하지 않지만 피지분비는 감소한다. 인생 초기 단계에는 피지선이 매우 활동적이어서 피부를 매끄럽고 부드럽게 유지시켜 주지만 점차 수분이 감소해서 결국 피부는 건조해지고 때로는 갈라지기도 한다. 수분의 감소는 폐경기 여성들에게 더욱 심하게 나타난다. 땀샘은 크기, 수, 기능 면에서 감소하기 시작하고, 노년기가 되면 체온을 조절하는 능력에 영향을 미치게 된다.

피부는 얇아지고, 탄력성이 떨어지며, 혈액순환이 잘 되지 않기 때문에 안색이 나빠진다. 색소형성이 불규칙하여 색깔이 고르지 못한 얼룩이 얼굴에 생기며, 주로 자외선에 노출되어 생기게 되는 기미가 얼굴과 손등에서 나타난다.

피부표면에 가까이 있는 혈관이 팽창하게 되면 혈관문제가 발생한다. 즉, 입술 위에 정맥성 용혈이라고 하는 푸른색의 얼룩이 생길 수 있고, 얼굴에는 모세관 확장증 또는 말초혈관 확장증이 나타나기도 한다. 음낭에 푸르고 붉은 얼룩과 몸통의 선홍색의 얼룩은 노인성 혈과증이라고 한다. 또한 피부는 수분을 유지하는 능력이 감소하여 결국 건조하고 탄력이 없는 피부가 된다. 신체적 노화과정으로 인해 갈색 반점이 생기고, 얇아진 세포의 혈관이 더 느리게 회복되기 때문에 상처는 예전보다 더디게 치유된다.

대부분의 성인은 50세가 되면 흰 머리카락이 많이 생긴다. 이와 같이 머리카락의 색깔이 변하는 것은 모근에 있는 멜라닌 색소가 점차 감소하기 때문이다. 또한 중년기에는 모발이 가늘어지기 시작하며 모발의 성장도 느려지기 때문에 더 느리게 모발이 교체된다. 머리카락은 생장기, 퇴행기, 휴지기, 성장기의 주기적 변화를 경험하는데, 중년기에는 모발의 휴지기와 성장주기가 변화한다. 모발의 감소는 휴지기가 덜 길어진 결과이다. 머리를 빗을 때 매일 50~100개의 머리카락이 빠지는데, 젊었을 때에는 빠진 만큼 새로운 모발이 생겨나지만 중년기에 더 길어진 휴지기에는 휴지상태의 모발이 저절로 떨어지는 경우가 많다. 그리고 모발은 더 가늘어지고, 가늘고 색소가 없는 흰 머리카락이 두껍고 검은 머리카락을 대체하는데 심한 경우에는 교체생산이 전혀 일어나지 않는다.

치아 및 잇몸 문제는 노년기에 흔한 일이다. 치아의 색이 탁해지고, 상아질 생성이 감소하며, 잇몸이 수축되고, 골밀도가 감소하는 것은 정상적인 노화의 과정이다. 극소수의 노인들이 오래토록 자신의 치아를 그대로 유지하는데 치아상실은 영양과 밀접한 관계가 있다. 치아가 손상되거나 빠진 사람들은 씹기가 힘들어지고 식욕을 잃는다. 결과적으로 적게 먹거나 종종 영양가가 떨어지는 유동식으로 바뀌게 된다.

(2) 내적 변화

내적 변화는 눈에 보이지 않는 노화의 증상을 말한다. 이는 신체 내에서 발생하는 퇴행성 변화이다. 즉, 노년기에 신경, 심장혈관, 호흡, 위장, 면역기관 등이 노화로 인해 쇠퇴한다고 하더라도 우리 신체가 가지고 있는 예비능력으로 인해 일상생활에서 적절한 수준을 유지할 수 있다.

성인기 동안에 뇌에서 일어나는 변화는 뇌무게의 감소, 뇌수의 회백질 감소, 신경세포의 자극전달 속도의 감소 등이다. 평균적으로 뇌신경 세포의 밀도는 감소하고 비효율적이 된다. 뇌의 효율성은 적당한 양의 신경전달물질의 유지 여부에서도 영향을 받는다. 신경전달물질은 뉴런 간의 신경세포의 자극전달을 중재하는 화학물질이다. 신경전달물질은 뇌의 정보유출을 통제하는데, 만약 신경전달물질의 공급이 부족하면 신경충격이 천천히 전도된다. 기억에 영향을 주는 것으로 알려진 신경전달물질 중 아세틸콜린의 수준은 연령과 함께 감소한다. 또 다른 신경전달물질인 도파민 역시 연령과 함께 감소하는데, 도파민이 극도록 감소하면 파킨스병(Parkinson's Disease)3)에 걸릴 확률이 높다. 신경계의 또 다른 변화는 신경단위인 뉴런의 수가 감소한다는 것이다. 성인기 동안 50% 정도가 감소한다는 주장도 있지만 아직까지 인간의 뇌세포가 어느 정도 감소하는지에 대한 정확한 통계수치는 없다. 그러나 노년기에 뇌세포가 많이 감소하고 그리고 휴지기에 들어가기는 하지만 한꺼번에 죽어 없어지는 것은 아니다.

연령이 증감함에 따라 심장조직이 딱딱해지고 탄력성이 감소하며 심박력과 혈액의 양은 감소한다. 30세에 심장혈관의 기능을 100으로 볼 때, 50세에는 80, 80세에는 70으로 감소한다. 그러나 심장혈관 기능의 감소는 노화과정보다는 공기조절력과 더 관련이 있으므로 규칙적인 운동이 필요하다. 또한 노년기에는 심장으로부터 혈액을 공급받아 신체 각 부위로 전달하는 대동맥이 탄력성을 잃게 되기 때문에 동맥경화가 시작되기도 한다. 즉, 동맥이 딱딱해지고, 위축됨으로써 혈액이 체내로 자유롭게 흐르지 못하게 된다. 게다가 심장근육의 힘이 감소하고, 심장근육 세포의 크기와 심박력도 줄어든다.

호흡기 계통의 효율성 또한 눈에 띄게 떨어지는데, 최대 호흡량, 폐용량, 기본적 산소 소모량이 감소한다. 이 모든 것이 신진대사율을 줄어들게 한다. 중년기의 호흡능력은 30세를 100으로 보았을 때 75로 감소한다. 흉곽이 딱딱해지고 숨을 들이마시고 내쉬는 동안 가슴을 움직이게 하는 근육도 더 약해지는 경향이 있다.

소화기관은 인간이 생명을 유지하는 데에 매우 중요한 역할을 하지만 연령이 증가하면서 소화액의 생성이 감소되고 연동운동도 감소한다. 이는 신진대사와 음식물의 배설

3) 뇌의 일부 구조물에서 신경전달물질인 도파민이 점차 결핍되어 나타나는 질환이다. 파킨스병의 원인은 아직 그 정확한 원인을 알 수 없고, 알쯔하이머 치매와 같은 퇴행성 질환으로 알려져 있다. 성인의 질환으로서 주로 50세 이 후에 발생하며, 행동이 느려지고 몸이 뻣뻣해지며 가만히 있을때 몸, 특히 손등이 떨리는 증상이 특징이다. 이외에도 무표정한 얼굴, 앞으로 쓰러질 듯한 총총걸음, 구부정한 몸자세 등도 나타나는데 서서히 진행하여 일상생활에도 지장을 주게 된다.

작용과 관련되기 때문에 전반적인 건강에 중요한 영향을 미친다. 노인들에게 자주 발생하는 변비의 주요 원인은 소화기 계통에서 일어나는 노화이다.

면역력은 연령이 증가하면서 약화된다. 신체는 예전만큼 면역체계로부터 이물질을 제거하는 데 효율적이지 못하다. 면역체계는 부분적으로는 신체의 피드백 체계가 쇠약해져서 효율성이 떨어진다. 또한 결함 있는 세포의 수가 증가함에 따라 자기면역 반응도 떨어진다. 이러한 면역체계의 결함은 폐렴으로 인한 노인의 사망률을 젊은 성인의 6~7배에 이르게 하고, 암과 결핵의 발생률도 높이게 된다.

2. 노인의 신체적 특징과 교육

1) 노인의 신체적 특징

노인들의 신체적 노화현상은 다양한 요소가 복합적으로 작용함으로써 발생하게 된다. 일반적으로 인간의 노령으로 인한 육체적 현상은 신체 부위별로 변화의 속도나 정도가 매우 상이하게 나타난다. 즉, 신체 부위마다 노령과 같이 기능이 떨어지지만 다른 부위들은 거의 변화가 없기도 하다. 따라서 노인들의 신체적 특징을 고려한 교육을 실시하는 것이 중요하다. 노인들의 대표적인 신체적 특징은 **표 2-4**와 같다.

표 2-4. 노인들의 대표적인 신체적 특징

- 신체구조 쇠퇴
- 피부와 지방 조직의 감소
- 세포의 감소
- 골격과 수의근의 약화
- 치아의 감소
- 심장 비대와 심장 박동의 변화
- 백발의 증가
- 머리카락 감소
- 주름살 증가
- 얼룩반점 증가
- 신장의 감소
- 만성질활의 증가(동맥경화증, 고혈압, 당뇨병, 심장병 등)

노년기의 생리적인 변화 가운데 가장 특징적인 변화 중 하나는 심장기능의 변화이다. 혈관의 기능이 감소하고 심장의 기능은 운동능력 면에서 젊은 사람에 비해 현저하게 감소한다. 또한 혈관의 탄력성을 잃어 혈압이 비교적 많이 올라간다.

그리고 연령이 증가함에 따라 지방이 증가하는 반면 고형분과 수분은 줄어들고, 칼슘이 감소하여 뼈의 질량이 감소하게 되고 골밀도가 낮아져 골절과 골다공증에 걸리기 쉽다. 또한 연골조직이 얇아지고 탄력이 약화되어 관절염이 발생하고 팔, 다리 골격 일부분에 붙어 있는 수의근의 근육 크기 감소, 수축력의 약화로 인해 운동능력이 감소한다. 이와 같은 신체적 변화는 노인의 심리적 기능과 사회적 기능에 부정적인 영향을 미치게 된다. 즉, 신체적 노화를 자연스러운 과정으로 수용하고 이에 적응해 갈 경우 심리사회적 기능을 유지하고 발전시킬 수 있는 반면, 지나친 신체적 노화에 너무 집착할 경우 전반적인 생활에 대한 만족감이 떨어지고 심리사회적 기능에 손상이 일어날 수 있다.

이러한 점들을 고려해 보았을 때, 노인들의 근육 탄력성과 수축, 이완능력 및 골격의 신전, 굴절 기능을 증가시켜 주는 규칙적인 운동 프로그램들은 노화에 따른 신체적

장애에 대한 예방 효과를 가져올 수 있다. 따라서 규칙적이고 적절한 운동 교육 프로그램은 노인의 신체 내 · 외적인 노화를 예방해 주는 효과가 있고 보다 건강하고 행복한 삶을 살 수 있도록 해 준다.

2) 노인의 건강증진 프로그램

건강이란 행복하고 바람직한 삶을 유지하는 데 가장 기본적이고 필수적인 요소이고, 노년기의 건강 문제는 다른 연령층보다 건강에 대한 요구가 크며 이에 따라 노인건강관리의 필요성이 대두되고 있다. 건강증진 행위에 대한 잠재적 이점이 있지만 많은 노인 인구에서 젊은 사람들에 비해 건강증진 프로그램과 같은 예방 차원의 서비스를 덜 받는 경향이 있다(이정은, 2021).

노인은 건강증진 행위를 함으로써 질병을 예방하고 건강하게 생활할 수 있는 기간을 연장하거나 기능장애의 기간을 줄여서 노인이 독립적이고 의미 있는 일에 참여할 수 있게 함으로써 삶의 질을 높일 수 있다(Kane & Arnold, 1985). 즉, 건강증진은 기본적인 건강요구를 해결해 줄 뿐만 아니라 궁극적으로 삶의 질을 향상시킨다. 노인의 건강증진에 대한 인식과 행위는 노년기의 질병 예방뿐만 아니라 삶의 질 향상과 지역사회 중심의 노인보건복지 서비스 제공에도 중요하므로, 노인의 건강증진행위에 관한 연구는 필요하며, 도출된 연구결과에 기반한 다양한 서비스들이 제공될 필요가 있다(박미진 외, 2010).

사회 · 문화적 여건이 빠르게 변화하는 시대의 흐름 속에 잘 적응하지 못하는 노인들에게 많은 변화와 문제들이 나타나는 현실을 감안할 때 노인을 대상으로 하는 신체적, 정신적, 사회적, 영적 건강과 안녕을 증진하는 총체적 접근으로서의 건강증진 프로그램은 매우 중요하며, 나아가 노인들은 이 프로그램을 통해 얻게 되는 유익하고 다양한 배움의 기회를 제공받아 새로운 지식을 습득하게 되고 생활의 지혜를 터득하여 행복하고 보람된 노후생활을 영위할 수 있기 때문에 매우 중요하다.

노인들은 교육을 통하여 단순한 지식습득이나 배움의 즐거움을 넘어 적극적인 사회참여와 사회활동을 할 수 있는 매개체의 역할로 활용하고 있으며, 계속적이고 다양한 경험을 통하여 자아실현을 이루어 가고 있어 노인교육은 궁극적으로는 노인의 삶의 질을 향상시킬 수 있는 중요한 기제로 작용하고 있다. 또한 노인교육 서비스를 통해 노인의 삶의 만족도를 향상시키는 데 상당한 효과가 있는 것으로 나타났다(박민경, 한승협, 2020).

적당한 운동, 좋은 영양, 금연, 스트레스 관리와 같은 생활습관은 건강을 유지하는 데 필수적이며 만성질환을 가진 상태에서 건강을 회복하는 데 결정적인 역할을 하는 중요한 행위이다. 흡연과 비만은 만성질환 수를 0.17개, 비만은 0.29개 증가시키는 것으로 나타나 담배, 술 등의 위험인자를 낮추는 예방 활동이 강조되고 있다. 노년기의 일상생활에서의 건강위험 요소들을 효율적으로 예방하고 관리하기 위해서는 다양한 커뮤니케이션 채널을 통해 건강정보가 전달되고, 건강행동을 지속해서 실천하도록 동기화하여야 한다(이귀옥, 이수연, 2019).

노인을 위한 건강증진 프로그램은 노인의 건강행위를 변화시킬 수 있으며 이들 건강행위는 질병을 예방하고 건강상태를 개선함으로써 노인이 건강하게 생활할 수 있는 기간을 연장하고 기능장애의 기간을 줄이며 노인의 삶의 질을 높일 수 있다는 근거하에서 개발 수행되는 프로그램이다. 건강증진을 위해서는 생활양식과 행위의 변화를 초래해야 하므로 건강증진 프로그램 내에 건강교육, 건강사정 및 상담 등이 포함되어 노인의 건강요구를 파악하고 적절하게 간호를 중재하는 것이 필요하다.

03
Chapter

노인의 인지적 특성과 교육

배울 내용

1. 심리적 노화
2. 심리적 노화의 주요 사례
3. 노인의 인지적 특성과 교육

학습목표

1. 심리적 노화의 이론들을 설명할 수 있다.
2. 노인의 지적 능력과 성격 변화 및 정신질환을 이해한다.
3. 노인의 인지적 특성을 파악하고 교육방안을 모색해 본다.

과거에는 노인의 인지적 특성을 감퇴 도식으로 설명하려고 하였다. 다시 말해 노인의 인지적 특성을 지능, 기억, 언어, 문제해결 등 거의 모든 영역에서 지적 능력의 감퇴가 일어나는 것으로 보았다. 하지만 노인의 인지적 특성을 감퇴 도식으로 설명하는 것에 대한 의문이 제기되기 시작하였고, 1970년대에 들어서면서 노인의 인지적 수행을 낮추는 요인들을 식별해 내는 데 관심을 기울이게 되었다. 그 결과, 건강의 악화로 인한 주의력 결핍, 높은 점수를 받고자 하는 동기의 결핍, 오랜 기간 동안의 교육경험 부재, 지나친 조심성으로 인한 수행기피, 검사 상황의 경험 부족과 비친숙성, 반응속도의 둔화 등이 노년기에 인지적 능력이 있으면서도 수행능력이 낮아지는 현상을 설명하는 이유로 제시되었다.

노인의 인지적 특성에 대한 최근의 관점과 연구동향들을 살펴보면, 노인의 인지발달을 단순히 실험실에서 제시하는 과제의 수행 숫자로 진단하는 데서 벗어나 노인들이 몸담고 있는 일상의 삶이라는 사회 · 문화적 맥락 내에서 고려해야 한다는 결론을 얻을 수 있다. 교육, 직업, 삶의 경험 등에서 얻은 정보와 기술을 실제로 활용하는 노인의 인지발달은 매우 가치가 있다. 이렇게 볼 때 노인은 인지적으로 매우 풍요로우며 보다 발전된 문제해결사고를 지니고 있다고 말할 수 있다(김청자 외, 2012).

1. 심리적 노화

노인의 신체적 노화와는 달리 심리적 노화는 경제적, 사회적, 문화적인 경험과 행동양식에 따라 개인차가 심하게 나타난다. 노인의 심리적 노화를 자아개념 및 정체이론, 발달과업이론을 중심으로 살펴보면 다음과 같다(모선희 외, 2006: 신경안 외, 2023).

1) 자아개념 및 정체이론

'자아개념이론(self-concept theory)'이란 다른 사람들과의 상호작용을 통해 나는 어떠한 사람인가에 대한 자아개념을 갖게 되고, 그러한 자아개념이 그 개인의 행동에 영향을 미친다는 이론이다. 킨치(Kinch, 1963)는 이러한 과정이 순환적 과정임을 주장하였는데, 즉 자신에 대한 다른 사람들의 반응(A)을 지각(P)하고 그 지각에 기초하여 자아개념(S)이 형성되며, 그러한 자신에 대한 규정방식이 자신의 행동(B)에 영향을 미치며, 이러한 행동은 다른 사람들의 반응(A)양식에 다시 영향을 미치게 된다는 것이다.

어떤 사회에서 노인들에 대한 사회적 인식이 부정적으로 묘사될 때 노인들은 긍정적 자아개념을 갖기 어렵다. 그렇게 될 경우 A-P-S-B 모형에 의거하여 악순환과정을 반복하게 된다. 이 이론은 노인에 대한 차별의 경험은 자아존중감과 통제력에 유해한 영향을 끼쳐서 미래에 대한 부정적 기대감을 유발하며, 지각된 차별은 무시된 집단 구성원들의 심리적 안녕에 부정적 영향을 미친다고 가정하는 '정체이론(identity theory)'과 일맥상통한다.

2) 발달과업이론

에릭슨(1964)은 그의 인간발달이론에서 노년기의 발달단계를 '자아통합(ego integrity) 대 절망(despair)'으로 설명한다. 자아통합의 특성은 지금까지의 인생을 긍정적으로 받아들이고 자신의 한계성을 인정하며, 다가올 죽음까지도 수용하는 태도를 지닌다. 이와 반대로 절망의 특성은 지나온 인생을 후회하고 인생의 짧음을 한탄하며, 다시 기회가 주어진다면 다른 인생을 살아 보고 싶다는 비현실적인 생각으로 절망에 빠지게 된다. 결론적으로 노인들이 자아통합의 특성을 유지할 때 만족스러운 노후생활을 영위할 수 있다는 것이 이 이론의 핵심이다.

해비거스트(Havighurst, 1973)는 보다 구체적으로 노후에 직면해야 할 발달과제들을 가정하고 있는데, 여기에는 감소된 신체적 강도와 건강에 대한 적응, 퇴직과 감소된 소득에 대한 적응, 친지의 죽음에 대한 적응, 동년배집단과의 관계정립, 사회적 역할에 대한 유연한 적응 등이 포함된다. 이들 과제들에 어떻게 대처하는가에 따라 노인들의 노후 생활만족도가 달라진다는 것이 그의 이론의 주요 전제이다.

2. 심리적 노화의 주요 사례

노년기에 나타나는 심리적인 변화는 대부분 장년기로부터 시작되어 노년기로 이어지며 지적 · 정서적 · 흥미 등의 정신능력이 대부분 쇠퇴하게 되는데, 이러한 변화 중 지적 능력의 변화와 성격의 변화가 심리적 변화의 대표적인 현상이다(신경안 외, 2023).

1) 지적 능력의 변화

지적 능력은 일반적으로 지능, 기억력, 학습능력 및 문제해결능력을 의미하는데, 노년기가 되면 **표 3-1**과 같이 지적 능력의 변화가 발생하게 된다.

표 3-1. 지적 능력의 변화

<table>
<tr><th>구분</th><th>내용</th></tr>
<tr><td>지능</td><td>지능은 사람이 목적하는 행동을 합리적인 사고를 통하여 효율적으로 처리하는 종합적인 지적 능력을 말한다. 지능은 환경변인, 즉 교육수준, 생활경험, 직업, 지능검사 당시의 신체적, 정신적 건강상태 등에 의하여 크게 영향을 받으며, 지능검사의 변화 가운데 16~25% 정도만이 연령에 의한 영향을 받는 것으로 보고 있다.</td></tr>
<tr><td>기억력</td><td>기억과정은 감각기억, 단기기억 및 장기기억[4]으로 구분된다. 모든 정보는 감각기관으로 들어오지만 선택적 주의를 통해 단기기억으로 저장시키고 시연, 부호화, 인출단계를 반복하며 장기기억으로 저장된다. 따라서 장기기억에 입력된 기억은 시간이 지나도 기억을 할 수 있다.

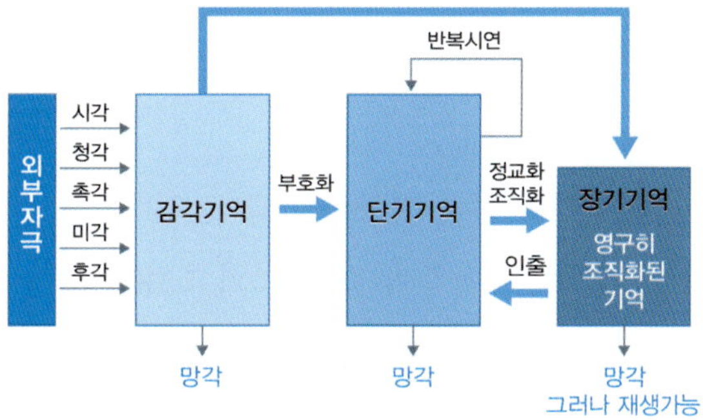

그림 3-1. 기억의 처리과정

노화에 따른 기억력에 대한 연구결과는 연령이 증가할수록 노화의 과정을 거치게 되어 기억력이 저하된다는 쪽이 우세하지만 상반된 연구결과도 존재하여 확실한 결론을 내리기는 어렵다. 하지만 노인이라도 높은 교육수준을 가지고 있거나 지식체계가 잘 구조화되어 있으면 노화에 따른 기억 저하가 그렇게 심각하지 않은 것으로 나타났다.</td></tr>
<tr><td>학습능력</td><td>학습능력은 반복이나 경험을 통하여 정보, 기술, 기능을 인지하는 능력을 말한다. 노인의 학습능력이 감퇴하는데, 노인의 학습능력을 증진하기 위해서는 충분한 시간과 의미 있고 분명하고 구체적인 학습과제를 제시하며, 학습결과에 대해서는 즉각적인 환류를 제공해야 한다.</td></tr>
<tr><td>문제해결능력</td><td>문제해결능력은 교육수준, 지능, 직업 등에 영향을 받으며, 문제해결에 대한 사전훈련을 받으면 다시 증진될 수 있다.</td></tr>
</table>

4) 기억용량은 정보를 저장할 수 있는 공간으로, 감각기억, 단기(작동)기억, 장기기억의 용량을 말한다. 감각기억은 기억체계의 입구로서 들어오는 감각정보를 일시적으로 담아 두는 저장소이며, 단기(작동)기억은 부호화되거나 불러낸 정보는 어떤 사람이 현재 활발하게 이해하거나 기억하거나 숙고 중인 30초 이내의 정보를 기억하는 것이다. 장기기억은 용량이 무제한인 창고로 전달하기 위해 정보들을 부호화하는데 1분 이상에서 영구적인 기억까지를 말한다. 감각기억과 장기기억은 연령에 따라 용량의 변화가 거의 없는데, 단기기억은 연령의 증가에 따라 용량이 증가한다(강순희 외, 2022).

2) 성격의 변화

상호의존적 체계로서 개인이 다른 사람과 구별되는 고유한 특성을 성격이라고 하는데, 이는 한 개인의 행동양식과 정신기능의 복합적인 체계라고 말할 수 있다. 노인은 노인 특유의 신체적 · 심리적 · 사회적 변화 때문에 특유의 성격 특징이 나타난다고 보는 것이 일반적인 견해이다. 체격, 신체기능, 흥미 등 정신능력에 있어 주목할 만한 변화가 오는 노년기에 성격이 변화하는 원인을 살펴보면, 신체적 · 과거 경험 · 사회적 활동의 축소에서 오는 무료감과 무력감 · 노인에 대한 사회에서의 태도 등을 들 수 있다.

노년기가 되면 성격의 변화를 경험하게 된다. 구체적으로 내향성 및 수동성의 증가, 조심성 및 경직성의 증가, 우울증의 증가, 과거에 대한 회상, 친숙한 사물에 대한 애착심, 의존성의 증가, 시간 전망의 변화 및 유산을 남기려는 경향이 강해지는데, 이를 구체적으로 살펴보면 **표 3-2**와 같다.

표 3-2. 노년기 성격의 변화

구분	내용
내향성 및 수동성의 증가	스스로 문제를 해결하기보다는 누군가에게 의존하여 문제를 해결하려는 수동적인 태도를 보인다.
조심성 및 경직성의 증가	노년기에는 모든 감각기관의 능력이 감퇴하기 때문에 신체적 · 심리적으로 불안한 상태에 있는 노인들은 매사를 조심하게 된다.
우울증의 증가	고령화 속에서 일반적으로 나타나는 현상으로 신체적 질병, 배우자의 사망, 친구의 죽음, 경제사정의 악화, 지나온 세월에 대한 회한, 노화로 인한 고독 및 소외감 등으로 우울증을 경험하게 된다.
과거에 대한 회상	과거의 인생을 회상하여 남은 시간 동안에 지금까지 해결하지 못한 것을 찾아서 새로운 해결을 시도하고 새로운 인생의 의미를 발견하려고 노력한다.
친숙한 사물에 대한 애착심	그동안 사용해 온 물건에 대한 애착이 증가하며, 이를 통해 과거 인생을 회상하고 마음의 평온을 추구한다.

구분	내용
의존성의 증가	노인은 신체적 · 경제적 능력의 쇠퇴, 사회적 역할의 상실, 경제적 수입의 감소, 사회적 유대관계의 소멸 등으로 타인의 도움을 필요로 하게 되면서 의존성이 증가하게 된다.
시간 전망의 변화	40세 이후부터는 시간 전망의 변화가 나타나는데, 남아 있는 시간을 계산하고 시간이 얼마 남지 않았다는 사실을 회피하기 위해서 과거에 대한 회상에 집중하거나 또는 과도하게 미래지향적이 된다.
유산을 남기려는 경향	죽기 전에 자손, 예술작품, 기술, 지식, 재산 등 무엇인가를 남기려는 성향이 강해진다.

3) 노인기 정신질환

노인기에 경험할 수 있는 대표적인 정신질환으로 치매와 우울증에 대해 살펴보면 다음과 같다(신경안 외, 2023).

(1) 치매(Dementia)

최근 우리나라에서도 치매노인의 문제가 심각하게 인식되고 있다. 오래전부터 치매를 노망 혹은 망령이 들었다고 하면서 사회적으로 편견시 하였고 가정의 수치로 여겨왔다. 그러나 요즈음 치매가 병으로 인식되면서 모든 사람들의 관심이 증가되고 있다. 치매는 생후 정상적으로 발달했던 지능이 후천적인 뇌기능 장애 때문에 영구적 혹은 비가역적으로 저하된 상태를 의미한다. 즉, 치매는 뇌의 질환으로 인해 생기는 하나의 증후군으로 대개 만성적이고 진행성으로 나타나게 된다.

치매는 기억력, 사고력, 지남력, 이해력, 계산능력, 학습능력, 언어 및 판단력 등을 포함하는 뇌피질 기능의 다발성 장애라고 할 수 있다. 치매는 크게 알츠하이머병으로 인한 주요 또는 경도 신경인지장애와 혈관성 주요 또는 경도 신경인지장애로 나누어진다.

① 알츠하이머형 신경인지장애

알츠하이머형 신경인지장애의 유형은 일반적으로 나타나는 노화현상과 관련이 많다. 즉, 이 치매를 진행시키는 원인 중에서 가장 중요한 것은 뇌를 사용하지 않음으로 인해서 생기는 것이다. 알츠하이머형 신경인지장애는 인지장애와 사회적, 직업적 기능에 있어 심각한 장애를 발생시키게 된다.

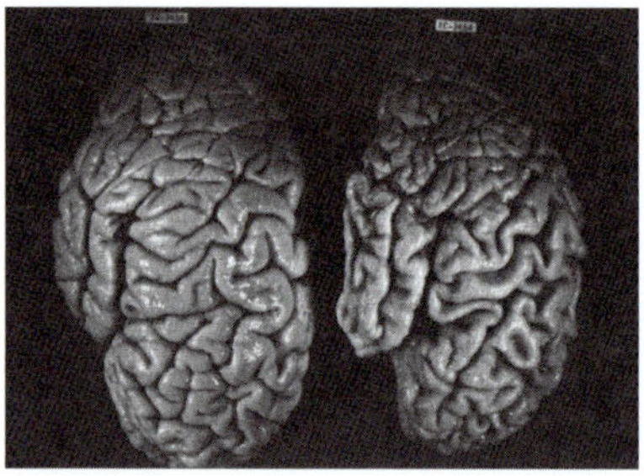

왼쪽은 건강한 사람의 뇌이고 오른쪽은 알츠하이머형 신경인지장애를 가진 환자의 뇌이다. 오른쪽이 더 쪼그라져 있음을 알 수 있음.

그림 3-2. 알츠하이머형 신경인지장애와 정상인의 뇌

출처: 김완균(2010). 청소년을 위한 뇌과학. 비룡소.

임상양상으로서의 치매 증상은 서서히 시작되고, 경과는 일정하게 점진적으로 진행되는 것이 특징이다. 초기에는 기억력장애만이 유일한 증상이거나, 무감동, 일관성의 결여, 사회교류로부터의 은둔 등 미묘한 인격 변화가 올 수 있다. 그러나 중기에 들어서면 갖가지 지각장애가 두드러지며, 행동이나 인격에 더 명확히 영향을 받는다. 후기에는 완전히 말이 없어지고 주의력이 결여되며, 지적 능력의 상실, 특히 기억력, 판단력, 추상적 사고, 기타 고유 피질기능의 장애와 인격 및 행동의 변화가 나타난다. 또한 점차 자신을 돌볼 수 없는 상태가 되어 필연적으로 사망하게 된다. 주로 노인기에 발생하며,

발생부터 사망까지는 평균 약 10~15년이 걸린다.

치료 초기에는 현재 나타나고 있는 증상의 완화를 위한 치료를 해야 하고, 중기 이후에는 가족, 사회적 치료 및 정신간호가 중요하다. 현재 약물치료가 중요하다는 인식이 증가하여 인지기능 개선을 위한 약물들이 많이 개발되고 있다.

② 혈관성 신경인지장애

혈관성 신경인지장애는 알츠하이머형 신경인지장애보다 드물지만 보다 일찍 발병한다. 혈관성 신경인지장애는 인지장애와 진단에 요구되는 장애를 보여야 하며, 치매와 원인적으로 관련이 있다고 판단되는 뇌혈관 질환의 증거가 있어야 한다. 또한 두부의 뇌단층 촬영술(CT)이나 자기공명술(MRI)에서 대개 대뇌피질과 피질하 구조물의 혈관 장애가 나타나야 한다.

임상양상은 발병 초기에는 지적 기능의 단계적 황폐화, 즉 일률적으로 진행되지 않는 경과와 부분적 황폐화로, 어떤 기능은 영향을 받고 어떤 부분은 그렇지 않은 양상을 보인다. 특징적으로 기억력, 추상적 사고, 판단력, 충동조절 및 인격의 장애가 나타난다. 또한 국소 신경학적 증세도 나타난다. 예를 들어, 가끔 가장적 감정으로 갑작스러운 웃음과 울음을 보이며, 구음장애, 연하곤란 등을 동반한 가성연수마비가 나타나는 수도 있다.

혈관성 신경인지장애는 일차적으로 고혈압, 당뇨병 등 동맥경화를 악화시키는 질환들이 문제가 된다. 이러한 질환들은 뇌에 혈액을 공급해 주는 여러 동맥들을 협소하게 하거나 막히게 하여 뇌의 혈액흐름을 저해하는 것이다. 만약 뇌혈관에 전반적으로 이상이 생겨서 뇌경색을 일으키게 되면 뇌의 전반적인 기능이 저하되고, 치매라고 불리는 상태로 되는 것이다. 이 유형의 치매는 비교적 젊은 50~60대에 잘 나타나며 여자보다는 남자에게서 더 많이 발견된다. 혈관성 주요 또는 경도 신경인지장애는 조기에 원인치료를 하면 회복될 수 있는, 즉 치료가 가능한 치매이다.

(2) 노인기 우울증

노인기에는 신체적 질병, 사회적 지위와 역할의 상실, 경제적 능력의 저하, 가까운 사람의 사망 등과 같은 다양한 상실을 경험하기 때문에 우울증이 나타날 가능성이 매우 높다. 즉, 노인기 우울증은 낮은 사회·경제적 위치, 배우자 상실, 신체질환 및 사회적 고립과의 상관관계가 매우 높다. 특히 노인기 우울증에는 수면장애가 더 많이 나타나고 신체증상의 호소와 초조감을 나타내는 경우가 많다. 노인기 우울증은 치매의 초기 증상과 유사하므로 이를 잘 구분하는 것이 중요하다.

표 3-3. 우울척도[5)]

아래는 지난 1주일 동안 어르신의 기분을 알아보기 위한 질문입니다. 질문을 잘 읽으신 후 그렇다면 "예"에, 그렇지 않다면 "아니오"에 체크해 주십시오. 대답하기 어려운 질문이라도 현재 어르신의 상태에 조금이라도 더 가까운 쪽을 "예" 또는 "아니오"로 답해 주셔야 합니다.

번호	문항	예	아니오
1	자신의 삶에 만족하십니까?	0	1
2	지금까지 해 온 일이나 흥미가 있었던 일을 그만두었습니까?	0	1
3	자신의 삶이 허무하다고 느끼십니까?	0	1
4	지루하다고 느끼는 일이 자주 있습니까?	0	1
5	보통 기분이 좋은 편입니까?	0	1
6	자신에게 어떤 좋지 않은 일이 일어날지도 모른다는 불안이 있습니까?	0	1
7	항상 행복하다고 느끼고 있습니까?	0	1
8	자신이 무력하다고 자주 느끼십니까?	0	1
9	외출하여 새로운 일을 하는 것보다 집안에 있는 것을 더 좋아하십니까?	0	1
10	다른 사람보다 기억력이 떨어졌다고 느끼십니까?	0	1
11	지금 살고 있는 것이 멋지다고 생각하십니까?	0	1
12	자신의 현재 상태는 전혀 가치 없다고 느끼십니까?	0	1
13	당신은 활력이 넘친다고 느끼십니까?	0	1
14	지금 당신의 상황은 희망이 없는 것으로 느끼십니까?	0	1
15	다른 사람들은 당신보다 더 여유 있는 생활을 하고 있다고 생각하십니까?	0	1

5) 총점은 15점으로 5점 이하는 정상집단, 6~9점은 우울 가능성, 10점 이상은 우울증으로 분류한다.

일반적으로 우울증의 병력이나 가족력, 독신생활, 낮은 경제적 수준, 수용기관에서의 생활, 저조한 건강상태, 완벽주의적 성격 등의 특성을 지닌 노인들이 우울증에 걸리기 쉽다(권석만, 2008).

3. 노인의 인지적 특성과 교육

1) 노화의 심리적 특성

노화로 인한 가장 두드러진 인지적 특징은 단기기억이 손상되고 자극에 대한 반응을 하는 데 시간이 오래 걸린다는 것이다. 그럼에도 불구하고 학습능력에 있어서 노인은 젊은 사람보다 느리기는 하지만 젊은 사람과 비슷한 수준으로 새로운 것을 습득할 수 있고 또한 그것을 기억해 낼 수 있는 것으로 나타났다. 노인의 행동은 더욱 조심스럽고 엄격해지며 사회적 접촉을 기피하는 경향이 있는데, 이러한 것은 노화에 의한 것이라기보다는 사회적 제도에 그 원인이 있을 가능성이 높다. 성공적으로 노년기를 보내는 사람은 계속해서 배우려고 하고 젊은 사람과 빈번하게 접촉함으로써 항상 정신적인 민첩성을 유지하려고 의식적으로 노력하는 사람이다.

노인의 심리적 특성에는 기억력, 독창력, 지능, 학습능력의 저하와 사회 부적응 현상의 발생 등이 있다. 뿐만 아니라 배우자의 죽음, 가족 및 사회로부터의 소외와 고독감, 지나온 세월에 대한 회한들이 원인이 되어 우울증이 증가하기도 하고 친숙한 사람에 대한 애착이 증가하는 특성을 보이기도 한다. 구체적인 노화의 심리적 특성을 살펴보면 **표 3-4**와 같다.

표 3-4. 노화의 심리적 특성

- 건강이나 경제상의 불안정에 대한 걱정이 커진다.
- 생활 환경에 잘 적응하지 못한 데에서 다가오는 불안이 증가하게 된다.
- 시기심 또는 질투심이 점차 증가되고 불평과 불만이 잦아진다.
- 자신이 하고 있는 일에 대해 어떤 일이든 흥미와 재미가 없어지고 비활동적이 되어 사회성이 소멸된다.
- 보수성으로 인한 고집이나 탐욕이 현저하게 늘어난다.

노인의 심리적 부적응 문제는 개인의 문제나 적응능력의 부재 등에 기인한 것으로 볼 수 있지만 더 나아가서 생리, 심리, 사회적 요인과 문화가치 요인들의 복합적 상호작용의 결과로 초래된 문제로 이해하는 것이 바람직하다. 따라서 노인은 부정적 정서경험은 되도록 피하고 충분한 긍정적 자극을 받을 수 있는 사회적 상황을 선택함으로써 자신의 주관적 안녕감을 유지하려는 능동적이고 적극적인 노력을 기울여야 한다.

노인은 자신들의 생각이 완고해지기 때문에 과거에 경험했던 생활주기를 갑자기 변화시키는 것은 매우 어렵다. 노인의 생활주기를 건강유지에 도움이 되도록 변화시킨다고 해도 기대한 만큼의 성과를 얻지 못한다. 그러므로 노인이 몸과 마음 모두가 건강한 삶을 유지하려면 청년기부터 중년기에 이르는 과정에서 자기 자신에게 적합한 생활주기를 건강유지 및 증진에 도움이 되는 방향으로 확립해 두는 것이 중요하다.

2) 노인의 인지적 특성과 교육

최근 평균수명의 연장과 함께 65세~70세를 기점으로 노인집단을 분류하는 경향이 강하다. 이는 '요람에서 무덤까지' 평생에 걸친 계속적 교육과 배움을 강조하는 평생학습 이념이 확산 · 보급되면서 새로운 교육대상으로서의 성인과 노인교육의 중요성이 부각되고 있다. 특히 평생교육의 이념은 모든 인간이 그 연령이나 사회·경제적 지위, 인종, 민족, 그 밖의 인구학적 배경들에 관계없이 교육을 받을 평등한 권리를 갖고 있으며, 노인들 역시 그러한 교육에의 권리를 지니고 있다는 것이다. 노인교육의 가능성에 대해서 일반적으로 인식되기 시작한 것이 최근의 일이고 그에 대한 연구성과라는 것도 근래에 제안된 것들이기 때문에 연구를 더 해 보아야 할 것이다.

이제 노인교육은 과거와 같이 단순한 복지의 차원을 넘어서서 인간의 전생애에 걸친 평생교육의 일환으로서 노인교육의 가능성을 새롭게 인식해야 한다. 또한 노인의 욕구는 점점 다양화되고 요구수준이 높아지는 것은 사실이다. 이와 같은 맥락에서 노인교육의 가능성은 노인집단을 평생학습자로서 취약집단으로서 또한 정보사회의 시민이자 문화 창출자로 인식을 해야 한다.

노화에 따른 지능의 쇠퇴량이 새로운 학습에 지장을 줄 정도가 아니라는 사실은 노인도 새로운 것을 학습할 수 있음을 시사해 주는 것으로 노인들의 학습과 전문성에 경험을 활용하는 능력이 중요하다. 나이가 들면 유동적 지능은 떨어져도 결정체적 지능은 학습의 정도에 비례하여 늘어날 수 있다는 사실은 노인이 되어도 학습의 능력은 계속 증가할 수 있다는 것을 시사한다. 구체적으로 노인의 암기능력은 떨어져도 전체를 보는 능력이나 이해력은 오히려 더 향상되며 노인이 되어도 학습의 능력은 계속 증가할 수 있다. 다만 나이가 들수록 나이가 젊을 때보다 학습에 열중하는 시간이나 열정, 관심이 적게 분배되는 것이 학습능력에 영향을 미친다.

나이가 들수록 우리의 뇌는 점차적으로 용량이 감소하게 된다. 뇌는 건강한 성인의 용량에서 50세 이후 5~10% 감소하고, 70세 이후에는 30~40% 정도 감소하게 된다. 비교적 상식, 판단력, 오래된 기억은 유지하지만 인지기능의 성확도, 기억의 유지, 학습능력 및 분석의 능력은 떨어지게 된다. 하지만 정보처리능력이 느려질 뿐 충분한 시간을 가지고 반복해서 학습한다면 젊은이 못지 않은 장기기억력을 유지할 수 있다. 노인의 지능변화에 대한 관점을 구체적으로 살펴보면 **표 3-5**와 같다(임영미, 2008).

표 3-5. 노인의 지능변화에 대한 세 가지 견해

구분	내용
비관론	• 유동적 지능의 퇴화 및 대뇌 기능의 노화가 발생함. • RAN합성이 순조롭지 못하며, 신경세포가 감소하고, 신경전달 속도가 느려지며, 대뇌에 혈액순환도 감소함. • 지적 능력의 쇠퇴와 정보의 상실이 나타남. • 기억력 감퇴 및 심한 경우 치매가 발생함.
일반적 견해	• 노인들의 기억력에 대해 일괄적으로 높다거나 낮다고 추정하는 것은 바람직하지 않으며, 노인들은 감각기억이나 단기기억 면에서 별다른 차이를 보이지 않는 것으로 나타남. • 푼(Poon)은 노인들의 시각기억 연구결과, 노인들도 상당히 좋은 상태의 기억력을 갖는다는 것을 확인하였음. • 크레익(Craik)은 노인들의 단기기억력이 그대로 유지되고 있음을 발견하였음.
낙관론	• 유동성 지능은 퇴화하지만 결정성 지능은 70대에도 안정적이라고 주장하고 있음. • 물론 결정성 지능도 퇴화하기는 하지만 이는 노인들의 반응시간이 느려지기 때문이지 노인들의 능력이 줄어드는 것은 아니라고 주장함. • 지적 훈련과 연습을 계속한다면, 노인들의 결정성 지능은 물론 유동성 지능도 향상시킬 수 있음.

04
Chapter

노인의 사회적 특성과 교육

배울 내용

1. 사회적 노화
2. 사회적 노화이론
3. 노인의 사회적 특성과 교육

학습목표

1. 사회적 노화를 설명하는 접근법의 특징들을 구분한다.
2. 사회적 노화이론들을 설명할 수 있다.
3. 노인의 사회적 특징을 파악하고 교육방안을 모색해 본다.

인간은 신체적 노화와 함께 사회적 위치도 변화한다. 사회적 특성은 사회구성원들이 바라보는 노년층에 대한 인식에 의해 규정된다. 젊은 세대의 노인들에 대한 무관심, 이해 부족, 효 윤리의 약화는 노인에 대한 이미지를 점점 부정적으로 변화시키고 있다. 인간은 누구나 늙어 결국엔 죽음에 이르게 된다. 그러나 대부분의 사람들은 그것이 남의 일이라고 생각한다. 노인에 대한 부정적인 고정관념과 편견은 자신이 늙은이로 취급받는 것을 모욕이라고 생각하게 만들고 노인을 자신과는 다른 부류로 분절화시키게 한다. 또한 노동중심의 사회조직에서 취업, 교육, 문화생활은 모두 젊은 세대에 집중되어 있고 노년기는 취업, 교육 등에서 배제되고 여가생활만이 강조된다.

이러한 연령 분리적인 규범은 세대 간의 원만한 의사소통을 방해하고 이해대립과 갈등을 초래하기도 한다. 사회 전체의 노인에 대한 인식이 어떠한가는 노인정책의 방향을 설정하는 데 영향을 줄 수 있다는 점에서 중요하다. 즉, 사회 전체적으로 노인을 의존적이고 무능력한 존재로 인식하는 경우 노인정책은 시혜적인 차원을 벗어날 수 없다. 따라서 노인문제가 새로운 사회문제로 자리 잡게 된 시점에서 노인을 실질적으로 돕기 위한 여러 정책의 마련도 시급하지만, 이러한 정책들의 방향을 정립하고 노인에 대한 사회적 인식을 새롭게 하기 위한 접근은 중요한 과제라고 할 수 있다. 노동의 생산성이나 인간의 가치에 대한 평가에 있어서 질적인 면, 특히 경험의 측면을 고려하지 않음으로써 노인들이 젊은 사람들보다 생산적이지 못하다는 편견에서 벗어나서, 노인은 경험이라는 가장 강력한 무기를 지니고 있는 존재라는 새로운 인식의 전환이 이루어져야 한다. 노년층은 전생애를 볼 수 있는 거울이다. 이미 전생애를 경험하였고, 따라서 인간의 전생애를 이해하고 공감할 수 있는 유일한 연령이다. 이러한 노년층의 능력과 인생의 경험은 교육의 중요한 자원으로서의 노인의 가치를 가능하게 한다.

1. 사회적 노화

노인학 이론들은 직·간접적으로 관점을 달리하는 네 가지 사회학 이론(구조기능주의, 갈등론, 상징적 상호작용론, 교환이론)에 기반을 두고 발전하였다. 노인학 이론 중 은퇴(분리)·현대화·연령계층 이론 등은 구조기능주의적 시각에 기초를 두고 있고, 정치·경제학적 시각과 세계체제이론은 갈등론적 특성을 지니고 있다. 그리고 상징적 상호작용론은 활동이론과 하위문화이론 등의 노인학 분야에 이론적 기초를 제공하였으며, 교환이론도 다양한 노인문제의 양상을 이해하기 위해서 적용되어 왔다. 사회적 노화를 구조기능주의적 접근, 갈등론적 접근, 상징적 상호작용론적 접근 및 교환이론적 접근으로 구분하여 살펴보면 다음과 같다(모선희 외, 2006; 신경안 외, 2023; 윤형준, 2010).

1) 구조기능주의적 접근

구조기능주의(structural functionalism) 접근에 따르면, 생물유기체와 마찬가지로 전체사회는 상호의존적 관계를 갖는 다양한 부분체계 혹은 요소들로 구성되는데, 이러한 요소들은 전반적으로 전체사회의 유지와 존속에 기여하는 기능을 하게 된다는 것이다. 결국 사회는 구성원 간의 가치합의를 바탕으로 잘 짜여져 있고 안정되고 균형이 잡힌 질서 있는 체계로 묘사된다.

기능주의 이론에서 주요한 개념들은 규범, 역할, 사회화 등이다. 규범은 어떤 행동이 주어진 사회에서 적절한지에 대한 구성원들 간에 공유된 규칙이다. 역할은 어느 특정 지위에 부여된 행동기대의 총체이다. 그리고 사회화는 개인이 사회의 규범과 가치를 배우고 내면화하는 과정이다. 개인은 사회질서의 한 부분이 되고 사회구조의 요구에 부응하는 역할을 수행한다. 사회질서의 규범적인 측면을 강조하는 기능주의적 관점에서는 사회질서의 주요 특징을 갈등보다는 합의와 동조로 보고 있다.

기능주의 이론이 갖는 또 하나의 중요한 전제는 부분은 전체를 위해 존재하므로 개인에 대한 물질적, 정신적 보상은 사회에 대한 기여도에 비례한다는 점이다. 이러한 전제에 대해 생각해 보면, 현대 산업사회에서 노인들 대부분의 사회적 지위가 현저히 약화된 것은 산업화 이후 초래된 사회변동의 필연적 결과이자 극히 정상적인 현상으로 간주된다.

2) 갈등론적 접근

갈등론적 접근은 기능주의의 대안이 되는 시각의 하나로 평가받고 있다. 기능주의가 안정, 통합, 가치합의를 강조하는 데 반해, 갈등론(conflict theory)은 사회가 상호 대립적 이해관계를 갖는 구성원들 간의 끊임없는 갈등과 투쟁으로 점철되어 있으며, 이에 따라 사회구조적 변동이 발생한다고 주장한다.

갈등이론을 노인문제에 적용시켜 보면, 사회는 상이한 연령집단 간의 갈등과 투쟁의 장으로 묘사된다. 현대 산업사회의 제도적 장치하에서 기득권을 누리는 연령집단은 물론 중년층이며, 노인들은 대부분의 경우 권력과 부의 배분과정에서 소외된다. 이는 산업사회가 될수록 노인은 희소자원을 소유하거나 희소자원에 접근할 수 있는 기회를 상실하게 되기 때문이다. 즉, 노인들은 재산을 통제할 수 없게 되고 가족을 지배할 수 없게 되며, 사회에서의 주요 지위를 차지할 수도 없게 된다. 그리하여 젊음은 아름다울 뿐만 아니라 무한한 가능성을 지닌 것으로 예찬되는 반면에 늙었다는 것은 무능하고 쓸모없는 것으로 비하된다. 중년층 중심의 사회는 때로 강제적 수단을 동원하여(예로 좌천, 주요 업무로부터의 배제, 정년퇴직제) 노인들에게 자신이 무능하며, 쓸모없는 존재라는 허위의식(false consciousness)을 심어 줌으로써 기존 질서를 유지하려고 한다.

결과적으로 갈등주의 접근에 의하면, 노인문제의 원인은 노인이 사회와 가족생활에서 희소자원을 소유할 수 없거나 많이 소유하지 못함으로 인하여 발생한다고 할 수 있다. 즉, 노인문제의 원인은 개인의 결함이나 무능력에 있는 것이 아니라 현행 사회의 구조와 조직에 있다는 것이다.

3) 상징적 상호작용론적 접근

상징적 상호작용론(symbolic interactionism)은 사회적 상호작용의 역동적이고 의미 있는 과정을 강조하고 있다(Blumer, 1969). 이 이론에 의하면, 개인들은 그들의 행위에 대한 타자들의 반응을 해석함으로써 자아개념을 형성하게 된다. 사회질서는 구성원들 간의 지속적인 상호작용을 통해 형성되는 공유된 의미에 기초하고 있다. 상징적 상호작용론에서 사회는 어떤 집단이 어떤 시기의 상황이나 조건에 대하여 동의하는 공통적인 의미를 형성하여 임시적으로 유지하는 조직이다. 사회라는 조직은 일정 기간 동안 안정적인 상태를 유지하고 있겠지만, 구성원들이 사회현상에 대하여 새로운 의미를 부여하게 되면, 즉 그 사회에서는 구성원들이 어떤 현상에 대해 문제라고 공통적인 의미를 부여하면 비로소 사회문제가 된다는 것이다.

노인과 노화라는 상징에 대하여 부여하는 의미는 시내와 장소에 따라 다르다. 전통사회에서는 노인은 지혜롭고 권력과 권위를 갖추고 존경의 대상이 된다는 의미를 부여하였지만 현대의 산업화사회에서는 늙고, 병들고, 가난하고, 외롭고, 의존적이고 쓸모없는 사람으로 보게 되면서, 노인문제가 있다고 판단하여, 이러한 부정적인 의미부여로 노인은 문제가 많은 사람으로 인정되고 있는 것이다. 노인을 이렇게 부정적인 측면으로 이해함으로써 노인 스스로도 가정과 사회에서 고립되고 쓸모없는 존재로 낙인찍고, 이러한 스스로의 낙인은 노인을 더욱더 무능하고 수동적이고 소극적인 존재로 만들고 있다는 것이다.

따라서 이 이론적 접근에 의하면, 노인문제의 원인은 사회적인 낙인에 따라 행동하는 노인 개인에게도 있지만 이차적인 원인은 노인을 낙인찍는 사회의 일반적 인식이 잘못된 데 있다고 할 수 있다(최일섭, 최성재, 1995).

4) 교환이론적 접근

산업사회 이전의 농경사회에서는 노인문제가 없었다고 단정할 수는 없지만 일반적으로 산업화와 공업화를 수반하는 현대화가 노인의 지위를 약화시켜서 결국은 노인문제가 야기되었다는 주장이 받아들여지고 있다. 로소우(Rosow, 1974)는 전통사회에서 산업사회로 변천됨에 따라 노인의 재산소유 및 통제권의 약화, 노인의 생산성 약화, 도시화와 핵가족으로 인한 가족공동체적 유대성의 약화 등으로 노인의 교환자원은 점차 약화된다고 주장한다(모선희 외, 2006).

이러한 노인의 교환자원의 부족, 가치성의 저하 또는 고갈 등은 노인이 집단으로서 또는 개인으로서 교환관계를 형성하는 데 열세를 면치 못하는 지위로 하락시켰다고 할 수 있다. 따라서 노인 지위의 약화는 일반적으로 산업사회에서 여러 가지 측면에서 노인에게 문제를 안겨 주고 있다. 즉, 교환자원의 가치 저하는 의존성을 증가시키고 이는 권력의 약화를 초래하고, 권력의 상대적 약화는 또한 교환관계에서의 교환조건의 약세를 초래하여 결국 노인은 개인 및 사회와의 관계에서 문제를 경험하게 된다는 것이다.

2. 사회적 노화이론

노인의 사회참여에 대한 진정한 이해는 한 사회가 노년기와 노인에 대하여 어떤 관점을 취하고 있는가와 더불어 그러한 사회적 환경에 노인 개개인이 어떻게 반응하고 적응하는가의 관심에 기초할 때 가능하다고 할 수 있다(이소정 외, 2007). 노인의 사회참여활동에 대한 반응은 '특정 연령대의 사람들에게 사회적으로 바람직한 것으로 기대되는 역할이나 행동'인 연령규범에 의하여 철회나 저하로 나타날 수도 있고, 사회에서 가치 있는 활동으로 여겨지는 가시적인 생산활동에 적극적으로 참여하는 형태로 나타날 수 있다. 이처럼 노년기 연령규범은 노인들이 어떻게 옷을 입어야 하고, 일상적으로 어떤 품행을 보여야 하는지 등 일상생활에 대한 행동양식을 제시할 뿐 아니라, 수행해야 할 사회적 역할이 무엇이고, 포기해야 할 사회적 역할이 무엇인지를 명확하게 해 준다(Atchley, 1989).

1980년대 중반까지의 노년학 연구에서는 노화의 부정적 측면, 즉 생물학적 쇠퇴, 심리적 무기력, 질병과 장애, 사회적 의존성 등에 초점을 맞추었다. 하지만 노인인구 증가와 함께 건강하고 경제적으로 여유 있으면서 지적 수준이 높고 사회활동에 활발하게 참여하는 노인인구가 증가함에 따라 노화의 긍정적 측면에 관심을 기울이기 시작하였다(권중돈, 2006).

노인의 사회참여활동과 관련하여 다양한 관점으로 이해하는 데에 유용한 지침을 제공해 준 사회적 노화이론을 활동이론, 분리이론, 지속이론, 선택 · 최적화 · 보상(SOC) 모델 및 노년초월론을 중심으로 살펴보면 다음과 같다(박석돈 외, 2022; 신경안 외, 2023; 최경인, 2014).

1) 활동이론

활동이론(activity theory)에 의하면 기본적으로 생물학적 측면과 건강의 불가피한 변화를 제외하고는 노인은 근본적으로 중년기와 다름없는 심리적 및 사회적 욕구를 지니고 있다고 가정한다. 활동이론에서는 사회적으로 계속 활동할 수 있는 노인들은 보다 긍정적인 자아상(self-image), 사회통합(social integration), 생활만족도를 가지며, 따라서 성공적으로 노화한다고 본다. 즉, 사회활동수준이 높을수록 노인의 생활만족도가 높고, 긍정적인 자아개념을 가진다는 것이다. 그러나 사회적 활동에의 참여가 어떠한 심리적 기제(mechanisms)를 통하여 생활의 만족도를 가져왔는지에 대한 분명한 제시는 하지 못했다. 따라서 이러한 문제점을 개선하고 사회적 활동의 상징적 상호작용주의적 특성을 고려하여 **그림 4-1**과 같은 활동이론을 체계화하고 있다.

그림 4-1. 활동이론의 인과적 메커니즘

그림 4-1에서 보는 것과 같이, 활동참여는 개인의 자아개념(Self-Concept)을 재확인하는 데 필요한 역할지지를 가져다준다. 역할지지는 긍정적인 자아상을 유지하는 데 필요하고, 또한 긍정적인 자아상의 유지는 생활만족도를 높게 유지하는 것에 영향을 미치게 된다. 즉, 활동참여와 역할지지, 긍정적 자아상 유지 및 높은 생활만족도의 인과적인 메커니즘을 가정하고 있다.

따라서 노인들이 삶에 대해 만족하고 잘 적응하기 위해서는 가능한 한 중년기의 활동들을 많이 유지해야 하며, 특히 은퇴나 배우자 상실 등으로 이전에 수행했던 역할을 상실할 경우, 이를 대체할 수 있는 새로운 역할을 찾는 것이 필요하다(이현미, 2007). 노인들은 노년기에 일어나는 사회로부터의 고립을 최소화하기 위하여 가능한 한 오랜 중년기의 라이프스타일을 유지하고, 활동적이어야 한다.

앞의 논리에 의하면, 노후의 생활만족도나 삶의 질은 사회활동과 긍정적인 상관관계가 있다는 것을 알 수 있다. 그러나 노화로 인한 능력의 저하는 분명히 존재하며, 이러한 능력의 저하로 인해 실제로 노인들은 중년기에 자신이 수행했던 역할을 지속하기에는 어려움이 있다는 점에서 활동이론은 비판을 받고 있다. 또한 활동이론에서는 활동수준보다 개인의 성격이나 사회 · 경제적 지위, 생활방식과 같은 변인들이 노년기의 생활만족도에 더 많은 영향을 미치고 있다는 점을 간과하고 있다는 비판을 받고 있다(최두진 외, 2009).

2) 분리이론

분리이론(disengagement theory)은 커밍과 헨리(Cumming & Henry, 1961)의 연구로 신체적, 경제적 자립상태에 있는 50~90세까지의 미국 Kansas시의 주민을 대상으로 실시한 횡단적 연구결과를 토대로 시작된 이론이다. 이 이론의 핵심은 연령이 증가하게 되면 건강이 악화되고 죽음을 맞이하는 비율이 높아지므로, 이에 따라 노인의 사회적 교류와 활동범위는 축소하고 보다 소극적인 역할을 추구하며 개인이나 사회를 위해 사회로부터 분리되는 것이 정상(normal)이며 피할 수 없는 것(inevitable)이라고 주장한다.

분리이론에서 말하는 분리(disengagement)는 개인과 사회 모두가 최적의 기능 상태를 위해 개인과 사회가 상호 철회하는 과정으로 사회에 의한 것과 개인에 의한 것으로 구분된다. 이러한 개인과 사회 중 분리의 결정이 이루어지는 주체에 따라 개인적 분리 혹은 사회적 분리로 나눈다. 특히 개인적 분리(individual disengagement)를 통해 사회에서 분리된 노인은 사회적 활동이 줄어듦에 따라 심리적 만족도가 더 높아진다고 주장한다. 이에 비해 사회에 의한 분리(social disengagement)는 사회가 그 기능을 최상의 상태로 유지하기 위해서 분리를 위한 제도를 준비하고 있다는 것이다. 즉, 사회가 사회적 기능수행에 필요한 사람들의 자격요건을 제한하는 것은 당연하며, 기능적인 면에서 사회적 참여를 제한하는 것이 바로 개인이 일정 연령에 도달하면 사회로부터 분리시키는 퇴직제도이다. 노인들은 사회가 요구하는 새로운 지식을 습득하는 것이 쉽지 않고 생산성과 효율성이 젊은이보다 뒤떨어지기 쉬운 것은 사회활동에 참여하는 데 많은 비용이 들기 때문이다.

이와 같은 분리이론은 남성중심의 산업사회에 편향되었고, 노인들을 원조하기 위한 개입을 저하시킬 수 있으며, 노인이 사회에 참여하고 싶은 의지에도 불구하고 사회가 노인을 배제한다는 비판을 받고 있다(Hooyman et al., 2008). 또한 사회에서 벗어나고 싶어 하는 경향이 노년기의 특징일 뿐만 아니라 개인적인 차원이라는 점을 증명하지 못한다. 그럼에도 다른 이론적 시각의 개발에 자극이 되고 분리이론과 극히 상반되는 활동이론과의 논쟁을 통하여 노인의 역할과 생활만족도에 관한 연구를 활발하게 할 수 있는 계기를 마련하였다.

3) 지속이론

일명 연속성이론이라고도 하는 지속이론(continuity theory)에서는 노년기 삶의 질을 향상시키고 삶의 만족도를 높이기 위해서, 사회활동을 접거나(분리이론), 반대로 활발한 사회활동만을 강조하는 것(활동이론)이 아니라, 개인의 성향과 중년기에 수행했던 역할에 초점을 맞추어 비슷한 역할을 지속적으로 수행하는 것이 가장 바람직한 노년기 사회활동이라고 주장한다(Hooyman et al., 1999).

이와 더불어, 애칠리(Atchley, 1989)는 '활동능력(activity competence)'을 중년기에 학습하지 못한다면, 노년기에 발현되지 못할 것이며, 이는 곧 노년기 이전에 활동능력에 대한 학습의 중요성이 강조되어야 한다고 주장한다.

이 이론은 전생애를 통한 성장발달에 초점을 맞추면서 개인의 성격과 중년기에 수행했던 역할과 비슷한 역할을 지속적으로 수행하는 것이 노년기의 생활만족도를 높일 수 있다고 설명한다. 애칠리(1989)에 의하면, 노인은 서로 각각 다른 발달적 목표를 가지고 있으며, 그 목표는 사회구조 내에서 개인의 지위, 가족결속력, 성역할, 사회적 계층 등의 영향을 받아 자신의 행동을 결정하게 된다고 한다. 즉, 노화과정 속에서 개인적 성격, 환경의 변화, 그리고 그러한 변화에 대한 적응방식 등이 각각 다르게 나타난다는 점을 강조한다.

노인은 활동의 모험적 탐색보다는 이미 해 오던 전통적인 활동에 집착하는 경향이 있으며, 대부분의 노인은 노년기 이전의 생활을 동경한다는 것이다. 따라서 노년기의 삶의 질을 향상시키고 삶의 만족도를 높이기 위해 활동을 중단하거나 반대로 활발한 사회활동만을 강조하는 것이 아니라, 개인의 성향과 중년기에 수행했던 역할에 초점을 맞추어 비슷한 역할을 지속하는 것이 가장 바람직한 노년기 사회활동임을 강조한다 (Hooyman et al., 2008). 그러나 지속이론은 중년에 적극적인 활동을 하던 사람이 노년에 이르러 활동을 중단하거나 혹은 중년기 이전에 소극적으로 활동에 참가하던 사람이 노년에 적극적인 활동에 참여하는 이유를 설명할 수 없다는 한계점이 있다고 비판받고 있다.

4) 선택 · 최적화 · 보완(SOC) 모델

발테스와 발테스(1990)는 전생애 발달 관점에서 개인과 환경의 상호작용 과정으로 성공적 노화를 설명하는 선택 · 최적화 · 보완(The Model of Selective optimization with compensation: SOC) 모델을 제안하였다.

로우와 칸(1997)에 의해 주도된 초기 연구에서의 성공적 노화의 개념은 오래 사는 것, 생물학적인 건강, 개인조절능력, 정신적인 건강, 사회적 수행 및 생산성, 삶의 만족 등 높은 수준의 건강상태, 사회적 관계망, 적극적 생산적 활동으로 제시하였는데, 이에 대해 발테스와 발테스(1990)는 개인의 상대성을 제시하지 않았다고 지적하면서 연령에 따른 손실 및 성취, 발달적 유연성을 고려한 전생애적 모형을 구성하려고 노력하였다. 발테스와 발테스(1990)는 성공적 노화란 어떤 획일적인 모습이 아닌 선택과 최적화, 보완이라는 3가지 요인과 관련된 전생애에 걸쳐 경험하게 되는 일종의 적응과정으로 보았고, 3가지 생애 관리 전략을 적절히 활용하는 정도에 따라 성공노화가 평가될 수 있으며, 이는 나이가 들면서 신체적, 사회적, 정신적, 잠재능력에 있어 발달의 상실이 획득보다 많은 노년기에 특히 중요하고, 그 사용이 증가한다고 주장하였다.

발테스와 발테스(1990)는 성공적 노화를 7가지 기본전제들로 설명하고 있다. 첫째, 질병 없이 나이가 들어가는 정상적 노화 발달을 지속시키며 노화하는 최적의 노화로 치매와 같은 질병에 의해 노화가 오는 병리적 노화 간에는 주요한 차이가 있다. 둘째, 다양한 경험과 병리적 현상 등이 개인에 따라 각각 다르게 작용하기 때문에 노화는 개인차와 다양성이 존재한다. 셋째, 노년기에도 잠재된 능력이 많아 적절한 환경과 의료조건이 갖추어지면 높은 수준의 잠재력을 지속적으로 가질 수 있다. 넷째, 잠재능력의 한계에 이르면 노화에 따른 손실이 존재한다. 즉, 노년기에는 기억 및 학습능력의 손실이 존재하며 훈련과 같은 프로그램에도 제약이 있다. 다섯째, 과업을 수행하기 위해 오랜 경험으로 축적된 지식 기술을 활용함으로써 연령이 증가함에 따른 쇠퇴를 충분히 보완해 줄 수 있다. 여섯째, 노화는 발달과정에서 항상 증가만을 의미하는 것이 아니며 나이가 많아짐에 따라 증가보다 손실이 많다. 즉, 연령이 증가하면서 지혜나 경험은 증가하지만 건강의 쇠퇴하는 정도가 더 커지는 것과 같은 현상이다. 일곱째, 자아는 노년기에도 탄력성이 유지된다. 노년이 되어도 개인적 통제력이나 자기효능감 등에 별다른 쇠퇴가 나타나지 않으며, 다양한 상황에서 효과적인 적응을 할 수 있고, 생애과정에 따라 삶의 목표나 열망의 수준이 적응적으로 변화하게 되어 자신과 비슷한 준거집단과의 사회적 비교를 통해 기대수준을 조절하게 된다.

이와 같은 기본전제를 바탕으로 성공적 노화를 위한 전략을 세우기 위해 마련된 일반적 원칙은 다음과 같다. 첫째, 병리학적 노화 상태의 가능성을 줄이기 위해 건강한 생활방식을 유지하는 것이 중요하다. 둘째, 노화의 발현과 방향이 다양하므로 단순한 해결을 회피하고 개별적이고 사회적인 유연성을 촉진하는 것이 중요하다. 셋째, 건강과 관련된 활동을 통해 잠재능력을 강화하는 것이 바람직하다. 신체적 · 정신적 · 사회적 잠재능력이 커질수록 성공적 노화의 가능성도 커지게 되므로 지속적인 발전을 위한 사회적 기회와 지지가 제공되어야 한다. 넷째, 잠재능력의 한계와 지식과 기술의 강화와 보완의 역할은 또 하나의 일반적 전략 원칙을 제안한다. 보조 장치 연령에 따른 적절한 생활방식, 고령친화적 환경들의 개발과 개선이 필요하다. 다섯째, 개인이 꿈이나 목표를 바꾸는 효과적인 전략을 획득하도록 도와 노화에 따른 증가와 감소의 균형을 맞추고 자아탄력성을 유지하여 객관적인 현실을 변화시킬 필요가 있다.

발테스와 발테스(1990)는 이상의 전제들을 고려하여 SOC 개념과 노화에 따른 적응의 과정을 설명하면서 3가지 구성요소를 소개하고 있다. 첫 번째 요소인 선택(Selective)은 자원과 잠재능력의 상실이 많아지게 되는 노화 발달과정에서 개인이 수행할 수 있는 영역만 선택적으로 남겨 놓고 다른 영역은 무시하는 전략이다. 우선성이 높은 영역에 노력과 에너지 등 개인 자원을 집중하여 새롭게 변형된 인생의 목적이 자신이 선택한 영역에서 발휘된다. 그러므로 선택 전략을 통해 개인의 기대 수준은 개인적 조절뿐 아니라 주관적인 만족감을 경험함으로써 순응하는 과정이다. 둘째 요소인 최적화(optimization)는 잠재능력을 활성화시키고 자신의 적응성이나 유연성을 검증하기 위해 선택한 영역의 수행을 최대화시키는 행동이다. 즉, 양적 · 질적 측면에서 노인들이 선택한 것을 극대화하는 노력을 말한다. 최적화는 개인의 잠재능력을 극대화하여 노인들도 최적화 과정을 지속적으로 실행하면서 효율적으로 기능할 수 있음을 보여 주고 있다.

셋째 요소인 보완(compensation)은 생물학적 · 인지적 · 사회적인 기능의 손실이 일어났을 때, 보조기구나 외부의 도움, 심리적 보상 기제 등을 통해 손실을 보완하는 전략이다. 노인들은 어떠한 기능이 요구되는 상황에서 그 능력이 손실되거나 상실되었을 때 부정적 영향을 받게 되어 저항이 증가하게 되는데, 이를 최소화하기 위해 기술적 · 정신적 보완 노력을 하게 된다. 예를 들어, 외부의 도움을 받거나 기억력을 돕기 위한 메모 수첩을 사용하는 등의 정신적 보완 노력을 하거나 돋보기, 지팡이 등을 통하여 기술적 보완 노력을 하게 되는 것이다.

이처럼 SOC 모델은 개인이 선택 · 최적화 · 보상 전략의 활용을 통해 손실된 능력에 집착하기보다는 활용 가능한 개인의 능력에 적합한 활동을 선택하고 보유한 기술을 최대화하며 상실한 것을 보완함으로써 주관적인 만족감을 증진시킬 수 있으며 성공적 노화에 이를 수 있음을 설명하고 있다.

5) 노년초월론

대범하고 깨끗하게 나이를 먹는 데 도움이 되는 또 하나의 방법은 모든 일에 초연한 입장을 취하는 자세이다. 연부역강(年富力強)하여 한창 일할 때는 사업, 가족, 재산 등 갖가지 일로 매일 바쁜 일상을 보냈으며, 그것으로 인해 주변 사람과의 관계도 밀접했기 때문에 세상 일을 초연한 입장에서 바라볼 만한 여유가 없었다. 그러나 노년이 되면 그전과는 달리 수월하게 미련을 버릴 수 있다. 자신의 생활환경도 소유물도 거리를 두고 바라볼 수 있어 새로운 시야가 열리는 것이다.

노년초월론(gerotranscendence)이란 노년기에 접어 든 개인이 “인생의 전반적인 시각을 물질주의적이고 합리적인 시각에서 벗어나 보다 우주적이고 초월적인 시각으로 변화시키는 것”으로 정의할 수 있다. 노년초월의 개념은 스웨덴의 노년학자 토른스탐

(Tornstam, 1994)에 의해 처음 제기되었고, 이후 에릭슨과 에릭슨(1997)이 기존 8단계였던 심리발달이론에서 제9단계를 추가하면서 9단계 이론으로 알려지게 되었다.

노년초월이란 노인들 자신이 세상과 자신을 바라보는 시선이 변하는 것을 뜻하며, 더 나아가서는 노인이 노화에 대해 가지고 있는 부정적인 생각이 아닌 노화 자체를 긍정적이고 자연적인 한 과정으로 보는 새로운 관점을 가지게 되는 것이다. 그리고 과거 세대와 더욱 친밀감을 느끼게 되면서, 사회관계에서 오는 물질적인 관심이 감소하고, 고독이나 명상을 즐기는 시기이다.

노인들이 직면하는 가장 어려운 과업은 아마도 바로 지금의 자신과 자신의 인생에 대한 관심을 초월하는 것이며, 다가올 죽음의 실체를 받아들이는 것이다. 토른스탐의 노년초월론은 커밍과 헨리(1961)의 분리이론, 펙(Peck, 1968)과 그 외의 노화에 관한 심리발달이론들이 설명하는 노년기에 나타나는 심리적인 변화들을 긍정적인 측면에서 강조한 이론으로 볼 수 있다.

3. 노인의 사회적 특성과 교육

1) 노인의 사회적 특성

노인의 사회적 특성으로는 지위와 역할의 변화로, 즉 역할의 상실 및 지위의 저하를 들 수 있다. 의료기술의 발달, 경제적 기술의 발전, 대중 교육의 확장 및 도시화라는 현대화 요인들은 노인의 지위를 저하시키고 특히 경쟁시장에서 노동력의 노후화로 인해 평소 수행해 오던 역할을 상실하게 만든다.

또한 한국 노인은 다른 나라 노인과는 다른 역사적 경험과 문화적 전통 속에서 살아왔기 때문에 나름대로의 특성을 지니고 있는데, 한국 노인들이 가지고 있는 사회문화적 특성은 **표 4-1**과 같다.

표 4-1. 한국 노인들의 사회문화적 특성

- 자기 자식에게 의존하는 성향이 강하다.
- 가부장적 권위주의에 사로잡혀 있다.
- 수동적 · 내향적 성향이 강하다.
- 희생적 가족주의 정신이 강하다.

오늘날 같은 산업화사회에서는 사회적으로나 문화적으로 젊고 유능한 세대들에 의해 주도되어 노인의 지식이나 경험, 기술, 사고방식 등은 뒤로 물러나게 되고 노인의 역할 또한 감소되었다. 대표적인 사회적 상실로는 직장인으로서의 정년퇴직이 있다. 노인은 사회적으로 중요한 부분을 차지하고 있던 시기에 세대교체나 은퇴 등으로 인생의 큰 변화를 경험한다.

따라서 경제적, 시간적 여유가 점차 늘어나고 있는 현대사회의 노인에게 있어서 생활체육활동 등은 이러한 문제해결을 위한 대안으로서 그 가치와 중요성이 점점 강조되고 있다.

2) 연령통합 사회의 구축

노인의 사회적 특성을 고려한 교육이 이루어지기 위해서는 무엇보다 연령통합 사회의 구축이 필요하다. 연령통합 사회의 의미와 필요성에 대해 살펴보면 다음과 같다(신경안 외, 2023).

(1) 연령통합의 의미

전통적인 사회구조에서는 청년층, 장년층, 노년층이라는 연령의 범주에 따른 고정관념(stereotype)이 존재한다. 즉, 연령의 범주에 따라 교육·일·여가 등의 세 영역으로 구분된다. 그러나 연령통합은 연령이 한 사회 내의 제도 및 역할 등에서 장벽으로 작용하지 않는 상태이며, 나아가 다양한 연령층이 어우러져 살아가는 상태를 의미한다(이나겸, 2019).

연령통합은 연령유연성(age flexibility)과 연령다양성(age heterogeneity)이라는 두 가지 요소로 이루어져 있다(정순둘 외, 2015). 연령유연성은 제도, 역할 등에서 연령이 장벽으로 작용하지 않고 모든 연령층에 열려 있는 것을 말한다. 연령다양성은 다양한 연령층이 어우러져 상호작용은 물론 연대를 형성하기 때문에 삶이 풍요로워지고 연령을 기준으로 하는 고정관념이나 편견 등이 감소하는 것을 말한다.

연령통합 사회는 전통적인 연령범주 또는 생애단계(phases) 대신, 모든 연령층이 하나의 연령연속체(age continuum)로 통합된다. 교육·일·여가 등에서 개인의 생애주기별로 다양한 활동을 선택하고 조정할 수 있다는 것이다. 비록 하나의 담론으로 논의되고 있지만 연령통합 사회는 유연한 연령의 기준을 적용하고 확대된 연령의 다양성을 특징으로 하기 때문에 연령유연성과 연령다양성은 서로 연관되어 있다.

따라서 연령통합 사회는 다양한 연령층의 상호작용이 이루어지는 사회를 의미하며, 모든 연령층이 어우러져 사는 사회로 정의된다(정순둘 외, 2016).

(2) 연령통합 사회의 필요성

연령통합 사회는 특히 고령자가 연령의 장벽이 낮은 일터에서 여가는 물론 생산적인 활동이 가능하다는 점 외에도, 전체 연령을 통합하고 공동체성을 높이는 사회이다. 연령통합 사회에서 연령다양성은 다양한 연령층 간의 교류가 활발해져 연령주의에 따른 편견을 약화시키고 여러 세대의 통합을 용이하게 한다. 따라서 인류 공통의 인간성(common humanity)에 근거한 기존의 연령범주가 하나의 연령연속체로 통합되며 연령이라는 긍정적 이익은 모든 연령층에 유익할 수 있다(이나겸, 2019).

인구의 고령화는 연령의 스펙트럼을 확대시키면서 3세대를 넘어 4세대 이상의 다세대(multi generation)가 공존하는 사회를 만들고 있다. 그러나 우리나라는 OECD 국가들 중에서 주관적 및 객관적 연령통합의 수준이 낮다. 청년기에는 인적 자본을 형성할 수 있는 교육과 훈련에 집중하고 장년기에는 노동시장에서 축적된 인적 자본을 생존수단으로 교환하며 인적 자본의 효용가치가 상실된 노년기에는 여가에 집중하는 시스템이 구축되어 온 것이다.

연령통합 사회에서는 다양한 연령층이 함께 참여하는 구조적 기회(structural opportunities for all ages)가 확대될 것으로 예견되며 교육 · 일 · 여가 등에서 점진적으로 연령통합의 구조가 될 것으로 기대된다. 또한 연령주의는 법과 제도, 교육 등의 영역에 영향을 미치고 사회 전반에 만연하는 연령차별(ageism)의 문제와 고령층 내의 여성차별주의(sexism)를 야기하기 때문에 공평한 공공정책(equitable public policy)의 필요성이 대두되고 있다.

결국 인구의 고령화와 기대수명의 증가에 따라 연령분절(age different-iated) 사회 대신 연령통합 사회라는 새로운 패러다임이 나타나게 된 것이다. 고령화와 선택적 친화력이 있는 연령통합 사회는 새로운 사회의 구성 원리로 제기되고 있으며, 연령분절적인 패러다임으로부터 연령통합적인(age - integrated) 패러다임으로의 전환이 필요해졌다.

05
Chapter

노인평생교육의 이해 및 현황

배울 내용

1. 평생교육의 이해
2. 노인평생교육의 이해
3. 노인평생교육 프로그램의 운영 실태
4. 노인 및 중장년 평생교육 현황

학습목표

1. 평생교육의 개념, 이념, 필요성, 기관 및 영역을 이해한다.
2. 노인평생교육의 개념 및 필요성을 설명할 수 있다.
3. 노인평생교육 프로그램의 개념을 숙지하고 운영 실태를 파악한다.
4. 노인 및 중장년 평생교육 현황을 파악하고 활성화 방안을 모색해 본다.

1. 평생교육의 이해

1) 평생교육의 개념

평생교육의 개념은 오랜 역사를 통해 다양한 개념으로 정의되어 왔기 때문에 한마디로 정의하기는 매우 어려운 측면이 있다. 평생교육은 원래 프랑스어로 'L'education permanente'이고 영어로는 'lifelong education'이며, 우리나라에서는 '평생교육', 중국에서는 '종생교육', 일본에서는 '생애교육'으로 사용하고 있다. 랑그랑(Lengrand, 1975)은 평생교육을 "개인의 출생에서부터 죽을 때까지 전생애에 걸친 교육의 통합"이라고 하였으며, 데이브(Dave, 1976)는 "삶의 질을 향상시키기 위하여 평생 동안 이루어지는 모든 형태의 형식적 · 비형식적 학습활동"이라고 정의하고 있다.

평생교육의 개념을 「평생교육법」에서는 "평생교육이란 학교의 정규교육과정을 제외한 학력보완교육, 성인기초 · 문자해득교육, 직업능력향상교육, 인문교양교육, 문화예술교육, 시민참여교육 등을 포함하는 모든 형태의 조직적인 교육활동을 말한다"로 정의하고 있다. 우리나라 학자들이 주장하고 있는 평생교육에 대한 정의는 **표 5-1**과 같다(이기원 외, 2023).

표 5-1. 평생교육에 대한 정의

구분	내용
한정란(2008)	평생교육은 노인이 자기발달 단계에서 최대한 잠재력을 발휘하고 자신의 발달과정에 효율적으로 적응해 나갈 수 있도록 하는 것
김진영, 김남진(2009)	평생교육은 모든 교육을 포함하는 개념으로 사람이 태어나서 죽을 때까지 배워야 하며 가정, 학교, 사회 등 사람이 살아가는 모든 장소에서 학습이 이루어질 수 있는 통합적인 교육의 최상위 개념으로서 모든 실천적 영역을 포함하는 이념

구분	내용
임봉순(2012)	평생교육은 특정 기간 동안 특정 장소에서 받게 되는 학교교육만으로는 충족시킬 수 없는 성인의 다양한 학습욕구의 만족을 위하여 언제, 어디서나 원하는 교육을 받을 수 있도록 하는 열린교육 체제
차갑부(2014)	평생교육은 개인의 출생에서 사망 전까지의 수직적 통합과 가정과 학교를 포함한 모든 생활공간의 수평적 통합을 통하여 언제, 어디서나 필요할 때 자신의 학습욕구를 충족시킬 수 있는 형식적 · 비형식적 · 무형식적 교육 활동
한석주(2015)	평생교육은 인간의 삶의 과정에서 생존능력을 증대시키고 삶의 질을 향상시키기 위한 평생의 과정을 통해서 이루어지는 한 사회의 모든 형태의 형식적 · 비형식적인 학습활동의 전부

지금까지의 평생교육에 대한 정의를 종합해 보면, 평생교육이라는 용어는 매우 다양한 관점에서 기술되고 있다는 것을 알 수 있다. 일반적으로 평생교육은 삶(life), 평생(lifelong)과 교육(education)의 세 가지 개념이 내포되어 있는 용어로, 개인이 한 평생 살아가는 동안 갖게 되는 모든 교육을 의미한다. 랑그랑은 평생교육을 개인의 출생에서 시작하여 죽을 때까지 계속되는 모든 교육을 통합하는 활동으로 보았는데, 즉 평생교육은 수직적이고 수평적 차원이 통합된 특성을 지닌 교육이라고 주장하였다. 평생교육이 수직적이라는 의미는 평생교육의 대상이 요람에서 무덤까지, 즉 유아, 아동, 청소년, 성인, 노인을 포함한다는 의미하며, 수평적이라는 의미는 인간의 생활공간인 가정, 학교, 사회, 직장, 가상공간 등을 포함한다는 것을 의미한다(김진숙 외, 2018).

2) 평생교육의 이념과 필요성

평생교육의 이념은 1965년 프랑스 파리에서 개최된 '세계성인교육발전회의(International Committee for the Advancement of Adult Education: ICAE)'에서 의장을 맡은 랑그랑이 제출한 토의 자료 '영구 교육(L'education permanente)'이라는 보고서를 통해 최초로 언급되었다(박선희, 2020). 랑그랑은 보고서의 서두에 "교육은 아동기 · 청소년기에 정지되는 것이 아니라, 인간이 태어나는 순간부터 계속되어야 하는 것이다"라고 기술하였다(차갑부, 2014). 이후 유네스코(UNESCO)는 1970년을 '세계교육의 해'로 공포하여 평생교육을 기본 이념으로 삼았으며, 이를 통해 평생교육이 세계의 관심을 끌게 되었다. 이듬해 1973년 유네스코(UNESCO) 한국위원회가 '평생교육 발전 세미나'를 개최하면서 평생교육의 개념이 국내에도 점차 보급되기 시작하였다.

랑그랑

평생교육에 대한 광의의 개념은 '유아부터 노년까지 전생애에 걸쳐 인간 개인의 성숙과 사회적 성장을 추구하는 교육'을 총칭하는 것이며, 협의의 개념은 대한민국의 「평생교육법」 제2조에서 정의하는 바와 같이 '정규교육과정을 제외한 성인을 대상으로 하는 교육활동'을 의미한다고 할 수 있다.

그동안 대한민국에서 평생교육은 성인교육 및 지역사회 개발에 중추적인 역할을 담당하여 왔다. 구체적으로 교육부는 2002년에 '평생교육진흥기본계획'을 처음 시행한 이후, 총 4차례에 걸쳐 5개년 계획을 시행해 성인의 학습기회 확대와 평생교육 기능의 강화를 위해 노력해 왔다(이경아, 2008). 또한 2015년 세계교육포럼에서는 '인천 선언'을 통해 변혁적 교육과 모두를 위한 평생학습기회 진흥이라는 2030년까지의 교육 비전을 제시하였다.

랑그랑이 의도하는 평생교육이라는 용어가 단순히 성인교육을 일생 계속하는 것이라는 의미만은 아니다. 장래의, 각자 평생을 통한 교육의 지도 이념을 나타내는 통합적 용어로, 성인교육을 재편성하고 그것과 동시에 학교교육을 포함해서 교육제도를 재편성하는 것도 포함하고 있다. 그는 평생교육을 학습사회의 근본원리(keystone)로 제시하였던 것이다. 즉, 평생교육의 원리를 통합성의 바탕 위에서 랑그랑은 **그림 5-1**과 같이 제시하였다(이기원 외, 2023).

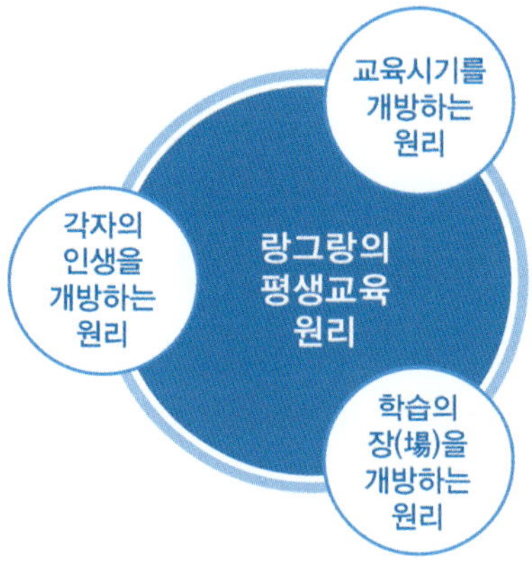

그림 5-1. 랑그랑의 평생교육의 원리

첫째, 교육시기를 개방하는 원리이다. 전통적인 교육에서는 청소년을 교육의 대상으로 삼아 학습의 시기를 제한하였다. 그러나 수직적 통합이 가능하게 되면, 각자 일생 동안 적당한 시기에 학습의 기회를 선택할 수 있게 된다. 고도 지식사회의 출현은 학교교육 이후의 교육(Post-initial Education)을 중요하게 여기지 않을 수 없게 되었다.

둘째, 학습의 장(場)을 개방하는 원리이다. 종래의 교육에서 교육의 기회균등은 사실, 학교교육의 기회를 의미하는 것이 많았다. 그러나 성인의 학습의 장(場)은 학교이기보다는 직장, 매스 미디어, 도서관, 가정이다. 학습의 장이 사회생활 전반에 걸쳐져 있는 것이다. 또한 청소년의 경우도 교사가 교실에서 교과서를 사용하고 지도하는 학교만이 학습의 장이 아니다. 친구와 노는 지역사회도, 가사를 돕거나 TV를 보는 가정도 중요한 학습의 장이다. 이러한 지역사회나 가정의 생활경험이 학교에서의 학습을 유용하게 하기도 한다. 결론적으로 청소년, 성인의 학습의 장은 학교에 한정되지 않고 생활 공간 전체가 되는 것이다.

셋째, 각자의 인생을 개방하는 원리이다. 랑그랑은 자기를 형성하고 자기를 교육하고 진보한다는 인간존재의 항구적 내지 보편적인 요구를 수용한 교육이념을 채택하고자 하였다. 왜냐하면 살아간다는 것은 개인이나 모든 사람에게 있어 항상 도전의 연속을 의미하기 때문이다. 따라서 인간의 발달은 청년기까지만이 아니라 고령기에 이르기까지 평생에 걸친 발달이라는 데 관심을 두어야 한다. 또한 개개인의 생애발달을 가능하게 하는 교육의 시간과 장소가 개방되어야 한다. 이렇게 되면 개인은 타인의 인격을 고려하여 자유로운 의사결정을 행하면서 인생을 개척해 나갈 수 있기 때문이다. 이런 자유로운 의사결정이 가능한 교육은 민주주의를 발달시키고 나아가 평화와 국제이해를 진전시키리라는 것이 랑그랑의 주장이다.

평생교육의 창시자인 랑그랑은 자신의 보고서에 기존의 교육체제의 통합원리로서 평생교육의 이념과 평생교육의 필요성 및 활성화 방안을 제시하였다(UNESCO, 1976). 랑그랑의 보고서에서는 평생교육의 이념을 **표 5-2**와 같이 기술하고 있다.

표 5-2. 평생교육의 이념

- 인간의 행복을 위해서는 요람에서 무덤에 이르기까지 전생애를 걸쳐 교육기회를 보장해야 한다.
- 평생교육은 전생애에 걸쳐 인간발달을 통합한다는 관점에서 다양한 교육의 조합과 통합을 해야 한다.
- 평생교육을 실현하기 위해서는 노동일수의 조정, 교육휴가, 문화휴가 등의 제도적인 장치를 마련해 주어야 한다.
- 초 · 중 · 고 · 대학은 학생들만 교육할 것이 아니라 지역사회 학교 및 지역문화센터로서의 역할을 해야 한다.
- 인간의 행복을 위해서는 교육의 본질적 모습에 충실한 교육 이념을 확보해야 한다.

그리고 랑그랑의 보고서에서는 평생교육이 필요한 이유를 **표 5-3**과 같이 9가지를 제시하고 있다.

표 5-3. 평생교육의 필요성

- 시대의 변화에 따른 규범이나 관습 개념의 급속한 변화
- 인구의 증가와 평균수명의 연장으로 인한 교육의 양적 확대와 질적 변화
- 과학기술의 진보와 산업 직업 구조의 변화
- 정치적 변동
- 정보매체의 발달과 정보처리능력 필요성의 증대
- 여가의 증대와 활용
- 생활양식과 인간관계의 위기
- 현대인의 정신과 육체의 부조화
- 사회적 관념의 위기를 해결하기 위한 정체감의 형성

따라서 랑그랑이 보고서에서 주장한 평생교육의 관점은 **표 5-4**와 같다.

표 5-4. 평생교육의 관점

- 현재의 교육체제는 교육을 청소년기에 한정시키고 있는 것에 비해, 평생교육은 전생애에 걸친 것으로 본다.
- 현재의 교육체제는 지식의 습득에 중심을 둔 추상적인 것인 데 비해, 평생교육은 지적, 정의적, 심미적, 직업적, 정치적, 신체적인 면을 모두 다루고 있다.
- 현재의 교육체제는 직업교육과 일반교육, 형식교육과 비형식교육, 학교교육과 학교 외 교육 등 여러 가지 교육활동을 분리하고 있는 데 비해, 평생교육은 인격의 전체적, 유기적인 발달을 고려하여 여러 가지 교육 간의 연결 내지 결합을 시도하고 있다.
- 현재의 교육체제는 지금까지 축적된 지식을 다음 세대에 전달하는 것을 교육의 목적으로 보는 데 비해, 평생교육은 인간을 지속적으로 탐구하며 교육활동을 전개하는 것을 교육의 목적으로 본다.
- 현재의 교육체제는 교육적인 규제 및 외부에서의 강제에 의해 주입식 교육을 하는 데 비해, 평생교육은 개성이나 특성에 따라 자발적, 자주적으로 성장 발달해 가는 것에 중점을 둔다.
- 현재의 교육체제는 교육을 문화유산을 전달하는 수단으로 보고 있는 것에 비해, 평생교육의 관점에서는 교육을 끊임없는 자기발전의 과정으로 본다.
- 현재의 교육체제는 교육을 선별의 도구로 사용하는 데 비해, 평생교육은 인간이 가지고 있는 자질을 일생에 걸쳐 발달단계에 따라 활용하는 것으로 본다.
- 현재의 교육체제는 초등학교, 대학, 기술전문학교 등에 한정하고 있는 데 비해, 평생교육은 교육이라는 것을 친구관계, 가족, 직장, 교회, 정당, 노동조합, 클럽 등 사람들의 실제생활에 관련된 모든 환경이나 상황까지 확대시키는 것으로 본다.
- 현재의 교육체제는 형식적 교육 위주로 진행되지만, 평생교육은 교육의 기회를 선택할 때 부여된 환경 중에서 이용 가능한 매체의 여부, 혹은 개인이나 사회의 능력에 따라서 적용할 수 있는 것으로 본다.
- 현재 교육체제의 교육은 교사에 의해 행해지는 것으로 생각하는 데 비해, 평생교육은 때와 상황에 따라 사회 전체가 교육의 기회를 제공하는 것으로 본다.

개인 차원에서도 성인들은 전생애에 걸쳐 학력 보완, 직업역량 개발, 문화 향유 등을 목적으로 평생학습에 참여하여 왔다(김진화 외, 2010). 끊임없이 배우고자 하는 자기계발 시대에 도입하면서 한국 성인의 평생학습 참여율은 꾸준히 증가하다가 코로나 19 이후 다소 감소하였지만 2022년 평생학습 참여율은 전체 28.5%(비형식교육이 28%, 형식교육 0.6%)로 국민 10명당 3명이 평생학습에 참여한 것으로 나타났다.

$$\text{평생학습 참여율(\%)} = \frac{\text{형식교육참여자} + \text{비형식교육참여자} - \text{동시참여자}}{\text{한국의 성인 인구}} \times 100$$

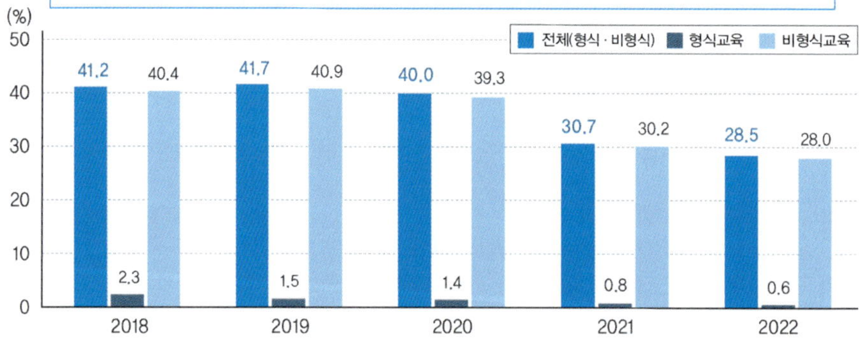

그림 5-2. 평생학습 참여율

출처: 교육부, 국가평생교육진흥원(2023). 2022 평생교육백서.

3) 평생교육의 기관 및 영역

(1) 평생교육법에 의한 평생교육기관 유형

평생교육기관은 여러 가지 기준에 따라 유형화할 수 있지만 1999년 제정된 「평생교육법」 제2조 제2항에서는 평생교육기관의 유형을 크게 세 가지로 구분하고 있다. 첫째, 「평생교육법」에 따라 인가 · 등록 · 신고된 시설 · 법인 또는 단체이다. 둘째, 「학원의 설립 · 운영 및 과외교습에 관한 법률」에 따라 학원 중 학교교과교습학원을 제외하고 평생직업교육을 실시하는 학원이다. 셋째, 그 밖에 다른 법령에 준거하여 평생교육을 주된 목적으로 하는 시설 · 법인 또는 단체이다.

그중 평생교육시설은 다시 (1) 학교 형태 평생교육시설, (2) 사내대학 형태 평생교육시설, (3) 원격대학 형태 평생교육시설, (4) 사업장 부설 평생교육시설, (5) 시민단체 부설 평생교육시설, (6) 학교 부설 평생교육시설, (7) 언론기관 부설 평생교육시설, (8) 지식 · 인력개발 관련 평생교육시설, (9) 평생교육을 주목적으로 하는 법인 · 단체의 아홉 가지로 분류할 수 있다. 2023년 「평생교육법」이 개정된 후 교육부에서 발간한 『평생교육백서』에 기재되어 있는 각 기관의 유형과 시설 유형별 특징을 살펴보면 **표 5-5**, **표 5-6**과 같다.

표 5-5. 「평생교육법」상의 평생교육기관 분류

구분	관계법	기관 구분	유형
「평생교육법」에 의해 인가 · 등록 · 신고된 시설	제31조	학교 형태	교육감 지정 학력인정시설(각종학교, 기술학교 등)
	제32조	사내대학 형태	사내대학
	제33조	원격대학 형태	원격대학 및 원격교육 형태
	제35조	사업장 부설	산업체, 백화점 문화센터 등
	제36조	시민사회단체 부설	법인, 주무관청 등록, 회원 300인 이상 시민단체
	제30조	학교 부설	대학/전문대 부설 평생교육원 등
	제37조	언론기관 부설	신문, 방송 등의 언론기관
	제38조	지식 · 인력개발	산업교육기관, 학교실습기관
	제2조	평생교육을 주목적으로 하는 법인단체	

표 5-6. 「평생교육법」상의 평생교육기관의 특징

구분	내용
학교 형태	교육과정 및 시설 · 설비 등이 중학교 또는 고등학교와 유사한 시설로서 경제적 이유 등 개인사정으로 중 · 고등학교에 진학하지 못한 근로청소년, 성인 등을 대상으로 하는 평생교육시설을 말한다. 학력인정 평생교육시설은 교육감에게 등록한 학교 형태 평생교육시설 중 일정 기준 이상의 요건을 갖춘 경우 중 · 고등학교 졸업자와 동등한 학력이 인정되는 시설로 지정된 것을 말한다.
사내대학 형태	시간적 · 경제적 여유가 없어 대학에 가지 못한 근로자들을 위해 학교법인 설립 없이 일정 기간 사내교육을 이수하면 학력 · 학위가 인정되는 평생교육 차원의 고등교육기관으로 교육 경비를 고용주가 부담하여 근로자의 면학욕구를 수용할 수 있고 기업 입장에서는 전문 직무교육과 특화교육 효과를 거둘 수 있도록 한 새로운 평생교육 제도를 말한다.
원격대학 형태	정보통신 기술, 멀티미디어 기술 및 관련 소프트웨어 기술 등을 이용하여 형성된 상호참여 공간을 주 학습장으로 하여 시간과 공간의 제약 없이 주로 비대면 교육을 통하여 전문대 또는 대학 졸업자와 동등한 학력을 인정하고 학위를 주는 평생교육 차원의 고등교육기관을 말한다.
사업장 부설	산업체, 백화점 문화센터 등 일정규모(종사자 100명) 이상의 사업장에서 당해 사업장의 고객을 대상으로 하는 평생교육시설을 말한다.
시민사회단체 부설	법인인 시민사회단체, 법령에 의하여 주무관청에 등록된 시민사회단체, 회원수가 300명 이상인 시민사회단체가 소속 회원 외에 일반 시민을 대상으로 평생교육시설을 부설하는 경우를 말한다.
학교 부설	학교의 인적 · 물적 자원을 지역사회에 개방하고 다양한 평생교육을 실시함으로써 각급 학교의 평생학습장화를 촉진하고 열린 교육 사회의 구현에 기여하기 위한 시설을 말한다. 「평생교육법」에 의거하여 각급 학교의 장은 학생 · 학부모 및 지역주민을 대상으로 교양 증진 또는 직업교육을 위한 평생교육 시설을 설치 · 운영할 수 있다.
언론기관 부설	신문 · 방송 등 언론기관(일간신문 · 주간신문 · 인터넷신문 · 월간잡지를 발행하는 개인 또는 법인, 방송을 하는 법인, 뉴스통신사업을 경영하는 법인)은 언론 매체를 통하여 평생교육진흥에 기여해야 하는 임무를 부담함과 동시에 일반 국민을 대상으로 교양 증진과 능력 향상을 위한 평생교육 시설을 설치 · 운영할 수 있다.
지식 · 인력개발	지식정보의 제공사업, 교육훈련 및 연구 용역사업, 교육 위탁사업, 교육훈련기관의 경영진단 및 평가사업, 교육자문 및 상담사업, 교수 · 학습 프로그램의 개발 및 공급사업 등을 1년 이상 경영한 실적이 있는 자로서 자본금 또는 자산이 3억 원 이상이고 전문인력을 5명 이상 확보하고 있는 법인을 말한다.
다른 법령에 의한 시설	「학원의 설립 · 운영에 관한 법률」, 「도서관 및 독서진흥법」, 「박물관 및 미술관진흥법」, 「근로자 직업훈련 촉진법」 등에 의한 학원, 직업훈련원, 도서관, 박물관, 문화원 등을 말한다.

(2) 평생교육 학습영역의 구분

EU의 성인교육조사(Adult Education Survey: AES)를 바탕으로 KEDI 평생학습실태조사에서는 평생교육의 학습영역을 크게 그림 5-3과 같이 형식교육, 비형식교육 및 무형식학습으로 구분하고 있다(교육부, 한국교육개발원, 2019).

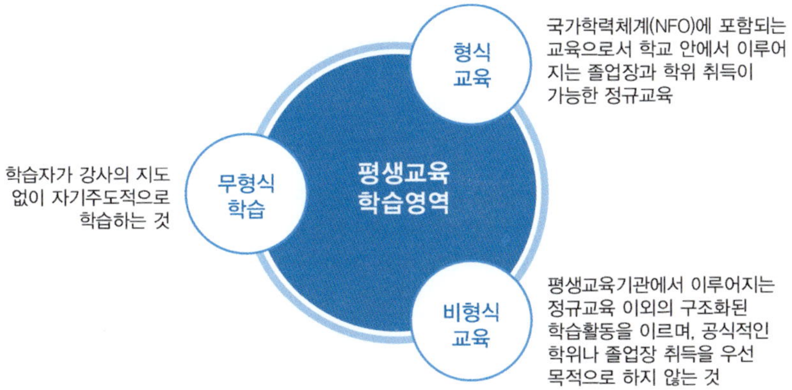

그림 5-3. 평생교육 학습영역

첫째, 형식교육이란 국가학력체계(National Framework of Qualification: NFQ)에 포함되는 교육으로서 학교 안에서 이루어지는 졸업장과 학위 취득이 가능한 정규교육과정을 말한다. 초·중·고등학교, 대학 및 대학원, 고등학력보완교육(학점은행제, 독학학위제), 방송통신대학교 등이 이에 해당된다.

둘째, 비형식교육이란 평생교육기관에서 이루어지는 정규교육 이외의 구조화된 학습활동을 의미하며, 공식적인 학위나 졸업장 취득을 우선 목적으로 하지 않는 것을 전제로 한다. 직장에서의 직무연수나 특강, 평생교육원, 평생학습관, 주민자치센터, 백화점 문화센터, 복지회관 등의 프로그램이 이에 해당한다. 앞서 언급한 바와 같이 「평생교육법」에서는 교육 활동을 여섯 가지 영역으로 구분하고 있지만 2019년부터 학력보완교육이 형식교육으로 분류되었고, 2023년에는 비형식교육 프로그램으로 성인문자해득교육, 직업능력향상교육, 성인진로개발역량향상교육, 인문교양교육, 문화예술교육, 시민참여교육의 여섯 개 영역으로 구분되고 있다. 비형식교육의 각 영역이 포함하는 구체적인 강좌는 **표 5-7**과 같다.

표 5-7. 비형식교육 프로그램 분류

구분	프로그램
성인기초 및 문자해득교육	• 문해교육(저학력, 비문해대상 한글교실, 한문교실, 어르신컴퓨터, 산수교실 등)
직업능력향상 교육	• 외국어 자격증(토익, 토플 등) • 컴퓨터 자격증(컴퓨터 활용능력, 워드프로세서 등) • 자격증인증과정(평생교육사, 공인중개사, 요리기능사, 피부관리사 등) • 취업 및 창업 준비과정(공무원 시험 대비반 등) • 직무능력 향상교육과정(직무연수, 경력개발 등)
성인진로개발역량 향상교육	• 진로수업 • 진로심리검사 • 진로상담 • 진로정보 • 진로체험 및 취업지원
인문교양교육	• 경제 · 경영강좌(펀드, 재무설계, 부동산 등) • 외국어강좌(생활 외국어 등) • 컴퓨터강좌(정보 인터넷 소양 교육 등) • 종교교육강좌(성경/불경 모임 등) • 인문교양강좌(역사강좌, 철학강좌, 미술사강좌, 문학강좌 등) • 가정생활강좌(요리, 유아 · 아동 · 청소년교육, 꽃꽂이, 예절교육 등) • 건강 및 의료강좌(보건교육, 금연교육, 생활의료교육 등)
문화예술스포츠교육	• 음악강좌(피아노, 플루트, 노래교실, 가야금, 사물놀이 등) • 미술강좌(풍선아트, 사진, 공예, 천연염색 등) • 스포츠강좌(수영, 댄스, 에어로빅, 요가, 배드민턴 등)
시민참여교육	• 지도자과정(마을리더, 주민자치위원 교육 등) • 시민참여교육강좌(시민교육, 인권교육, 평화교육 등) • 환경생태강좌(자연과학, 환경, 생태강좌 등)

출처: 교육부, 한국교육개발원(2019). 2019 한국 성인의 평생학습실태.

셋째, 무형식학습은 학습자가 강사의 지도 없이 자기주도적으로 학습하는 것을 말한다. 무형식학습이 형식 · 비형식교육과 구분되는 기준은 '교수과정에 의한 학습(taught-learning)'으로, 학습자의 자발적이거나 우연한 활동을 통해 배우게 되는 경험을 포함한다. 가족, 친구 등 타인의 도움이나 조언을 통한 배움, 인쇄매체 혹은 컴퓨터나 인터넷을 활용한 학습 등이 해당된다.

(3) 평생교육의 특성

평생교육의 특성을 이해하기 위해서는 평생교육의 기본적 성격과 그 원리를 살펴볼 필요가 있는데, 김문섭 등(2019)이 주장한 여덟 가지의 기본적 평생교육 특성을 살펴보면 다음과 같다.

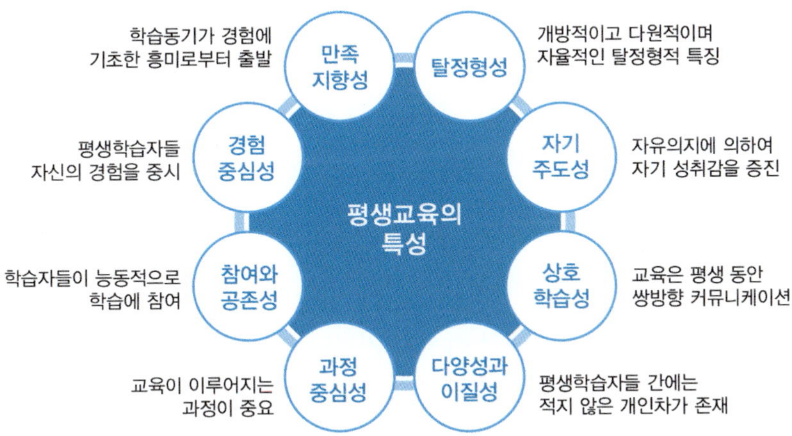

그림 5-4. 평생교육의 특성

① 탈정형성

형식화, 제도화된 교육원리와 다르게 평생교육은 학교교육과 달리 본질적으로 탈정형성을 그 특징으로 한다. 평생교육은 교육의 시기에서부터 교육의 장소, 교육대상,

교육담당자, 교육체제, 교육 프로그램 및 교육과정, 교육방법, 교수 · 학습 자료 및 교재, 교육평가 방식 등에 걸쳐 획일적이며 경직된, 그리고 폐쇄적이며 정형적인 교육적 요소가 학교교육에 비해 극소화된다. 개방적이고 다원적이며 자율적인 탈정형적 특징을 지닌다.

② 자기주도성

평생교육은 자유의지에 의하여 '자기성취감'을 증진시킬 수 있는 활동이다. 한 평생에 걸쳐 이루어진다는 점에서 타인의 강요나 외부의 기대에 의해 학습하는 것이 아니라 성인학습자들이 자신의 필요와 교육적 욕구에 따라 자율적으로 교육을 선택하고 참여하는 것을 전제로 한다. 미리 정해진 교육과정에 의해 교육받는 것이 아니라 교육의 전 과정, 즉 계획, 실행, 평가의 전 과정에 학습자가 함께 참여하여 자율적이고 자기주도적인 학습을 행하게 되는 특성을 지닌다.

③ 상호학습성

교육은 평생 동안의 쌍방향 커뮤니케이션이다. 성인친화적인 관점에서 학습을 향상시킬 수 있도록 상호학습 분위기가 중요하다. 평생교육은 상호학습(co-learning), 주고받는 학습의 특성을 지닌다. 학습자 상호 간, 교사와 학습자 간의 상호 교류와 피드백을 통한 학습이 중요시되는 상호학습의 특성을 지닌다. 교육방식 역시 단순한 강의보다는 시청각매체의 활용, 토론, 세미나, 실습 등의 학습이 보다 효과적이다.

④ 다양성과 이질성

평생학습자들 간에는 적지 않은 개인 차이가 존재한다. 그래서 평생교육은 학교에서의 학생대상 교육과는 달리 교육대상, 담당자, 목표, 내용, 방법, 교육시기, 교육시간, 교육장소 등이 매우 다양하고 비획일적이며 유동적이라는 특징을 지닌다. 따라서 평생교육의 프로그램은 연령, 시간, 장소에 따라 다양하고 이질적인 뷔페식 교육과정(buffet curriculum) 또는 카페테리아식 교육과정(cafeteria curriculum)의 특성을 지닌다.

⑤ 과정 중심성

평생교육은 학교교육에서의 성적 중심 또는 결과 중심 교육과는 달리, 교육이 이루어지는 과정이 중시되며 성과에 있어서도 외재적 성과보다는 내재적 성과, 그리고 학습결과의 외적인 객관적 평가보다는 학습자 자신의 삶의 주도성, 만족감과 성취감이 훨씬 더 중시되는 특징을 지닌다.

⑥ 참여와 공존성

학습자들이 능동적으로 학습에 참여하는 것이다. 평생교육에서는 전 과정에서 모든 학습구성원이 함께 참여하는 것이 중요하다. 평생교육에서의 학습자는 마치 빈 컵이나 백지와 같은 객체적인 존재가 아니라 스스로 필요에 따라 앎을 추구해 나가는 주체로서의 학습자이다. 따라서 평생교육에 있어 가르치는 사람과 학습자는 수직적이고 위계적이며 권위에 기초한 주종관계가 아니라 수평적이고 대등한 관계하에 함께 소통, 참여하고 공존하는 특성을 지닌다.

⑦ 경험 중심성

평생학습자들은 경험을 중시한다. 평생교육에서는 삶의 과정에서 축적된 삶의 경험이 최대의 학습자원으로 중시되고 그 활용이 강조된다. 평생교육 프로그램은 각 개인 학습자의 경험자원을 최대한 활용하는 경험 중심적 교육내용과 방법으로 구성되는 특성을 지닌다.

⑧ 만족 지향성

학습동기가 경험에 기초한 흥미로부터 출발한다. 평생교육은 자발적이고 비의무적인 참여에 의한 자율적 학습이므로 무엇보다도 학습자체가 즐거운 학습이 되어야 하며, 학습자에게 학습을 통한 내적 만족과 즐거움을 줄 수 있어야 한다. 이러한 이유에서 평생교육 프로그램에는 적정의 레크리에이션 요소가 가미되며 학습자들의 내적 만족감과 지적 욕구충족을 통한 희열이 중시된다.

2. 노인평생교육의 이해

1) 노인평생교육의 개념

일반적으로 노인은 태어나면서 성장과정을 거쳐 일정한 연령에 이른 사람이나 노화과정을 겪어 가는 사람들을 말한다. 1951년 세인트루이스에서 열린 제2회 국제노년학회에서는 노인이란 “인간의 노화(aging)과정에서 나타나는 생리적, 심리적, 환경적 변화와 행동의 변화가 상호작용하는 과정에 있는 사람”이라고 정의하였다(최순자, 2015).

노인교육은 활용성, 적응학습, 노동시장성, 계속교육이 그 중심이 되는 평생교육이다(김남선 외, 2014). 교육은 인간의 변화를 이끌어 내는 활동이며, 이를 위하여 적절한 외부환경을 제공하고 사회적으로 누구에게나 타당하게 인식되는 좋은 방향과 바람직한 변화를 유발하기 위하여 사전에 계획된 활동이다. 이때 학습은 가르치는 사람이 가르쳐 준 것을 배우고 익히는 것과 더불어 아무도 가르쳐 주지 않은 것을 배우는 사람이 스스로 깨우치고 익히는 모두를 포함하고 있다(양흥권, 2017).

성인평생교육의 일부분으로서 노인학습자를 대상으로 하는 교육을 노인평생교육이라고 할 수 있다. 평생교육이 태어나면서 죽음에 이르기까지 인생의 전 과정에 걸쳐서 이루어지는 교육활동임과 동시에 인간 완성을 지향하는 교육이라면, 평생교육의 한 과정으로 인생의 노년기에 이루어지는 교육을 노인평생교육이라고 할 수 있다. 고령화사회에서 평생교육은 삶의 질과 만족도를 높이기 위하여 전생애에 걸쳐서 개인에게 제공되는 모든 학습과정과 교육적 결합을 의미한다. 노인교육을 포함한 평생교육이 추구하는 이념은 전체성, 통합성, 융통성, 민주성 등으로 표현될 수 있다. 일부 학자들은 노인평생교육에 대해서 **표 5-8**과 같이 정의하고 있다(이기원 외, 2023).

표 5-8. 노인평생교육의 정의

구분	내용
Peterson(1977)	노인을 위한, 노인과 노화에 관한 교육적 노력의 실천 및 연구
Jarvis(1990)	노인들을 위한 교육, 노화와 노인에 관한 교육적 노력의 연구 및 실천
박성희(2004)	노인의 교육적 욕구를 충족시키는 동시에 사회화의 수단으로 새로운 노인문화를 형성하고 건전한 여가활동을 통한 사회 참여의 길을 제공하는 것
한정란 등(2006)	노인이 최대한 자기 발달단계에서 잠재력을 발휘하고, 또한 자신의 발달과정에서는 효율적으로 적응해 나갈 수 있도록 하는 것

노인교육은 먼저 평생교육의 개념과 관련시켜서 이해해야 하는데, 개인과 사회의 질을 향상시키기 위해 개인의 일생에 거쳐 개인적, 사회적, 전문적인 기술과 자질을 향상시키고 성취하게 하는 교수·학습의 총체적 이념이라고 정의할 수 있다. 노인에 관한 교육이 노인평생교육으로 태어나면서부터 노인에 이르기까지 살아가면서 노인이 될 사람들, 현재 노인과 관련된 직업이거나 직업을 원하는 사람들, 퇴직을 앞두고 있는 사람들, 그리고 노인 모두를 포함한다. 노인과 노화에 관한 지식들과 그들과 상호작용하는 것과 그에 적응하는 데 필요한 기술과 지식을 다루며 노인들의 경험과 지혜를 활용하는 노인에 의한 교육이며 인생의 경험과 지혜를 지니고 있는 인적자원인 노인을

활용하는 것이다(이영희, 2018). 노인교육은 단순히 아동, 성인, 노인이라는 연령에 따른 대상 구분이 아니라 연령, 지위, 성에 관계없이 각자의 관심과 이해에 따라 여러 세대가 한곳에 모여 상호작용함으로써 그 속에서 서로 간에 정보를 교환하고 새로운 지식을 만들어 내는 적극적 과정으로 제3의 교육학 또는 초세대적인 교육의 의미를 갖는 트라고지(trigogy)를 의미한다(권중돈, 2010). 이러한 아동교육, 성인교육, 노인교육의 특성을 비교해 보면, **표 5-9**와 같다(하미경, 2021).

표 5-9. 아동교육, 성인교육 및 노인교육의 특성 비교

구 분	아동교육(pedagogy)	성인교육(andragogy)	노인교육(geragogy)
자아개념	타인에 대한 의존성(교사중심)	자기주도성 증대(학습자중심)	경험의 축적, 문화, 교육적 계승과 치매로 인한 경험의 퇴화
경험의 역할	학습지원	학습 · 직업생활에서 상호 교류됨	전문적 경험의 축적, 문화, 교육적 계승 또는 치매로 인한 경험의 퇴화
학습과제	과학적 연구와 발달단계에 기초를 둔 학습과제(교과중심)	직업, 사회생활에 요구되는 과제(과제중심, 경험중심)	삶의 보람, 취미, 생활 등 고령화에 하는 과제(생활, 교양중심)
교육과정	공교육으로 법률로 정한 교육과정	위 학습과제에 기초를 둔 프로그램	위 학습과제에 기초를 둔 프로그램
학습결과	학력 형성, 직업에 대한 예비적 사회화	즉각적 응용, 경력 재구성	인생의 평온, 내세적 이해에 응용
학습조직 · 방법	단위제, 학년제, 공적 교육기관	재교육방식, 평생학습기관	평생학습방식, 지역사회 평생학습기관
학습동기	장래에 대한 기대, 학문적 성과	사회적 역할 기대	인생의 적응과 통합

노인인구가 빠르게 증가하는 것에 대비하기 위해 노인복지제도와 물질적 지원 체계의 도입도 중요하지만 노인의 평생교육 활성화로 노인 자신이 그들의 입장을 받아들이고 급변하는 현대사회생활에 잘 대처할 수 있도록 도움을 주며 건강이 허락하는 범위

내에서 자신 문제를 스스로 해결하고 자존감을 높이는 일은 더 중요하다. 나아가 오랜 시간 동안 축적된 경험을 살려 국가와 사회에 긍정적인 영향을 주며 젊은 세대를 앞서 인도할 수 있는 인생의 선배로서 교육하는 것이 중요하며, 일생 동안 거치는 많은 발달 과정 중 가장 중요하고 많은 시간을 교육해야 하는 기간이 노인교육의 시기라 할 수 있다. 이런 사회·환경적 변화와 함께 맥클러스키(McClusky, 1971)는 노인들의 교육 욕구를 **그림 5-5**와 같이 다섯 가지 범주로 분류하였다(하미경, 2021).

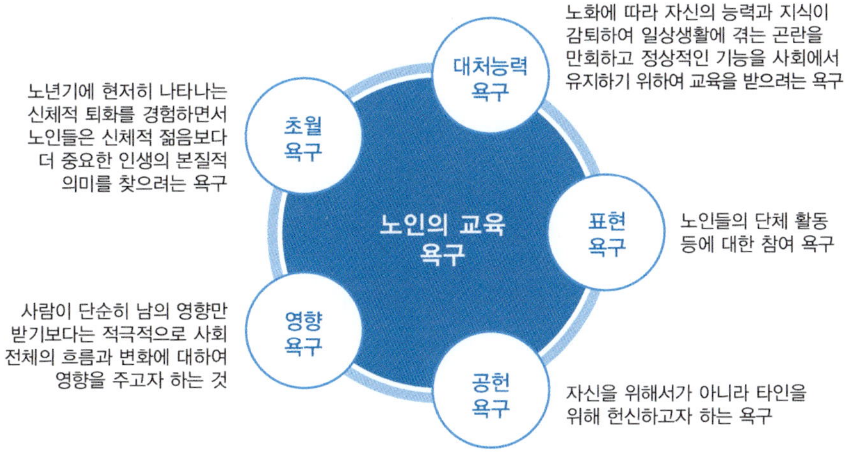

그림 5-5. 노인의 교육욕구

첫째, 노인들의 대처능력욕구(coping needs)이다. 노화에 따라 자신의 능력과 지식이 감퇴하여 일상생활에 겪는 곤란을 만회하고 정상적인 기능을 사회에서 유지하기 위하여 교육을 받으려는 욕구이다. 예를 들어, 가족관계 적응, 건강관리, 수입유지, 여가선용, 법률적 조언 등이 해당된다.

둘째, 표현적 욕구(expressive needs)이다. 이는 노인들의 단체 활동 등에 대한 참여 욕구를 말한다. 즉, 노인들은 자발적인 사회적 활동, 신체운동, 새로운 경험, 그리고 새로운 것을 배우는 그 자체적인 재미와 다른 동료들과의 교제로 보다 높은 정신건강

수준유지와 심리적 안정을 바라는 노인들의 욕구이다.

셋째, 공헌적 욕구(contributive needs)이다. 이는 자신을 위해서가 아니라 타인을 위해 헌신하고자 하는 욕구가 노인들에게는 있다는 것이다. 의료보건 및 사회복지기관, 종교단체에 자원봉사활동의 참여 등 지역사회에 참여함으로써 스스로 만족을 구하고 자아개념을 충족시키게 되는 것을 말한다.

넷째, 영향력 욕구(influence needs)이다. 이는 사람이 단순히 남의 영향만 받기보다는 적극적으로 사회 전체의 흐름과 변화에 대하여 영향을 주고자 하는 것처럼 노인들도 노인단체, 종교단체, 봉사단체, 사회단체 등에 가입하여 많은 영향을 미치려고 하는 욕구이다.

다섯째, 초월적 욕구(transcendence needs)이다. 노년기에 현저히 나타나는 신체적 퇴화를 경험하면서 노인들은 신체적 젊음보다 더 중요한 인생의 본질적 의미를 찾으려는 욕구가 있다.

학교교육이 교육의 전체였다고 할 수 있는 과거와는 달리 오늘날 고령화사회에서는 개인의 학습욕구가 높아지게 됨으로써 평생학습의 생활화가 점차 요구됨에 따라 노인의 교육도 더욱 중요한 의미를 지닌다. 이와 같이 노인의 평생교육에 대한 여러 학자들의 견해를 종합해 보면, 노화과정의 특성을 이해하고 노년기를 준비하기 위한 교육이며 노인의 지혜와 경험을 활용하는 노인에 의한 교육이며, 노년기의 과업을 실현할 수 있게 하기 위해 신체적, 경제적, 사회적 등의 변화 상황에 잘 적응할 수 있도록 능력을 발전시키기 위한 교육·학습 활동을 의미한다고 할 수 있다.

2) 노인평생교육의 필요성

고령화사회의 오늘날 노인평생교육은 사회변화에 따른 적응능력을 키우고 노인 자신의 자립적인 삶을 살아갈 수 있도록 지식을 습득하고 자신의 능력과 잠재력 계발을 통해 생산적이면서 발전적이며 능동적으로 사회에 기여할 수 있는 주체적인 삶을 살아가도록 하기 위해 필요하다. 우리나라의 노인평생학습에 대한 관심은 외국에서 사회복지학, 노년사회학을 전공하고 돌아온 복지 전문가들에 의해 시작되었다. 1990년대에 와서야 비로소 평생학습 입장에서 교육학(평생교육학) 전공자들에 의해 연구되기 시작하였다. 평생교육학적 차원에서나 모든 국민의 교육기회 불평등 현상 해소 방안으로서 노인교육은 절실히 필요하며, 오늘날 고령화사회에 따른 대응 방책으로 노인평생교육은 더욱더 필요하게 되었다.

심리사회 발달이론을 제창한 에릭슨은 인간의 발달 시기를 8단계로 보았고 각 발달 시기마다 발달과업을 잘 수행해 가면 긍정적인 발달을 이룬다고 말했다. 노인의 발달 시기는 8단계 중 마지막 단계를 의미하고, 이 단계에서는 임박해진 죽음을 수용하고 현재의 삶에 만족하며 긍정적 자아통합을 이루어야 한다. 이러한 과업이 수행되지 않으면 절망에 빠지게 되고 죽음에 대한 공포와 불안으로 죽음을 맞이하게 된다. 이러한 노인의 특성을 감안해서 노인에게 제공할 수 있는 교육이 마련되어야 한다.

그 외에도 각자 처해 있는 개인적인 건강상태, 학습욕구, 주변 환경 등을 고려하여 알맞은 교육환경을 조성해야 하는 등 노인들에게 고독과 소외감 등을 없애 주고 현대사회에 적응할 수 있는 능력을 키우기 위한 지식을 습득하게 하고, 보람을 찾아 노후를 보람 있게 해 주기 위해서 노인평생교육은 필요하다. 다시 발해 노인들 자신이 그들의 입장을 인식하고 급변하는 현대 생활에 적응할 수 있도록 도와주며, 건강이 허락하는 범위 안에서 자신들의 문제를 스스로 해결하고, 나아가서 국가 및 사회에 공헌하며 젊은 세대를 선도할 수 있는 노인들이 되도록 해야 한다(김남선, 2002). 특히 노인은

① 체력감소로 인해 건강에 적응하는 일, ② 은퇴와 수입 감소에 적응하는 일, ③ 배우자의 사망에 적응하는 일, ④ 자기 동년배와 친밀한 관계를 맺기, ⑤ 사회적 및 국민적 책임의 이행, ⑥ 만족스런 생활조건을 구비하는 일과 같은 것에 적응하기 위해서는 체계적인 교육을 받을 필요가 있다(김남선, 2002).

종합적으로 노인교육 참여의 필요성은 세 가지로 요약할 수 있다. 첫째, 노인이 학습의 주체가 되어야 하며 사회에 효과적으로 적응해 나가기 위한 생활방식, 지식, 기술, 가치관이 필요하다. 또한 소외감, 고독 등을 해소하고 삶의 의미를 찾아 만족도와 노후를 준비할 수 있도록 하기 위해서 반드시 필요하다. 둘째, 젊은 세대와 노인의 세대가 노후를 설계하고 노인에 대한 이해를 높여야 한다. 세대 간의 화합과 이해를 증진시키기 위하여 함께하는 사회를 만드는 데 기여해야 하며, 셋째, 고령화사회에서 정체성이 확립되도록 노인의 역할을 새롭게 모색하여야 한다(이현찬, 2011).

여기서 노인교육은 많은 중요한 욕구를 노인의 삶에 있어서 충족시킨다. 그것은 타인과의 관계를 지속시켜 주고, 삶의 안목을 넓혀 주며 의미 있는 활동을 만들거나 발전시켜 준다. 하지만 가장 중요한 점은 평생교육이 노인들로 하여금 정신적, 신체적 안녕을 유지할 수 있게 돕는다는 것이다. 계속적인 노인교육과 훈련을 통해 노년기에 노인이 가지고 있는 지혜와 잠재적인 능력을 최대한 활용할 수 있는 여건과 환경을 만드는 데 노인평생교육의 목적이 있다.

또한 노인의 성공적인 노화와 삶의 질을 높이는 것이라 할 수 있으며, 노인평생교육은 노년기에 발생되는 노인들의 사회적인 소외 문제나 그로 인해 발생되는 분리집단으로서의 노인을 노인복지 개념에서 단순한 보호 대상이 아니라 자신의 능력과 잠재력 개발을 통해 보다 발전적이고 생산적이면서 능동적으로 사회에 기여할 수 있는 주체로 삶을 변화할 수 있도록 하는 의미 있는 교육이다. 따라서 노년기에 자신의 삶을 보다 의미 있게 되찾고 노인 자신의 자립적인 삶을 유지하며 세대 간의 화합도 증진시키는 방향으로 노인의 평생교육이 발전해야 한다. 이상의 선행연구를 바탕으로 **표 5-10**과 같이 노인평생교육의 목적을 요약할 수 있다(김남선, 2002).

표 5-10. 노인평생교육의 목적

- 노인평생교육은 노인들로 하여금 급변하는 현대사회에 성공적으로 적응하도록 돕는 데 목적이 있다.
- 노인평생교육은 적극적으로 노년기 삶의 질을 향상시키 데 목적이 있다.
- 노인평생교육은 연령에 의한 문화적 갈등과 노소의 가치를 좁히는 목적을 가지고 있다.
- 노인평생교육은 노인들로 하여금 계속적인 자기개발과 원만한 사회적응과 다른 연령 집단과의 연대감을 통해 안정된 노후를 보내도록 하는 데 목적이 있다.

3. 노인평생교육 프로그램의 운영 실태

1) 노인평생교육 프로그램의 개념 및 필요성

평생교육 프로그램을 정의하면 '평생교육'과 '프로그램'이 합체된 용어로 프로그램이라는 용어의 사전적 의미는 진행 계획이나 순서 또는 연극이나 방송 따위의 진행 차례나 진행 목록의 뜻을 가지고 있다. 이는 하나의 목적을 성취하기 위한 활동의 집합체로 볼 수 있으며, 또한 목적을 달성하기 위한 일련의 상호의존적인 활동이라고 할 수 있다(최은수 외, 2016). 이러한 노인평생교육 프로그램의 필요성을 살펴보면, **표 5-11**과 같다(장천식, 2008).

표 5-11. 노인평생교육 프로그램의 필요성

- 노인들에게 학습의 주체로서 성장 기회를 위해 노인 여가복지시설 평생교육 프로그램을 제공하게 된다.
- 명예퇴직과 조기퇴직 등으로 인해 고령자의 증가는 직업교육과 훈련을 위해 노인여가복지시설의 평생교육 프로그램의 필요성은 불가피하게 되었다.
- 지식 기반 사회의 도래로 지식 정보화와 관련된 가치가 과거의 전통적 가치보다 중시되는 평생교육 프로그램의 욕구는 증대되고 있다.
- 고령화사회의 진입은 교육수준이 높고 건강하고, 경제력 있은 노인들이 자의로써 노인평생교육기관의 평생교육 프로그램 참여가 증대할 것이 예상되므로 평생교육 프로그램이 필요하다.
- 모든 노인이 학력, 소득, 연령 정도 등의 특성에 따라 새로운 욕구와 자신이 이루지 못했던 이상 등을 실현하기 위한 방안으로 노인평생교육기관의 평생교육 프로그램이 요구된다.
- 전통사회에서는 일, 여가, 교육이 일직선상에서 뚜렷하게 구분되었으나 현대사회는 이런 세 분야가 혼합형으로 바뀌었다. 혼합형 생애주기는 교육이 한 시기에 일회적인 것이 아니라 평생 동안 지속되는 것으로 노인평생교육기관의 평생교육 프로그램의 학습 욕구를 강화시키는 요인이 되었다.

한국에서 노인의 평생교육의 시작은 1972년 10월 종로 태화관의 서울평생교육원이 개설한 노후생활강좌로부터 시작되었다(김기진 외, 2010). 그 후 1978년 문교부(현 교육부)에서 '노인교실 설치요강'을 만들어 운영비를 지원하며 전국 초등학교 각 학구 단위마다 노인교실을 설립하도록 하였다. 또한 1981년 가장 많은 학구 단위 노인교실을 확보하고 있던 한국성인교육협회가 대한노인회로 흡수되면서 대한노인회가 노인교실의 설치·운영을 맡게 되었다. 1981년 6월 5일 제정된 「노인복지법」은 정부조직의 개편으로 인해 일부 개정되었다. 「노인복지법」 제36조 제1항에 의하면 노인의 여가복지시설의 종류에는 노인복지관, 경로당, 노인교실이 해당된다. 이러한 시설이 운영되면서 노인의 평생교육서비스 지원도 비교적 체계적이고 수월하게 이루어졌다(박수진, 2020). 「노인복지법」에 의한 노인 여가복지시설을 살펴보면 **표 5-12**와 같다(하미경, 2021).

표 5-12. 「노인복지법」의 노인 여가복지시설 종류

구분	내용
노인복지관	• 노인복지관은 60세 이상 노인이 이용하며, 복지서비스가 필요한 노인을 대상으로 노인의 교양, 취미생활 및 사회참여활동 등에 대한 각종 정보와 서비스를 제공하고, 건강증진 및 질병예방과 소득보장, 재가복지, 그 밖에 노인의 복지증진에 필요한 서비스를 제공함을 목적으로 하는 시설 • 진행 프로그램: 평생교육지원(정보화, 사회학, 어문학 등), 취미여가 지원(문화, 취미활동, 예능 · 체육활동 등), 건강증진지원(치매예방 서비스, 건강체조 등), 사회참여지원(노인일자리, 자원봉사 활성화 사업, 동아리 활동) 등
경로당	• 경로당은 65세 이상의 노인이 이용하며 정원 20명 이상(읍 · 면은 10명 이상)이어야 설치 가능, 지역노인들이 자율적으로 취미 활동, 공동 작업장 운영 및 각종 정보교환과 친목 도모 기타 여가활동을 할 수 있도록 하는 장소를 제공함을 목적으로 하는 시설 • 독거노인 생활교육 등 독거노인 보호기능 수행, 학대노인 지킴이 센터 • 건강관리, 여가, 자원봉사, 운동, 교육 등 다양한 프로그램 제공으로 노인이 가장 쉽게 접근할 수 있는 다기능 공간으로 활용
노인교실	• 노인교실은 60세 이상 노인이 이용하며 이용정원 50명 이상이여야 설치가능, 노인들에 대하여 사회활동 참여욕구를 충족시키기 위하여 건전한 취미생활, 노인건강유지 기타 일상생활과 관련한 학습프로그램을 제공함을 목적으로 하는 시설로 주 1회 교육진행으로 여가, 오락 수준의 단편적인 운영

2020년 현재 노인여가복지시설[6]로 등록되어 운영되고 있는 시설은 전국에 68,413개소가 있다. 전국을 기준으로 경로당이 97.46%로 가장 많이 차지하고 있으며 노인교실이 1.97%, 노인복지관은 0.56%를 차지한다. 한국보건사회연구원(2017)의 노인실태조사에 따르면, 노인(65세 이상)이 가장 많이 이용하는 평생교육 관련 시설은 노인복지관(34.8%)이었으며, 다음이 경로당(19.2%), 시 · 군 · 구민회관 및 동 · 읍 · 면주민센터(13.8%), 공공문화센터(10.5%), 사설문화센터 및 학원(7.7%), 종교기관(5.7%) 등의 순으로 나타났다.

이상과 같이 노인 여가시설로 운영되고 있는 기관 중 경로당이 차지하는 높은 비율에 비해 평생교육 프로그램 이용 비율은 현저하게 낮음을 볼 수 있는데, 노인들의 접근성

6) 「노인복지법」에 의한 노인복지시설의 종류는 노인여가복지시설, 노인의료복지시설, 노인주거복지시설, 재가노인복지시설이 있다.

이 가장 용이하다고 할 수 있는 경로당에서 운영되는 프로그램 개발이 시급함을 알 수 있다.

2) 노인평생교육 프로그램 현황

현재 노인평생교육 기관에서 실시하고 있는 평생교육 프로그램은 취미, 여가, 건강증진, 교양교육에 편중되어 있어 평생교육 프로그램 내용에 참여하는 노인에게 다양하게 제공한다고 보기는 어렵다. 이는 평생교육 프로그램 계획 시 참여하는 노인들의 욕구를 반영하지만 현재 운영되고 있는 평생교육 프로그램에 참여하는 대부분의 노인들이 만족하고 있기 때문에 현실적인 한계로 인해서 비슷한 평생교육 프로그램에 대한 소수의 의견 위주로 효율성 있는 운영의 면에서 다양한 평생교육 프로그램 내용을 제공하지 못하고 있기 때문이다. 또 다른 이유로는 평생교육 프로그램의 욕구조사를 참여 노인들을 중심으로 실시하므로 평생교육 프로그램에 비참여하는 노인이 욕구의 반영은 현실적으로 어려운 구조이다(안은경, 2012).

노인평생교육 프로그램의 내용은 새로운 기술진보와 과학문명에 적응하는 것이어야 하고, 노년기의 신체적 변화와 건강에 대한 지식과 이에 적응하는 내용이어야 한다. 아울러 배우자와 사별에 적응하는 내용, 친구나 친인척을 잃는 슬픔에 적응하는 내용, 정년퇴직에 따른 수입 감소와 여가시간 등에 적응하는 내용, 다가오는 죽음을 준비하는 내용도 포함되어야 한다. 또한 젊은 세대에 대한 이해와 국제적인 감각에 접근하고 적응하는 내용, 노년기를 즐기는 방법을 찾는 내용이어야 한다.

이를 바탕으로 분류한 것을 기준으로 한 프로그램의 내용을 살펴보면, '생활 교육', '퇴직준비교육', '죽음준비교육' 의 세 영역으로 나눌 수 있다. 최근 들어서는 노인평생교육 프로그램 참여 대상인 노인의 더 다양해진 욕구를 고려하여 크게 다섯 영역으로 지적, 건강, 사회적, 경제적, 정서적 욕구의 영역 등으로 분류가 가능하다. 이러한 프로그램의 분류가 하나의 욕구를 충족시키기 위해 실시되어진다기보다는 욕구를 다양하게 충족시키는 것으로 이해해야 한다. 또한 노인교육 내용을 구성함에 있어 올바른 가치관을 함양하기 위한 청소년 교육과는 달리 노인교육에서는 실생활에 필요한 실용적이고 구체적인 교육내용이 바람직하다(오애숙, 2013). 평생교육에 참여하는 노인의 욕구 충족을 위한 노인평생교육 프로그램 다섯 영역의 주요 내용을 살펴보면 **표 5-13**과 같다(하미경, 2021).

표 5-13. 노인평생교육 프로그램의 욕구 영역별 분류

구분	내용
건강 욕구 영역	노년병에 대한 기본지식과 건강관리법, 규칙적인 운동, 체력과 건강 유지, 식이요법에 관한 지식, 지병의 적절한 처방과 대처
지적 욕구 영역	사회변화와 세대차 이해, 건강증진을 위한 지식 갖추기, 정치, 문화 · 사회, 경제의 최신 동향 배우기, 은퇴 후 필요한 생활과 지식 배우기
정서적 욕구 영역	건전한 오락과 취미, 적극적 생활태도의 유지, 여가습득, 소외감과 허무감 극복, 죽음에 대한 심리적인 준비와 적응, 독신생활 적응
사회적 욕구 영역	가정과 직장에서 일과 책임을 계승, 자녀와 손자들과 원만한 관계유지, 동년배와의 친교 유지, 어른 구실하기, 사회봉사 활동에서의 참여
경제적 욕구 영역	생계비, 재산 관리, 용돈 마련과 관련한 교육, 은퇴에 의한 수입 감소에 적응하기, 재취업과 공동작업 등 수입사업과 관련한 교육

궁극적으로 노인평생교육의 목적은 노인으로 하여금 삶의 질을 높일 수 있도록 지원하는 것이지만 구체적인 목표에 다양한 내용들이 포함된다. 즉, 건강, 취미, 오락, 여가시간의 활용, 지식산업사회에 대한 이해, 가치 있는 삶의 철학, 컴퓨터, 인터넷에 이르기까지 생활의 가치 있는 자료로서 활용될 수 있도록 할 수 있어야 한다. 하지만 노인평생교육에서 중요시되어야 하는 것은 개인차의 존중이다. 취미오락이든 교양이든 건강과 새로운 지식습득에서도 개인의 환경과 능력, 학습요구에 따라서 교육목표는 달라져

야 하기 때문이다. 노인평생교육의 방향과 과제로는 만인을 위한 평생학습 기회 균등 및 기회 확충, 교육 취약계층을 위한 평생학습 지원정책, 일터의 학습 동아리화 및 민간 평생직업 교육의 활성화, 지역 학습문화 진흥을 통한 평생교육의 지역화, 양질의 평생학습 제공을 위한 평생교육기반 강화 등을 들 수 있다.

노인여가복지시설에서의 최근 평생교육 프로그램은 은퇴노인을 대상으로 다양한 교육을 실시하는 곳도 생겨나는 등 기존에 자기계발을 위한 지식함양이나 여가문화 프로그램 위주에서 벗어나 제2의 인생을 위한 자격증교육이 인기를 모으고 있다. 노인의 평생교육 프로그램은 건강증진교육, 정보화교육, 교양교육, 취미여가교육, 자격증교육으로 크게 5가지로 분류할 수 있다. 프로그램 명에 대한 것은 각 기관별로 상이하지만 일반적으로 **그림 5-6, 표 5-14**와 같이 구분할 수 있다.

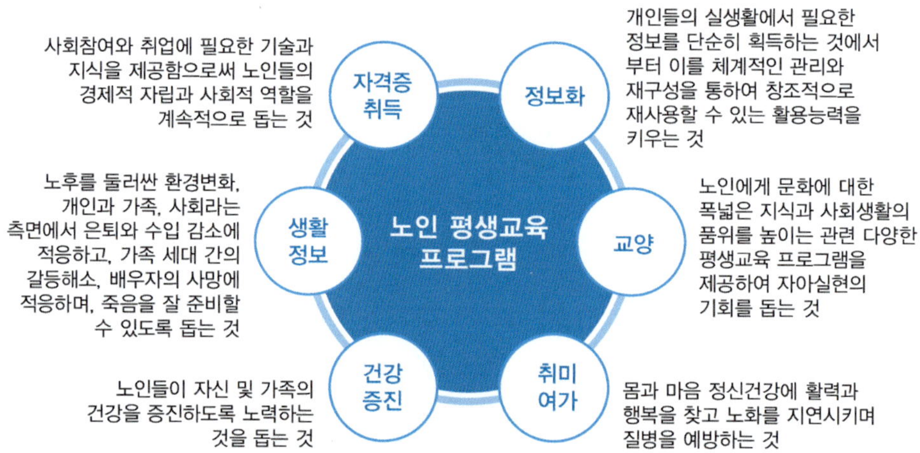

그림 5-6. 노인평생교육 프로그램

표 5-14. 노인평생교육 프로그램의 주요 내용

구분	내용
정보화 프로그램	컴퓨터(문서편집, 인터넷 활용, 블로그 활용, SNS 활용, 동영상 제작), 디지털카메라(사진편집), 스마트폰 활용 인생설계 프로그램 등
교양 프로그램	한글, 한문, 중국어, 영어, 일본어, 풍수지리, 명심보감, 역학, 인문학, 고전의 향기 등
취미여가 프로그램	민요, 가요, 오카리나, 가곡, 노래교실, 장구, 사진, 서예, 손글씨, 한국화, 서양화, 사군자, 글짓기, 문예창작, 하모니카, 크로마하프, 아코디언, 오카리나, 포크기타, 우쿠렐레, 실버난타, 마술, 미술, 풍물, 민화, 소리장고, 통기타, 색소폰, 장수춤, 고전 무용, 수묵화, 독거남 요리교실, 연극 등
건강증진 프로그램	한국무용, 스포츠댄스, 웰빙댄스, 포크댄스, 벨리댄스, 라인댄스, 국학기공, 세라밴드, 실버태권도, 발건강, 웃음건강, 건강요가체조, 리듬짝체조, 단전호흡, 건강체조, 몸살림운동, 생활댄스, 우리춤 체조, 민속생활체조, 기체조, 수지침, 태극권, 탁구, 당구, 모던댄스, 덩더쿵체조, 실버에어로빅, 게이트볼 등
생활정보 프로그램	부모교육, 가족관계, 은퇴 설계, 연금과 재산관리, 노년기 질환 예방, 노인복지, 생활안전, 생활법률, 웰다잉
자격증취득 프로그램	바리스타, 베이비시터, 문화해설사, 전래놀이지도사, 원예지도사, 동화구연지도사, 타로심리상담사, 한자지도사 등

노인복지관에서 현재 실시되고 있는 평생교육 프로그램을 정보화 프로그램, 교양 프로그램, 취미여가 프로그램, 건강증진 프로그램, 자격증 프로그램 등 6개 영역으로 나누어 살펴보면 다음과 같다(하미경, 2021).

첫째, 정보화 프로그램은 개인들의 실생활에서 필요한 정보를 단순히 획득하는 것에서부터 이것에 대한 체계적인 관리와 재구성을 통하여 창조적으로 재사용할 수 있는 활용능력을 키우는 것이라 할 수 있다. 최근에는 사용자의 다양한 활동에 있어서 컴퓨터와 정보통신기기를 포함한 도구를 활용하는 데 필요한 지식, 기술, 태도를 육성하는 교육을 포함하는 포괄적인 개념으로 발전하였다(김영대 외, 2017). 노인복지관에서 운영되고 있는 정보화 프로그램은 참여 노인에 맞는 컴퓨터 평생교육 프로그램으로 한글, 인터넷, 윈도우, 엑셀 등 컴퓨터 활용에 대한 수준별 학습실을 구성하여 다양하게 운영되고 있다. 또한 스마트폰을 활용한 SNS 소통, 인공지능 음성 서비스, 음악 및 동영상

다운받기, 앱 활용하기 등이 운영되고 있다.

정보화와 관련된 평생교육 프로그램의 목적은 노인들이 컴퓨터와 스마트폰을 활용하여 사회에서 소외되지 않고 사회와 소통할 수 있도록 함과 또한 사회참여 기회를 제공함으로 사회적 연결을 통한 자기계발에 있다. 교육목표는 ① 노인들이 쉽게 접근하여 배울 수 있는 체계적인 교육을 통해 컴퓨터와 스마트폰의 활용능력을 높인다. ② 컴퓨터와 스마트폰의 활용능력을 높여 다양한 정보 습득으로 급변하는 현대사회에 적응할 수 있도록 돕는다. ③ 가족과 지인과 지역사회에 의사소통을 할 수 있는 기회를 넓힐 수 있도록 컴퓨터, 스마트폰의 활용능력을 향상시킨다.

둘째, 교양 프로그램은 참여 노인에게 문화에 대한 폭넓은 지식과 사회생활의 품위를 높이는 것과 관련된 다양한 평생교육 프로그램을 제공하여 자아실현의 기회를 돕는 것이다. 교양 관련 평생교육 프로그램의 목표는 ① 노후설계를 위한 다양한 정보를 제공한다. ② 고령화 시대의 생활에 맞는 교양을 향상시킨다. ③ 자기계발능력을 향상시키는 데 있다. 운영하는 프로그램으로는 한글, 영어, 중국어 등 언어프로그램을 비롯하여 문예창작, 인문학, 역학, 풍수지리 등이 있다.

셋째, 취미여가 프로그램은 노인의 여가생활은 사회변화에 따른 노인들의 생활과 직접 연결되는 영역이며 사회 구조적 문제이다. 한 연구에 의하면, 1주일에 20분 이상 여가활동을 하는 사람은 피로에 덜 지치는 것으로 나타났고 즐거운 여가활동이 혈압을 낮추거나 체질량 지수 감소와 우울증 등 부정적인 영향을 제거하는 데 큰 도움이 된다고 주장한다. 즉, 노인들이 취미, 여가활동으로 몸과 마음 정신건강에 활력과 행복을 찾고 노화를 지연시키며 질병을 예방하는 데 큰 도움이 된다는 것이다. 노인들이 취미여가 프로그램을 선택할 때 고려해 볼 수 있는 요소로는 ① 본인 적성에 맞고 좋아하는 프로그램 선택으로 스트레스를 감소할 수 있는 분야이다. ② 친구, 지인들과 즐겁게 교류를 할 수 있는 분야이다. ③ 즐거운 취미생활은 삶의 전반적인 기능을 향상시키므로 즐거움을 주는 것이어야 한다. ④ 만족감을 주는 것이어야 한다. 이상으로 볼 때,

노인의 취미여가의 활동으로 스트레스를 줄이고 정신적 능력을 높여 기억력을 향상시키며 신체적 면역력을 강화하는 등 자기존중감을 향상시킬 수 있다고 할 수 있다. 취미여가 부분 운영 프로그램으로는 노래교실, 악기 배우기, 그림 그리기, 사진 찍기, 공예, 화분 키우기, 마술, 연극 등이 있다.

넷째, 「국민건강증진법」 제3조에 의하면 국가 및 지방자치단체는 건강에 관한 국민의 관심을 높이고 국민건강을 증진할 책임을 가져야 함을 강조하고 있다. 즉, "모든 국민은 자신 및 가족의 건강을 증진하도록 노력하여야 한다"라고 명시되어 있다. 이에 근거하고 있는 노인의 건강증진 프로그램의 목표는 ① 일상생활에서 건강관리 능력과 건강정보를 배워 활용할 수 있는 힘을 키운다. ② 규칙적인 운동 습관을 가져 정기적이고 지속적인 참여를 유도한다. ③ 신체적, 정신적 건강을 도울 수 있도록 또래집단을 만들어 함께 활동을 하는 것이다. 운영 프로그램으로는 실버댄스, 스포츠댄스, 실버요가, 한국무용, 탁구, 수지침, 발 마사지, 게이트볼, 기공체조 등이 있다.

다섯째, 생활정보교육은 인구의 고령화와 더불어 노후를 둘러싼 환경변화 또한 개인과 가족, 사회라는 측면에서 은퇴와 수입 감소에 적응하고, 가족 세대 간의 갈등해소와 배우자의 사망에 적응하며 동년배와의 관계, 죽음을 잘 준비할 수 있도록 돕기 위한 목적이다. 운영하는 프로그램으로는 노인상담, 가족관계, 은퇴설계, 웰다잉, 생활건강, 자산관리, 생활법률, 생활안전 등이 있다.

여섯째, 자격증취득 프로그램은 장년층의 직장 조기 퇴직이 늘고 있는 현실에서 노인들의 제2의 인생설계와 함께 사회참여와 취업에 필요한 기술과 지식을 제공함으로써 노인들이 경제적 자립과 사회석 역할을 계속적으로 돕는 데 목적이 있다. 운영 프로그램으로는 베이비시터, 한식조리사, 바리스타, 문화해설사, 전래놀이지도사, 동화구연지도사, 한자지도사 등이 있다.

4. 노인 및 중장년 평생교육 현황

노화에 따라 신체적으로 노쇠해지고 사회적으로는 생산성이 저하되는 것은 부인하기 어렵다. 그러나 개인의 노화 과정에서 축적된 인생 경험을 어떻게 활용하는가, 그리고 사회적으로 고령인구의 가치 있는 경험과 지혜를 어떻게 활용하는가에 따라 개인의 성장은 물론이고 사회발전에도 중요한 기회가 될 수 있다. 이와 같이 인구 고령화를 위기가 아닌 개인 및 사회의 성장과 발전을 위한 기회로 만들기 위해 가장 필요한 것이 바로 개인이 노화에 적응하고 사회변화에 대처할 수 있도록 돕는 노인 및 중장년 평생교육이다.

특히 베이비붐 세대를 중심으로 중노년층의 교육수준과 사회 · 경제적 지위가 향상됨에 따라 중노년층 평생교육 및 사회참여에 대한 관심이 높아지고 있다. 또한 중노년층 인구규모가 유소년 및 성인 인구규모를 추월하였기 때문에 평생교육정책의 초점을 기존의 성인평생교육으로부터 중노년기 평생교육으로 옮겨 와야 한다는 주장도 제기되고 있다. 그러나 아직까지 우리나라 평생교육은 성인 대상의 직업교육 및 소외계층 중심의 문해교육에만 초점이 맞춰져 있을 뿐 광범위한 차원에서의 중장년 및 노인평생교육에 대한 정책적 관심은 매우 부족한 형편이다.

교육부와 국가평생교육진흥원(2023)에 따르면, 연령이 높을수록 형식교육과 비형식교육을 포함한 모든 평생학습 참여율이 낮은 것으로 나타났다. 구체적으로 25세~34세의 평생학습 참여율은 39.9%로 가장 높은 반면, 65세~79세의 평생학습 참여율은 17.6%로 가장 낮은 것으로 나타났다〈**그림 5-7**〉.

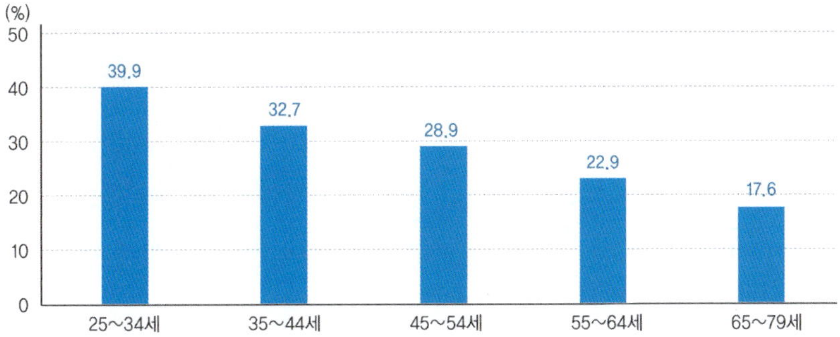

그림 5-7. 연령별 평생학습 참여율 비교

출처: 교육부, 한국교육개발원(2021). 2021 한국 성인의 평생학습실태.

이처럼 직장으로부터의 퇴직과 자녀들의 독립으로 일생 중 개인의 여가시간이 가장 긴 노년층임에도 불구하고 평생학습 참여가 가장 저조하다는 사실은 지역사회 중심의 중장년 및 노인평생교육에 대한 적극적인 정책적 지원이 필요함을 시사한다고 할 수 있다. 기관별 평생교육 참여율을 연령별로 살펴보면, **표 5-15**와 같다.

표 5-15. 기관별 평생교육 참여율 (단위: %)

구분	대학 부설	원격 교육 형태	사업장 부설	시민 사회 단체 부설	지식·인력 개발 형태	평생 학습관	주민 자치 센터	복지관	종교 시설	학원	기타
전체	0.8	5.5	2.5	0.3	39.5	5.7	5.8	2.3	5.2	28.7	3.1
25~34세	0.9	6.6	1.9	–	40.2	2.1	1.6	–	2.4	41.8	2.1
35~44세	0.6	8.1	1.5	–	44.1	3.3	1.8	1.3	3.2	33.5	2.1
45~54세	1.0	4.8	4.5	–	41.9	5.0	5.6	2.5	4.6	25.4	3.9
55~64세	0.7	2.9	2.4	1.0	40.3	8.8	9.4	3.4	7.7	18.2	4.2
65~79세	0.8	3.2	2.0	0.8	20.9	16.6	19.3	7.3	13.8	10.3	4.2

출처: 교육부, 국가평생교육진흥원(2023). 2022 평생교육백서.

기관별 평생교육 참여율을 연령별로 분석해 보면〈**표 5-15**〉, 원격교육 형태, 지식·인력개발 형태, 학원 형태의 평생학습 참여는 연령이 낮을수록 증가하고, 50대부터 평생교육기관 참여가 차츰 줄어들기 시작하여 70대에는 급격히 감소한 반면에 평생학습관, 주민자치센터, 복지관, 종교시설 등에서의 평생학습 참여는 연령이 높을수록 증가하였다. 이는 연령대별로 선호하는 평생교육기관이 다르며, 연령에 의해 평생학습 참여를 제약받지 않고 공평하게 참여할 수 있는 기회를 보장하기 위해서는 지역사회의 다양한 평생교육기관에 대한 적극적 지원이 필요함을 시사한다고 할 수 있다. 비형식 교육기관의 수요 대상별 개설 프로그램 및 학습자 현황은 **표 5-16**과 같다.

표 5-16. 비형식 평생교육기관 수요 대상별 프로그램 및 학습자 수 (단위: 개, 명, %)

구분		계	어린이	청소년	성인	노인	통합
프로그램	개	175,413	13,342	6,797	139,761	2,018	13,495
	%	100.0	7.6	3.9	79.7	1.2	7.7
학습자	명	20,438,197	407,147	339,590	17,740,618	54,631	1,896,211
	%	100.0	2.0	1.7	86.8	0.3	9.3

출처: 교육부, 국가평생교육진흥원(2023). 2022 평생교육백서.

비형식 교육기관의 수요 대상별 개설 프로그램 및 학습자 현황을 살펴보면〈**표 5-16**〉, 전체 프로그램 수는 성인 대상 프로그램이 139,761개 프로그램으로 전체의 79.7%를 차지하여 가장 많았고, 노인 대상 프로그램은 2,018개 프로그램으로 전체의 1.2%에 불과하였다. 또한 학습자 수 역시 성인학습자가 17,740,618명으로 86.8%를 차지한 반면에 노인학습자는 전체의 0.3%인 54,631명에 불과하였다. 이러한 결과는 여전히 노인학습자 및 노인 대상 프로그램은 평생교육으로부터 외면당하고 있음을 시사한다고 할 수 있다. 기관유형별 수료 대상별 비형식 평생교육기관 프로그램 및 학습자 수의 현황은 **표 5-17**과 같다.

표 5-17. 기관유형별 수료 대상별 비형식 평생교육기관 프로그램 및 학습자 수 (단위: 개, 명, %)

구분		학교부설	원격형태	사업장부설	시민단체 부설	언론기관 부설	지식인력 개발	평생교육 진흥원	평생학습관
계	개	21,249	92,248	23,096	2,290	5,849	5,265	1,687	23,729
	%	100.0	100.0	100.0	100.0	100.0	100.0	100.0	100.0
	명	631,137	17,843,084	554,428	86,09	332,403	334,197	35,891	620,965
	%	100.0	100.0	100.0	100.0	100.0	100.0	100.0	100.0
어린이	개	32	11	9,451	47	165	378	19	3,239
	%	0.2	0	40.9	2.1	2.8	7.2	1.1	13.6
	명	1,734	48,076	252,382	2,567	10,714	9,974	2,159	79,541
	%	0.3	0.3	45.5	3.0	3.2	3.0	6.0	12.8
청소년	개	1,932	73	444	89	92	436	249	3,482
	%	9.1	0.1	1.9	3.9	1.6	8.3	14.8	14.7
	명	60,083	17,027	9,382	5,053	5,732	101,525	2,046	138,742
	%	9.5	0.1	1.7	5.9	1.7	30.4	5.7	22.3
성인	개	16,522	87,322	11,231	1,533	4,872	3,938	1,123	13,220
	%	77.8	94.7	48.6	66.9	83.3	74.8	66.6	55.7
	명	479,110	16,261,163	207,158	45,312	271,613	178,545	23,545	274,172
	%	75.9	91.1	37.4	52.6	81.7	53.4	65.6	44.2
노인	개	82	13	83	73	15	31	33	1,688
	%	0.4	0	0.4	3.2	0.3	0.6	2.0	7.1
	명	2,208	3,485	2,251	1,952	190	4,70	427	39,417
	%	0.3	0	0.4	2.3	0.1	1.4	4.2	6.3
통합	개	2,681	4,829	1,887	548	705	482	263	2,100
	%	12.6	5.2	8.2	23.9	12.1	9.2	15.6	8.8
	명	88,002	1,513,333	83,255	31,208	44,154	39,452	7,714	89,093
	%	13.9	8.5	15.0	36.2	13.3	11.8	21.5	14.3

출처: 교육부, 국가평생교육진흥원(2023). 2022 평생교육백서.

비형식 평생교육기관별 수요 대상별 프로그램 수〈표 5-17〉에서 전체 학습자 수는 원격형태의 프로그램이 92,248개로 가장 많았으나, 이 중 노인 대상 프로그램은 단 13개뿐이었다. 노인 대상 프로그램이 가장 많이 개설된 비형식 평생교육기관은 평생학습관으로 1,688개의 프로그램이 개설되었지만 이는 평생학습관에 개설된 전체 프로그램 대비로는 7.1%에 불과한 미미한 수치이다. 또한 참여 학습자 수로 보더라도 원격형태 프로그램에 참여자가 17,843,084명으로 가장 많았으나, 이 중 노인은 3,485명으로 매우 미비한 것으로 나타났다. 노인학습자 수 역시 평생학습관이 39,417명으로 가장 많았지만, 평생학습관의 전체 학습자 대비 6.3%에 불과하였다.

06
Chapter

노인교육방법의 이해 및 평가

배울 내용

1. 교육방법의 개념과 유형
2. 평생교육방법의 개념과 특징
3. 평생교육방법의 원리
4. 노인평생교육의 평가

학습목표

1. 교육방법의 개념, 중요성 및 유형을 파악한다.
2. 평생교육의 이념을 이해하고 평생교육방법을 설명할 수 있다.
3. 평생교육방법의 원리를 설명할 수 있다.
4. 노인평생교육의 평가의 기술을 익힌다.

1. 교육방법의 개념과 유형

1) 교육방법의 개념

교육의 핵심은 '무엇을 어떻게 가르치느냐'에 있으며, 교육방법은 교육의 목적을 실현하는 데 요구되는 모든 수단적 · 방법적 조건을 통칭하는 용어이다(황정규 외, 1998). 구체적으로 교육방법(teaching method)이란 '가르치는 방식'이나 '수업목표를 달성하기 위해 사용하는 효과적 · 효율적인 수업방식'이라고 할 수 있다. 즉, 수업상황에서 교수자가 수업목적을 달성하기 위해 학습자들에게 교수내용을 전달하는 교수행위 방식으로 개념화할 수 있다. 이러한 교육방법에 대한 여러 학자들의 정의를 살펴보면 **표 6-1**과 같다(이기원 외, 2022).

표 6-1. 교육방법에 대한 정의

구분	내용
김신자 등 (2001)	교육방법은 학습목표에 맞는 내용을 효과적으로 전달하고 학습활동을 지원하기 위해 사용하는 방법, 즉 교수자가 단위시간에 정해진 교육과정 내에서 수업목표를 달성하기 위해 사용하는 수업기법
코리 (Corey, 1967)	개인으로 하여금 특정한 조건하에서나 특정한 상황에 대한 반응으로서 특정한 행동을 나타내도록 학습하게 하거나 또는 그 특정 행동에 참여할 수 있도록 개인을 둘러싼 환경을 계획적으로 조작하는 과정, 즉 학습자로 하여금 특정 행동에 참여할 수 있도록 환경을 계획적으로 조장하는 것
김문섭 등 (2019)	교육방법은 어떻게 가르칠 것인가를 탐구하는 것이 주된 일이며, 설정된 교육목표를 성공적으로 달성하기 위하여 선정된 교육내용을 학습자에게 효과적으로 전달하기 위한 수단

교사의 교육방법은 학생의 학업성취뿐만 아니라 학습태도, 가치관, 자아개념 등 학생의 제반 특성을 결정짓는 매우 중요한 요소 중의 하나이다(민용성, 2004). 따라서 교사 자신에게도 다양한 교수·학습방법을 지향하기 위해서는 교육방법에 대한 스스로의 성찰이 필요하며, 이를 통해 교수방법에 대해 보다 유연한 태도를 지닐 필요성이 있다(Mosston & Ashworth, 1990).

2) 교육방법의 유형

교육방법의 유형을 수업방식에 따른 교육방법과 교수·학습방법에 따른 교육방법으로 구분하여 살펴보면 다음과 같다(이기원 외, 2022).

(1) 수업방식에 따른 교육방법

수업방식에 따른 교육방법에는 면대면 교육(face to face learning), 원격 교육(distance learning) 및 혼합식 교육(blended learning)으로 구분할 수 있다.

① 면대면 교육(face to face learning)

면대면 교육이란 전통적인 교육방법으로 일반적으로 일인의 교수와 다수의 학습자들이 일정한 시간에 일정한 장소에 모여 학습목표를 달성하기 위하여 강의계획에 따라 교재나 칠판 등을 이용하여 교수자의 설명을 통해 전개하는 학습방법으로 강의식 교육이라고도 한다. 면대면 교육은 일반적으로 학습자, 교수, 학습내용, 물리적 환경으로 구성되며, 특성은 **표 6-2**와 같다.

표 6-2. 면대면 교육의 특성

- 면대면 교육은 정해진 시간에 정해진 공간에서 교수·학습활동이 이루어지므로 정해진 수업이 끝나면 그 학습내용을 다시 되풀이할 수 없으므로 시간과 공간적 제약이 따른다. 이러한 시간과 공간적 한계는 한정된 수업시간 동안 교수자는 정해진 내용을 학습자에 전달하고, 학습자는 습득하여야 하므로 한번 설명된 학습내용에 대해서는 반복 학습이 불가능하다. 또한 교수·학습자 간의 충분한 질문과 토의 활동이 불가능하여 능동적인 상호작용을 통한 학습이 이루어지기 어렵다.
- 면대면 교육은 교수와 학습자가 직접 대면하여 이루어지는 수업방법으로 교수는 강의 내용에 대한 학습자의 다양한 반응을 즉석에서 알 수 있으며, 학습자의 경우 학습내용에 대한 즉각적인 피드백을 제공받을 수 있다.
- 면대면 교육에서는 학습에 관련된 정보 이외에도 학습자와 교수, 학습자 서로 간의 개인적인 다양한 정보를 교환함으로써 친화력을 높이고 학습동기와 참여에도 영향을 미친다.
- 학습내용에 대한 지식과 정보 등 학습내용의 전달은 칠판에 글로 적거나 교수자의 행동과 언어를 사용한 설명 등 비언어적 표현을 통해 전달된다.
- 면대면 교육의 경우 일인의 교수와 다수의 학습자로 학습이 진행되므로 각기 다른 특성을 지닌 학습자의 수준에 맞는 교육이 어렵다. 또한 학습방법과 이를 전달하는 수단이 주로 교수에 의해 결정되므로 교수·학습 활동이 일방적으로 주도된다.

② 원격 교육(distance learning)

원격 교육은 면대면 교육과는 달리 컴퓨터 등의 정보통신기술을 활용하여 사이버 공간에서 교수자와 학습자가 시간적·공간적으로 제약을 받지 않고 이루어지는 교육방법으로 가상교육(virtual education), 사이버 교육(cyber education), 온라인 학습(online learning), 웹기반 교육(web-based instruction: WBI), 이러닝(e-learning) 등 여러 가지 개념이 혼용하여 사용되고 있지만 법·행정적으로 원격 교육이라는 용어로 통일하여 사용하고 있다(교육인적자원부, 2007).

원격 교육은 교수자와 학습자 간의 물리적 거리가 존재하며 그 거리를 줄이기 위해 매체를 커뮤니케이션 수단으로 활용하는 교육방법이라고 정의할 수 있다. 따라서 원격 교육은 교수·학습과정이 특정 장소 이외의 일상 공간 어디에서나 발생하는 학습이므로 특별한 조직적·행정적 지원은 물론 설계방법, 교수기법, 전자 및 첨단 공학 등에 의한 매체를 이용한 커뮤니케이션이 요구되는 학습으로 정의할 수 있다. 원격 교육매체는 정보통신기술의 발달과 함께 변화하였는데 원격 교육에서의 매체는 단순히 학습내용을 전달하는 것만을 의미하는 것이 아니라 다양한 학습방법을 효과적이고 효율적으로 전달하는 것과 새로운 매체가 제공하는 새로운 교육적 가능성을 최대한 활용하여 새로운 교수 · 학습방법 및 수업활동을 실현하는 데 목적이 있다. 교육에서의 매체 활용은 그 사용 목적과 사용대상, 제공하는 기능 및 역할, 기술적인 특성에 따라 다양하게 이루어져 왔다. 구체적으로 초기의 교육매체로는 우편통신 및 독립학습을 시작으로 1900년대 초기에는 라디오 방송을, 중반에는 TV 방송매체를 통한 교육이 이루어졌으며, 현대에는 컴퓨터 통신, 인공위성, 광케이블, 스마트폰 등 첨단매체를 이용한 교육이 이루어지고 있다.

특히 컴퓨터를 매개로 한 통신(computer-mediated communication: CMC)과 인터넷의 발달은 전 세계인이 네트워크를 통해 시간과 공간에 제약을 받지 않고 커뮤니케이션을 할 수 있는 매체로, 교육 패러다임 변화에도 큰 영향을 미쳤다. 원격 교육에서 가장 중요하게 여기는 것은 무엇보다도 교수와 학습자 간의 상호작용으로, 상호작용을 촉진시키는 교육매체의 보급과 활용은 매우 중요하다. 상호작용성(interaction)이란 네트워크상에서 커뮤니케이션하는 것으로 참여자가 서로 전자매체의 도움으로 학습정보를 교환하는 상호교류를 의미한다. 이러한 상호작용은 전통적인 교육환경에서 가장 많이 강조되어 왔던 것으로, 정보통신매체가 발전하여 학습자 서로 간의 상호작용이 가능해짐에 따라 학습자들 간의 심리적 유대가 강화되고 학습동기 유발과 협동학습을 통한 다양한 의견과 정보수렴 등 다양한 학습효과가 강조되고 있다. 성공적인 원격 교육을 위해서는 활동적인 학습활동뿐만 아니라 교수와 학생, 학습환경 간의 상호작용이 반드시 필요하다(강재희, 2009).

③ 혼합식 교육(blended learning)

첨단 정보통신기술의 발달로 언제 어디서든지 인터넷에 접속해 모든 생활환경을 원격으로 조정할 수 있는 유비쿼터스 생활환경이 도래했으며, 이러한 초고속 정보통신기술의 발전을 교육에 도입하여 언제, 어디서나, 누구에게나 교육이 가능하도록 하는 등 교육환경에도 큰 변화가 생기게 되었다. 그러나 최신의 정확한 정보를 시간과 공간의 제약 없이 신속하게 제공할 수 있는 이러닝(e-learning)의 장점에도 불구하고 정작 대학에서는 초기 투자 비용이 많이 소요되고, 정교한 수업설계가 어려우며, 전문 인력부족과 교수와 학습자 간 상호작용 부족 등 운영 및 관리상의 문제점과 면대면 교육방법만으로 충분하다는 이유로 이러닝(e-learning)을 활용한 수업이 활성화되지 못하다가 2000년대 말 학습효과를 극대화하기 위하여 온라인 교육의 장점과 오프라인 교육의 장점을 혼합한 혼합식 교육(blended learning)방법이 새로운 패러다임으로 등장하게 되었다.

혼합식 교육은 학습자들의 학습내용과 학습경험을 강화하기 위하여 강의, 사례연구, 토론, 코칭, 멘토링과 같은 학습방법을 취하여 학습자의 요구에 부응하기 위해 다양한 매체와 방법론을 혼합하려는 총체적인 접근 전략이라고 정의할 수 있다(Mantyla, 2001; Reay, 2003; Smith, 2001). 따라서 학습효과를 극대화하기 위하여 교실수업과 온라인 수업, 시뮬레이션 수업 등 다양한 학습전략과 학습방법 및 기술들을 활용하여 학습환경을 최적화하는 학습전략이 혼합식 학습이라고 정의할 수 있다. 또한 면대면 강의식 학습과 이러닝(온라인 학습)학습, 즉 온 · 오프라인을 통합한 혼합식 교육으로(Garrison & Kanuka, 2004), 전통적인 수업방식과 다양한 테크놀로지들을 조합하여 활용하는 원격 교육의 방법이 혼합식 교육이라고 할 수 있다.

이상의 정의에서 알 수 있듯이 혼합식 교육은 단순히 온라인과 오프라인 학습환경의 결합만을 의미하는 것이 아니라 학습목표, 학습방법, 학습시간과 공간, 학습활동, 학습매체, 상호작용 방식 등 다양한 학습요소들의 결합을 통해 학습자 개인의 학습스타일에 맞게 적합한 학습기술을 적용함으로써, 최상의 학습효과를 도출해 내기 위한 학습전략으로 그 개념과 영역이 확장되고 있다.

이러닝은 사이버공간의 활용 정도에 따라 보조학습형, 사이버형, 블랜디드형 3가지로 구분할 수 있다(산업자원부, 2003). 보조학습형은 전통적인 면대면 수업방식에서 부족한 교수와 학습자 상호 간의 추가·보충적인 학습방법으로 온라인상에서 이메일(e-mail)이나 관련 사이트 등을 통해 지원하는 것을 의미하고, 사이버형은 전 교육과정이 인터넷 환경에서 이루어지는 교육형태로 국내에서 운영 중인 사이버대학이 여기에 속한다. 블랜디드형은 학습이 면대면 환경과 사이버 환경 두 가지가 혼합적으로 이루어지는 교육 형태로 한국방송통신대학교를 예로 들 수 있다.

이와 같이 혼합식 교육은 학습자의 요구를 충족시키고 학습효과를 높이기 위해 다양한 교수 설계전략과 미디어 개발 방식 등을 적절히 혼합하는 교육으로 혼합식 교육의 목적은 **표 6-3**과 같다.

표 6-3. 혼합식 교육의 목적

- 학습효과를 극대화하기 위하여 다양한 학습자들의 스타일에 적합한 방법을 혼합해서 제공하는 것이다.
- 학습기회를 확대하기 위하여 교육에 참석하지 못한 학습자에게는 모바일 기기나 적당한 매체를 통해서 학습내용을 전달함으로써 학습범위를 넓히고 원하는 결과를 달성할 수 있도록 한다.
- 이러닝의 경우 초기 개발비용은 많이 드나 실행비용은 최소화할 수 있고, 오프라인 방식은 실행비용은 높은 편이나 시간활용을 집중시킬 수 있는 장점이 있으므로 이 두 가지 방법의 장점을 혼용하여 사용함으로써 비용뿐만 아니라 효과성을 동시에 고려할 수 있다. 특히 혼합식 교육은 전통적인 면대면 교육과 이러닝의 상호보완적인 기능을 하므로 직접 경험이 필요한 체험수업에 활용하는 것이 가능하다.

지금까지 살펴본 수업방식에 따른 교육방법, 즉 면대면 교육(face to face learning), 원격 교육(distance learning) 및 혼합식 교육(blended leaning)의 특징을 구분하여 살펴보면 **표 6-4**와 같다.

표 6-4. 면대면 교육, 원격 교육 및 혼합식 교육의 특징

구분	면대면 교육	원격 교육	혼합식 교육
시간 · 공간	교수자와 학습자가 시 · 공간적으로 함께 있음(강의실)	교수자와 학습자가 시 · 공간적으로 떨어져 있음(가상공간)	교수자와 학습자가 시 · 공간적으로 함께 또는 분리되어 있음(강의실+가상공간)
학습환경	오프라인 면대면 교실 수업	전자매체를 이용한 학습	오프라인 면대면 교실 수업과 전자매체를 이용한 학습의 혼합
출결확인 및 강의	물리적 공간(현장)에서 확인 및 진행	가상공간에서 확인 및 진행	물리적 공간과 가상공간에서 확인 및 진행
교수방법	교사중심교육	교사주도, 상호참여, 학생중심교육	교사주도, 상호참여, 학생중심교육
학습내용	구조화된 학습내용(교과서, 인쇄물 등)	비구조화된 학습내용(다양한 매체를 통해 얻는 정보 등)	구조+비구조화된 학습내용
수업방법 및 강의 매체	면대면 수업, 칠판, OHP	정보통신매체를 활용한 수업(카세트, 비디오, 오디오, 컴퓨터 온라인 등)	면대면 수업과 정보통신매체를 활용한 수업(칠판, 전자칠판, 영상매체, 컴퓨터 등)
상호작용	교수자와 학습자의 직접적인 상호작용	매체를 통한 상호작용(우편, 커뮤니티, 이메일, 게시판 등)	직접적인 상호작용과 매체를 통한 상호작용(우편, 커뮤니티, 이메일, 게시판 등)
상호참여 효과	수동적 참여	능동적 상호참여(매체를 활용한 실시간 · 비실시간 상호참여 가능)	수동적 참여+능동적 상호참여
교육수요	학령에 의한 교육	보수교육, 전문교육, 전환교육, 맞춤교육, 평생교육, 대학교육	보수교육, 전문교육, 전환교육, 맞춤교육, 평생교육, 대학교육

(2) 교수 · 학습방법에 따른 교육방법

렌줄리 등(Renzulli et al., 2002)은 교수 · 학습방법에 따른 교육방법을 크게 9가지로 구분하고 있다. 즉, 9가지 교수 · 학습방법은 교사나 전문가가 언어나 기타의 매체를 이용하여 정보를 전달하는 직접 교육방법, 컴퓨터나 교육 관련 기기를 이용하여 진행하는 공학중심 교육방법, 역할놀이나 가상상황을 구안하여 학습내용과 기술을 가르치는

시뮬레이션 교육방법, 집단활동이나 과제를 통해 가르치는 프로젝트 교육방법, 학생 자신이 혼자 어떤 주제를 추구해 가는 독립학습 교육방법, 학생이 동료 학생을 가르치는 동료교수 교육방법, 교사의 질문과 학생의 대답으로 이루어지는 문답식 교육방법, 교사와 학생 혹은 학생과 학생 간 논의를 통해 가르치는 토론 교육방법, 마지막으로 게임의 형식을 통해 지식을 획득하거나 전이하는 게임 교육방법으로 구분하고 있다(김근태, 2012; 이기원 외, 2022).

① 직접 교육방법(Direct Instruction)

직접 교육방법(Direct Instruction)은 교사가 주도적으로 학습활동을 조직하고 리드하는 교육방법이다. 직접 교수방법에서 학습과제들은 학생들이 수행성취 기준에 도달할 때까지 교사가 학생들에게 어떻게 과제를 성취하는지에 대해 설명하고 안내하는 과정을 거치도록 체계적으로 구조화된다. 직접 교육방법은 수업에서 기초기술 · 기능과 개념을 지도하기 위해 고안되었고, 이런 수업목표를 성취하는 데 있어서 어느 다른 모형보다도 효과적인 교육방법이라고 할 수 있다. 직접 교육방법은 교사 중심적인 의사결정과 교사 주도적인 학생들의 수업참여를 특징으로 한다(Metzler, 2007).

직접 교육방법의 목적은 학생들이 과제연습에 높은 비율로 참여하도록 수업시간과 자원들을 최대한 효율적으로 이용하는 것이다. 직접 교육방법에서 교사는 분명한 학습목표를 가지고 학생들에게 기술 · 기능 및 개념을 교사의 시범을 포함한 모형(model)과 함께 제시하며, 학생들이 과제를 연습하고 있을 때에는 긍정적 · 교정적 피드백과 같은 가능한 많은 강화 피드백을 사용하면서 학생들의 학습활동을 주도하고 조절하게 된다. 하지만 학생들은 많은 의사결정을 할 수 없으며, 교사의 지도에 충실히 따르도록 요구받게 된다. 직접 교육방법의 설계전략은 **표 6-5**와 같다.

표 6-5. 직접 교육방법 설계전략

- 교육 중 다루는 정보를 복사하여 나누어 준다.
- 강의와 질문을 병행한다.
- 강의를 들은 후, 학생들로 하여금 정보를 요약하고 정보에 반응하게 한다.
- 주제를 학생들이 익숙할 만한 경험과 예들에 견주어 기술한다.
- 학습 중 소개한 개념의 예가 되는 것들과 그렇지 않은 것들에 대해 질문한다(개념 획득 책략).
- 전시물 혹은 슬라이드 형태로 발표한다.

② 공학중심 교육방법

공학중심 교육방법(Instruction through Technology)은 다른 말로 표현하여 최근 ICT 학습이라는 용어로 표현되고 있다. ICT 학습은 OECD에서 1998년에 수행한 'ICT와 교육의 질 향상(ICT andQuality ofLearning)'이라는 연구에서 OECD 회원국 간에 그 정의를 통일하여 사용하기로 한 용어로 전통적인 교수매체를 포함하되, OECD 회원국 정부에서 학교현장에 중점적으로 투자하고 있는 매체, 즉 인터넷 등의 기반 기술을 비롯하여 웹, 컴퓨터, CD-ROM 타이틀 등의 교육용 소프트웨어, 워드 프로세서 및 프레젠테이션 등의 응용 소프트웨어를 말한다.

한국교육학술정보원(2001)에 의하면 ICT란 정보기술과 통신기술의 합성어로서 넓은 의미에서 하드웨어와 소프트웨어를 이용하여 정보를 수집, 생산, 가공, 보존, 전달 및 활용하는 모든 방법을 의미한다. 따라서 ICT는 교사가 수업시간에 발생하는 문제를 해결하고 의사소통을 돕기 위해 정보를 활용하는 모든 방법과 도구라고 말할 수 있다. 공학중심 교육방법의 설계전략은 **표 6-6**과 같다.

표 6-6. 공학중심 교육방법 설계전략

- 일종의 프로그램화된 교수 형태인 학습 소프트웨어를 사용한다.
- Website를 만들고 조직해 봄으로써 학생들로 하여금 자신의 속도에 맞게 개념을 학습할 수 있게 한다.
- 인터넷 사용에 대한 분명한 규칙을 정하고, 학습자들이 규칙을 지킬 수 있도록 서로 약속하여 자신의 행동에 대해 책임을 지게 한다.

③ 시뮬레이션 교육방법

시뮬레이션(Simulation)은 실제와 유사한 가상적 상황을 학습자에게 제시하여 실제 상황과 관련된 요소, 개념, 원리, 조작절차, 변화과정 등을 이해하도록 하는 CAI(computer aided instruction)형태[7)]이다. 즉, 실세계를 직접 체험할 수는 없지만 그 현상 속에서 경험할 수 있는 다양한 행동들을 모의상황으로 설정한 것이라고 할 수 있다. 시뮬레이션은 실제와 거의 유사한 경험을 해 볼 수 있는 학습환경이다. 그래서 학습자가 현실의 문제를 해결하고자 할 때 주어진 조건들을 조작하고, 그 결과로 나타나는 반응을 관찰함으로써 학습과제에 대한 친숙도를 높일 수 있는 단순화된 실세계의 모델이다.

따라서 시뮬레이션을 현실의 모방이나 재생을 통해 실세계의 여러 측면들을 조작하여 학습자가 실세계에 대해 자기 스스로 지식을 구성할 수 있는 교육기법이며, 이를 통해 학습자의 동기유발뿐만 아니라 실제상황과 유사한 방식으로 학습을 할 수 있다. 시뮬레이션 교육방법의 설계전략은 **표 6-7**과 같다.

7) 컴퓨터를 이용해 개인의 능력에 따른 개별지도를 행하는 교육시스템이다. 학습자는 단말장치를 통하여 컴퓨터 프로그램과 대화하면서 학습하며 한편 프로그램은 학습자가 범한 오류를 당사자에게 알려서 수정을 촉구한다. 지금까지 1인 교사에 의한 집단학습방식의 불편을 보완하는 것이 목적이다.

표 6-7. 시뮬레이션 교육방법 설계전략

- 학습자들이 역할을 맡아서 의사결정하고 자신의 행동결과에 대해 책임을 진다.
- 학습자들에게 시뮬레이션을 소개하고 맡은 역할을 탐색하고 책략을 구성할 시간을 준다.
- 토론을 통해 시뮬레이션 과정을 촉진하고 역할을 맡은 사람에게 보고할 때 적극적으로 참여하게 한다.
- 상반되는 관점을 탐색하도록 논쟁에 참여하게 한다.

④ 프로젝트 교육방법

프로젝트(Project)의 본질은 전심을 다하는 유목적적 활동으로, 한 명 또는 그 이상의 학생이 어떤 주제를 깊이 있게 탐구하는 활동으로 정의하고 있다. 이러한 프로젝트란 말의 의미는 원래 '앞으로 던진다'는 뜻에서 '생각한다, 연구한다, 구상한다'의 의미로 쓰이며, 무엇인가 마음속에 생각하고 있는 것을 구체적으로 실현하고 형상화하기 위하여 자기 스스로가 계획을 세워 수행하는 학습을 의미한다. 이것은 문제해결학습이 언어 활동과 사고 활동으로 제한되어 있다는 단점을 보완하기 위해 고안된 것으로 문제해결 학습에서 한 단계 더 발전시킨 학습방법이다.

이는 구체적인 결과를 만들어 내는 실천적인 측면에 중점을 두고 있으며, 문제를 실제적이고 구체적으로 해결한다는 점과 학습자 자신이 목적을 가지고 세운 계획에 의해 활동을 선택하고 수행한다는 데 그 특징이 있다. 프로젝트 교육방법의 설계전략은 **표 6-8**과 같다.

표 6-8. 프로젝트 교육방법 설계전략

- 문제를 파악하고 연구계획을 수립하도록 돕는다.
- 학습자들로 하여금 어떤 문제 혹은 프로젝트 주제에 대해 알고 싶은 것이 무엇인지 또 모르는 것이 무엇인지 파악하도록 돕는다.
- 학생들이 정보를 수집하고 분석할 수 있도록 방법론적인 도움을 제공한다.

⑤ 독립학습 교육방법

독립학습 교육방법(Independent Study)은 학습자가 다른 사람의 도움을 받거나 혹은 받지 않던 간에 자신의 학습을 위한 필요를 진단하고 학습의 목표를 설정하며, 학습을 위한 인적·물적 자원을 밝히고 적절한 학습의 전략을 선정하고 이를 적용하며, 그 학습의 결과를 평가하는 과정에서 스스로 주도적인 역할을 수행하도록 하는 학습이다.

독립학습 교육방법은 인간이 학습하는 과정에 대한 인지적 이해를 증진시키는 데 매우 중요하다는 관점에서 심리학적 지지를 받고 있으며, 구성주의에서 제시하는 '앎'의 구성에 있어서도 가르침(teaching)에서 학습(learning)으로 옮겨 가고 있음과 시사하는 바가 일치한다. 이는 가르침이 반드시 배움을 유발시키는 것은 아니기 때문이다. 이 정의를 통해 강조되는 것은 '무엇을, 왜, 어떻게 학습할 것인가? 그리고 학습의 성과를 무엇을 근거로 평가할 것인가?'의 문제를 선택하고 결정해 가는 데 있어, 교사에 의해 일방적으로 선택 결정되어진 학습을 하는 것이 아니라 학습자가 필요로 하는 학습을 자율적으로 선택하고 결정한다는 것이다. 즉, 학습자의 학습에 대한 자기주도적 선택과 결정권이 강조된 교수·학습방법이다. 독립학습 교육방법의 설계전략은 표 6-9와 같다.

표 6-9. 독립학습 교육방법 설계전략

- 문제를 연구할 때 인지적, 학문적 흥미 외에 정서적으로, 내적으로 애착을 갖게 한다.
- 학습자에게 다양한 방법론적인 도움과 영역 및 특수적인 기술을 제공하여 실제 전문가가 연구하는 것처럼 주제를 탐색할 수 있도록 돕는다.
- 학습자들이 정보획득을 할 때 도움을 줄 수 있는 사서와 만나는 기회를 마련한다.

⑥ 동료교수 교육방법

동료교수 교육방법(Peer Teaching)은 학생이 수행하는 연습시도에 대해 교사의 관찰 부족과 교사로부터 받는 제한된 피드백이라는 문제점을 줄이기 위해서 고안되었다.

동료교수 교육방법 전략들 중 다수가 직접 교육방법에서 변화되어 전개되므로 상당부분 직접 교육방법의 이론과 개념을 공유하고 있는 숙련지향모형이나 동료교수가 직접 교수의 기본적 작용들과 유사한 경우가 있지만 수업 내에서 누가 이것들을 수행하는가에 주된 차이점이 있다.

다시 말해 직접 교육방법은 교사가 수업의 전반적인 측면을 주도하고 이끌어 나가지만, 동료교수 교육방법은 학생들이 서로 상호작용하고 가르치는 교수 · 학습을 강조하고 있다. 교사가 과제 제시를 한 후 조(짝)를 이룬 학생이 개인 교사와 학습자의 역할을 교대를 하며 서로 상대방을 가르치는 상호작용을 하게 된다. 사실상 수업 중 학생의 학습참여기회(OTR)는 동료교수 교육방법에서 반으로 축소되는데, 이는 각 학생이 개인 교사로서의 활동시간과 학습자로서의 활동시간을 대략 반씩 보내기 때문이다. 비록 학생이 동료교수에서 많은 학습참여기회(OTR)를 얻지 못할지라도 연습시간의 효율성 증가로 인해 교사는 훨씬 많은 단원의 내용을 지도할 수 있게 된다. 동료교수 교육방법의 설계전략은 **표 6-10**과 같다.

표 6-10. 동료교수 교육방법 설계전략

- 유사한 흥미를 갖는 또래와 짝을 지어 주고 고유한 정보에서 상호 도움을 주고받을 수 있는 상황을 마련한다.
- 학습자들로 하여금 특정 주제에 전문가가 되어 볼 수 있도록 배려하여 다른 주제를 연구한 학습자들과 정보교환을 할 수 있게 한다.
- 자신의 전문성을 보여 주는 기회를 모든 학습자들을 위해 마련한다.

⑦ 문답식 교육방법

문답식 교육방법이란 질문과 대답에 의해 학습활동이 전개되는 형태로 강의법과 함께 오래 전부터 사용되어 오던 학습형태의 하나이다. 즉, 소크라테스(Socrates)가 사용한 산파법이나 플라톤(Platon)의 대화법과 같은 유형인 문답법은 질문과 응답을 계속

진행하여 학습목표에 도달하게 하는 방법으로 귀납적 교수방법의 일종이다.

문답식 교육방법의 장점으로는 학습한 문제점을 명백히 밝혀 주기 때문에 초점이 분명한 학습활동을 할 수 있고, 질문을 통해 학습에 자극을 주어 활기 있고 적극적인 학습을 이룰 수 있으며, 학습자의 적극적인 흥미와 동기를 유발시킬 수 있고, 질문을 통해 학습자 스스로 생각하고 해결할 수 있는 기회를 제공하므로 학생의 주체적인 학습을 가능하게 하며, 학생 스스로의 답변을 유도하기 때문에 이미 습득한 내용의 정리와 정착에 효과적이며, 교사와 학생 간의 의사소통이 원활해진다는 것이다. 이에 비해 단점으로는 학생들의 능력이 떨어질 경우 교사가 설명하는 시간이 길어지게 되므로 교사 중심으로 흘러갈 수 있고, 질문에 응답을 잘하는 우수한 학생중심으로 학습이 흘러 부진아들에게는 좌절감을 주기 쉬우며, 학생들의 응답이 만족스럽지 않을 때는 학습속도가 지연될 수 있다는 것이다. 문답식 교육방법의 설계전략은 **표 6-11**과 같다.

표 6-11. 문답식 교육방법 설계전략

- 말, 사고에서 의문이 나거나 미심쩍은 영역을 확인하고 분명하게 한다.
- 표면의 뒤에 있는 밑바탕(기저에 놓여 있는 내용과 감정)을 탐사한다.
- 관련되어 있는 기본적인 이슈를 제기한다.
- 학생 자신이 관여하고 있는 사고의 구조를 발견하게 한다.
- 지적 수행의 준거에 따라 사고가 명료한지, 정확한지, 적절한지 또는 깊이가 있는지를 의식하고 거기에 민감해지도록 질문한다.
- 추리과정을 통하여 판단에 이르게 한다.
- 주장, 결론, 증거, 이슈(문제, 과제), 가정, 결말, 함의, 개념, 해석, 견해(시각) 등을 주목하게 한다.

⑧ 토론 및 연습 교육방법

토론 및 연습 교육방법(Drill & Recitation)이라는 용어에 대해 정리한다면, 크게 두 가지 방식에서 그 용어를 사용한다. 첫째, 주고받는 말이나 상호작용의 모든 방식을 포함하는 항목으로 사용한다. 둘째, 주고받는 말의 특징적인 하나의 형태를 지칭하는 특수용어로서 사용한다. 여기서는 토론을 두 번째 방식으로 사용한다. 즉, 토론은 집단적 상호작용의 한 특정형태이다. 토론 교육방법은 공동적 의문에 대한 집단적인 문제제기이다. 학습자들은 그들에게 문제가 되는 몇 가지 의문을 함께 해결하게 되는데, 그것은 그들이 이해하고 평가하고 결정할 필요가 있는 것들이다. 그것은 그들 자신의 문제이고, 그것에 대한 좋은 답을 필요로 하기 때문에, 그 문제에 대한 다양한 시각을 듣기 원한다. 또한 학습자들은 만족할 만한 답을 얻기 위해, 대안으로 모든 제안들을 면밀히 조사한 후, 더 나은 것을 위해 자신들의 관점을 기꺼이 변화시키려고 한다.

학습자들은 토론의 문제에 대해서 생각과 감정과 판단을 형성하면서 공동적으로 문제를 제기할 뿐 아니라, 상호 협조적으로 노력을 경주하면서, 그리고 상호보완적인 의견 교환과 영향을 끼침으로써, 함께 참여한다. 즉, 토론 및 연습 교육방법은 집단적 상호작용의 한 특정 형태로서, 구성원들은 함께 공통 관심사에 대해 의문을 제기하고 답을 얻기 위해 서로 다른 관점들을 교환, 검토하고 논점이 되는 문제들에 대한 지식이나 이해, 평가나 판단, 그리고 결정, 결의 혹은 행동 등을 조장하는 것을 말한다. 토론학습 교육방법의 설계전략은 **표 6-12**와 같다.

표 6-12. 토론학습 교육방법 설계전략

- 교수자는 질문하는 수준을 다양하게 한다.
- 대답을 하기 전, 그리고 집단별로 대답하는 것을 들은 후에 학습자들이 생각할 시간을 준다.
- 학습자들이 설명하고자 하는 바를 듣고 질문을 명확히 한 번 짚어 주면서 학습자의 반응을 확인한다.
- 학습자 문학토론집단에 참여시켜 읽은 책에 대해 서로 질문을 만들에 보게 한다. 학습자들에게 질문을 해석하고 평가하도록 지도한다.

⑨ 게임 교육방법

고든(Gorden, 1970)은 게임을 '규칙에 따라 놀이하면서 기술이나 힘, 좋은 기회에 승부가 결정되는 경쟁'이라고 하였다. 즉, 게임의 본질은 다른 사람의 성취, 혹은 자신이 이전의 성취보다 나아 보려는 데서 즐거운 목적추구가 될 수 있으며, 흥미는 다른 사람과의 협력을 통해서 이루어지지만, 소집단 활동에서의 경쟁과 협력은 서로 상반된 개념이 아니라고 주장한다. 게임이 교육적이기 위해서는 이기는 것이 주된 목표가 되어서는 안되고, 모든 학생이 게임이 의도하는 바에 따라 능동적으로 참여하는 것이 중요하다. 그래서 브라운(Brown, 1995)은 교육적인 게임을 '분명하게 계획된 교육적 목적을 성취하기 위해 둘 또는 그 이상의 학생이 할 수 있도록 조직화된 규칙이 있는 활동'으로 정의하고 있다.

다시 말해 게임이란 '즐겁고 도전적인 지적, 신체적 활동이며 일정한 규칙에 따라 협력과 경쟁의 과정을 통해, 특정한 목표를 성취하기 위한 교육적인 활동'이라고 할 수 있다. 여기서 교육적인 유익한 게임은 다음 요건을 갖추어야 한다. 첫째, 학습자들이 게임의 방법을 이해하는 데 재미있고 도전적이어야 한다. 둘째, 학습자들이 스스로 성공을 판단할 수 있어야 한다. 셋째, 모든 놀이 참여자들이 적극적으로 게임에 참여할 수 있어야 한다는 것이다. 게임 교육방법의 설계전략은 **표 6-13**과 같다.

표 6-13. 게임 교육방법 설계전략

- 학습자들이 선택할 수 있는 다양한 선택안을 제공한다.
- 게임을 행동에 대한 보상책으로 사용하지 않는다.
- 학습자들이 지식을 사용하거나 지식이 정확하고 관련이 있는지 점검하는 요소가 있는 게임을 스스로 고안해 보게 한다.

2. 평생교육방법의 개념과 특징

1) 평생교육의 이념

평생교육의 이념적 속성은 다섯 가지 측면, 즉 교육개념의 광역성과 통합성, 교육시기의 계속성과 항상성, 교육대상의 평등성과 전체성, 교육접근 방식의 다양성과 상대성, 그리고 교육체제의 개방성과 탈정형성으로 요약할 수 있다(권이종, 2001; 황유정, 2004).

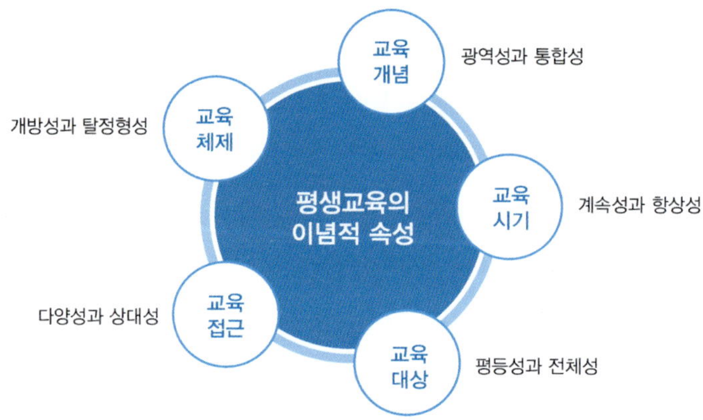

그림 6-1. 평생교육의 이념적 속성

평생교육의 이념의 속성으로, 첫째, 교육개념의 광역성과 통합성이란 전통적 교육개념에서와 같이 학교교육 만능의 교육관, 즉 교육은 곧 학교교육이 전부라는 학교본위개념에서 탈피하여 교육의 모든 부문과 양태가 등가치적으로 인식되고 교육개념의 인식이 학교교육 이외의 여타 교육범주에까지 실질적으로 확산되어야 함을 의미한다.

둘째, 교육시기의 계속성과 항상성이란 교육의 시기가 태어나서 죽을 때까지의 전 생애주기에 걸쳐 지속적으로 중시되어야 한다는 강조점에서 출발한다. 따라서 지금까지 노년기라는 후반기 교육시기도 함께 학교교육의 대상영역에 포함되고 고려되어야 한다는 시사를 얻게 된다. 이는 학교교육이 제한된 교육대상만을 위한 교육의 장이 아니라 인생주기 전체집단을 대상으로 하는 확산된 교육의 장이 되어야 한다는 것을 전제로 한다.

셋째, 교육대상의 평등성과 전체성이란 지금까지의 학교교육 대상이 주로 혜택받은 소수 특권집단의 이익을 대변 · 반영하고 그들에 의해 제한적으로 독점 · 획득되어 왔음을 전제한다. 평생교육 이념에서는 오히려 이들의 상대적 부분, 즉 교육적 불수혜계층이나 교육 · 문화적 결손집단들에 대해 학교가 관심을 가지고 그들을 위한 교육기회를 진정으로 확산시켜 줄 것을 기대한다. 더욱이 단순한 기회제공이나 허용의 측면에서가 아니라 기회제공의 보장적 평등과 기회, 과정, 결과산출의 제 측면에 있어서의 평등관으로 확산 · 연결된 것을 주장한다. 따라서 사회적인 다수집단과 소수집단에 있어 평생교육은 오히려 소수집단, 즉 교육결손 집단의 교육적 수혜에 관심을 갖는다. 따라서 더 이상 사회적 특권층만을 위한 학교교육이 아닌 사회 전체구성원을 위한 평등한 교육, 즉 교육의 대중화, 보편화 체제를 통해 누구에게나 그들이 원하는 교육이 다양한 통로를 통해 다양한 형태로 제공되는 교육이념을 지향한다.

넷째, 교육접근 방식에 있어서의 다양성이란 평생교육의 지금까지의 교사중심, 강의중심, 전일제 중심의 고정된 틀에 박힌 전통적 학교교육 특성에서 탈피해야 함을 강조하는 것이다. 따라서 교육접근 방식의 다양성과 상대성은 학습자가 교육주체가 되고 교육자와 학습자 간의 상호학습이나 동시적 배움의 교류가 가능하며, 강의보다는 여타의 다양한 교수 · 학습방식과 학습형태, 학습매체 등을 활용하고 전일제와 정시제가 편의에 따라 다양하게 연계 · 공존하는 특성을 지녀야 함을 시사한다.

다섯째, 교육체제에 있어서의 개방성과 탈정형성은 기존의 학교교육제도가 가지고 있는 폐쇄성과 경직성을 극복하고 각 교육체제 간의 상호 유기적 · 탄력적 연계성과 개방성을 확대시켜야 함을 강조하는 것이다. 이는 정형적이고 폐쇄 · 경직적인 체제로부터 탈정형적 요소가 가미되어 보다 유통성 있고 다양한 체제로 변화해 나가는 교육체제를 의미한다. 이는 지나치게 정형화된 우리의 기존학교 교육체제를 탄력화하고 비정형화로 확산하여 제도와 운영의 제 측면에서 개방하자는 주장으로 볼 수 있다. 동시에 이러한 이념은 기존 학교 교육체제와 학교 외 교육체제 간의 탄력적 연계 · 접속과 함께 전통적인 학교교육체제와 대안적 형태의 개방형 학교체제, 준학교 체제들 간의 탄력적 연계 · 접속과 함께 전통적인 학교교육체제와 대안적 형태의 개방형 학교체제, 준학교 체제들 간의 탄력적 연계 · 접촉의 당위성을 강조하는 것이다.

한편 이러한 평생교육 이념적 속성은 교육의 다양성, 전체성, 통합성, 융통성, 민주성, 기회균등성, 연계성 등의 속성으로 표현되기도 한다. 이들 표현 또한 결국 상기와 같은 평생교육의 포괄적인 이념적 속성을 함축하고 있는 것으로 이해될 수 있다.

이와 같은 이념을 지향하는 평생교육은 궁극적으로는 학습사회를 지향한다. 학습사회란 학습자가 주체가 되며, 학습자와 교수자 간에 수평적인 상호학습이 이루어지고, 학습자의 적극적 참여를 전제로 교육의 과정이 이루어지는 그런 사회로서 언제, 어디서나, 누구나, 누구에게나 무엇이든, 어떠한 방식으로든 자유롭게 배움을 주고받는 교육의 이상향적 사회상을 의미한다. 이때 중요한 것은 학습사회에서는 결코 평생에 걸쳐 학교교육을 받아야 한다는 평생학교교육론이 아니라 평생학습론이 중요시된다는 점이다.

2) 평생교육방법

평생교육은 학교교육과는 달리 학습에 참가하는 사람들의 성격과 요구에 따라 큰 차이가 있다. 즉, 참가자의 연령 · 학력 · 직업 등이 다양할 뿐만 아니라 이를 배경으로 한 학습의 정도가 서로 다르고 학습의 요구에도 현격한 차이가 있다. 또한 학습자의 학습활동이 자발적 의사에 의해서 진행되기 때문에 학교에서처럼 강제력이 작용할 수 없는 특성을 가지고 있다. 평생교육의 방법은 주로 성인교육방법과 관련하여 많은 연구들이 이루어졌는데, 성인교육의 방법은 주로 세 가지 특징을 지니고 있다고 할 수 있다.

표 6-14. 성인교육의 특징

- 성인교육방법은 학습자의 학습활동을 유인해 줄 수 있는 분위기, 환경 등을 제공해 주어야 한다.
- 성인교육방법은 평생교육 활동에 참여하는 학습자가 직면하고 있는 문제들을 풀어 나가는 데 필요한 여러 가지 방안이나 기술들을 제공해야 한다.
- 성인교육방법은 학습자들의 학습욕구를 만족시켜 줄 수 있는 학습태도 및 학습자료들을 제공해야 한다.

평생교육은 다양한 특성을 지닌 학습자들을 그 대상으로 하고 있기 때문에 학습대상자들의 다양한 욕구와 흥미의 만족을 위한 프로그램, 가르치는 교사나 지도자, 나아가서는 교육의 장소와 시간, 그리고 교육의 목표수립과 실천평가에 이르기까지 모든 활동이 형식화되거나 규격화되지 않아야 하고, 방법 역시도 융통성을 가지고 상황에 따라 다양한 형식으로 이루어질 필요가 있다. 유네스코(UNESCO)의 성인교육 발전계획안에 제시되고 있는 성인교육방법에서 고려해야 할 사항은 **표 6-15**와 같다.

표 6-15. 성인교육방법에서 고려해야 할 사항

- 성인교육방법에서 유의해야 할 점: 성인교육 참여요인과 방해요인, 성인들의 경험배경, 성인들의 가족 및 사회적 책임, 자기교육에 대한 태도, 학습자들의 심리적 특성, 인지적 관심의 범위, 여가활동
- 성인학습자들의 필요성 확인
- 지역사회의 배경
- 사용할 수 있는 시설물
- 주민들의 자발적 참여
- 지도자와 학습자들의 상호존중의 관계
- 학습참여에 능력 이외의 제약은 없어야 함
- 성인교육의 참여와 중단이 자유스럽게 허용되어야 함
- 학습과 교육방법에서 경쟁 지양, 협동과 공동연구 강조
- 기술교육은 직업에 도움이 되어야 함

3) 효과적인 학습방법

평생교육에서 학습전략이 포함된 효과적인 교수방법이 학급 내 여러 가지 원인의 학습문제해결에 적절한 도움을 주기 위하여 개발되어 왔다. 그중에서도 오랜 기간 동안 효과적이고 유용한 교수방법으로서 많이 연구가 된 8가지 교수법으로는, 즉 개별화 교수법, 소집단 협동학습, 연습 및 반복학습, 설명식 수업, 토론식 문제해결중심 학습, 또래지도학습, 직접교수, 사례중심학습이다. 이들 각각의 교수법은 과목의 특성과 과제 내용과 교사의 선호도 등에 따라 독립적인 방법과 병합된 방법으로 사용할 수 있다. 예를 들어, 협동학습은 문제해결학습 과제나 학습과제에 위계성이 있을 경우 경쟁학습보다 효율적으로 활용할 수 있다. 지금까지 연구와 효과성이 검증된 8가지 학습방법에 대해 살펴보면 **그림 6-2**와 같다(이기원 외, 2023; 정애라, 2015).

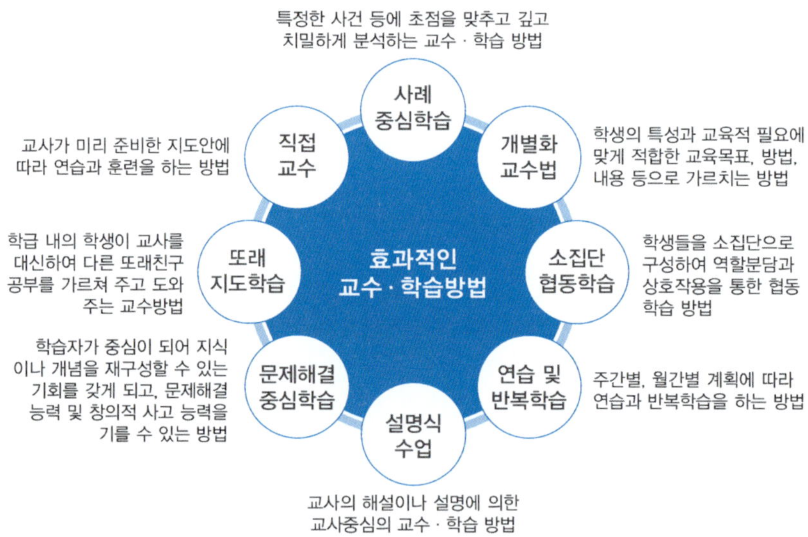

그림 6-2. 성인학습의 효과적인 교수 · 학습방법

(1) 개별화 교수법

개별화 교수법은 각 학생의 특성과 교육적 필요에 맞게 적합한 교육목표, 방법, 내용 등으로 가르치는 방법이다. 교육학용어사전(1995)에 의하면, 전통적으로는 교사 1명이 학생 1명을 대상으로 한 개별교수나 수업의 상황이었으나 공교육 정신에 따라 교육의 규모가 점차 증대하게 되어 1대 1관계에 의한 개별교수는 어려워지게 되었고 오늘날 이질적인 학생을 한 교실에 수용하여 교육하는 다인수 학급의 형태가 일반화되었다.

하지만 개별교수의 이상이 사라진 것은 아니며, 다인수 학급의 상황에서 일제수업(획일수업)을 하면서도 수업의 개별화를 기하기 위한 여러 가지 방법이 개발되고 있다. 첫째는 일제교수를 하면서 학습부진아와 우수아에 대해서는 개별적인 특별지도를 하는 식으로 일제교수와 개별교수를 병행하는 형태이며, 둘째는 능력별 학급편성을 통한 방법이며, 셋째는 능력별 편성을 변형한 것으로서 능력별·진도별 학급편성을 통한 교수의 개별화이다. 이는 능력에 따른 학급편성을 함과 더불어 학급의 계통에 따라 진도를 달리하는 것이다. 넷째는 능력별로 편성하되 지망계통에 따라 목표수준을 달리하고 방법도 달리하는 형태이다. 마지막으로 위네트카 플랜(Winnetka Plan)에서 볼 수 있듯이 일제 학급식의 편제를 버리고 전통적인 개별교수의 형태를 취하는 방법이다.

개개인의 특성을 고려하고 그러한 특성에 반응하는 수업의 방법으로 개별처방 수업체제, 개별적 안내교육, 학습자 요구 부응 수업체제, 개별적 교수체계, 적성처치상호작용, 통합학습체제, 개별처방수업, 적응적 학습환경 모형, 완전학습체제 등 학생들의 다양한 특성을 고려한 교육방법 등 개별화의 방향과 방법은 다양하게 제안되고 있다(손승현, 2008).

(2) 소집단 협동학습

소집단 협동학습은 학생들을 소집단으로 구성하여 역할분담과 상호작용을 통한 협동학습 방법이다. 슬라빈(Slavin)이 정의한 협동학습이란 학습의 능력이 상이한 학생들이 합의된 동일한 학습목표를 향하여 소집단 모둠 내에서 함께 활동하는 수업방법이다. 협동학습은 모둠학습(group learning)의 일종이지만 서로 구분된다. 즉, 학생을 몇몇 모둠으로 나누고, 각 모둠에 학습과제가 주어지고, 모둠원이 주어진 과제를 함께 완수하는 과정을 모둠학습이라고 한다. 이와 같이 모둠학습이 모두 협동학습은 아니다. 모둠학습으로서의 협동학습에서는 모든 모둠원이 동시에 상호작용하고, 모둠 안의 개인 대 개인 사이의 대화가 동등하게 이루어지며, 축구에서 축구 선수들과 같이 상호 간에 의존하고, 그리고 학습의 결과에 대하여 모둠원 모두 책임을 가지게 된다. 중 · 고등학교에서 흔히 적용하는 협동학습은 학생들이 서로 협력하고 적극적으로 상호작용하는 교수 · 학습과정을 총칭한다(김경태, 2010).

또한 다양한 협동학습 유형은 집단구성 방법, 보상구조 모둠조직 방식에 따라 서로 다른 특징과 장단점을 가지지만 협동학습 모형들의 공통적인 특징은 **표 6-16**과 같다.

표 6-16. 협동학습 모형들의 공통적인 특징

- 협동학습에서 집단구성은 이질적 집단으로 구성된다.
- 집단구성원 간에 대면적 상호작용이 존재한다. 이는 구성원 간 심리 · 정서적으로 밀접하게 상호작용함을 의미한다.
- 모둠 구성원 사이의 긍정적 상호의존성이 있다.
- 협동학습은 집단활동의 과정을 매우 중요시한다.
- 협동학습은 모둠 구성원 간 협력을 강조한다.
- 협동학습은 개별적 책무성을 가진다.

(3) 연습 및 반복학습

연습 및 반복학습이란 주간별, 월간별 계획에 따라 연습과 반복학습을 하는 방법이다. 이러한 반복학습은 학습태도에 영향을 미친다고 할 수 있다. 그리고 새로 학습되어질 단원에 이미 경험이나 지식을 갖고 있을수록 새로운 것을 학습하는 과정에서 받는 저항이 적어 학습내용의 습득이 수월하게 전개되고 이로써 짧은 시간에 목표한 학습수준에 도달할 수 있게 된다(김유진, 2010).

인간의 기억은 감각기억, 단기기억, 장기기억으로 나누어지며, 이들 중에서 공부한 학습정보를 궁극적으로 저장해야 하는 기억 장소는 바로 장기기억인데, 인간의 오감을 통해 매 초당 들어오는 수많은 정보 중에서 실제 필요한 정보를 선택적으로 기억하고 이를 반복 기억하여 결국 장기기억으로 전환시키기 때문이다. 따라서 학습에는 반드시 반복기억의 과정이 있어야 한다(김소연, 2010).

에빙하우스(Ebbinghaus)는 '인간의 기억은 시간의 제곱에 반비례 한다'는 실험결과를 바탕으로 감소되는 기억을 영구히 보존하는 장기기억으로 전환하기 위해서는 망각곡선의 주기에 맞추어 적절한 시점에 반복학습을 해 주어야 한다고 주장하였다.

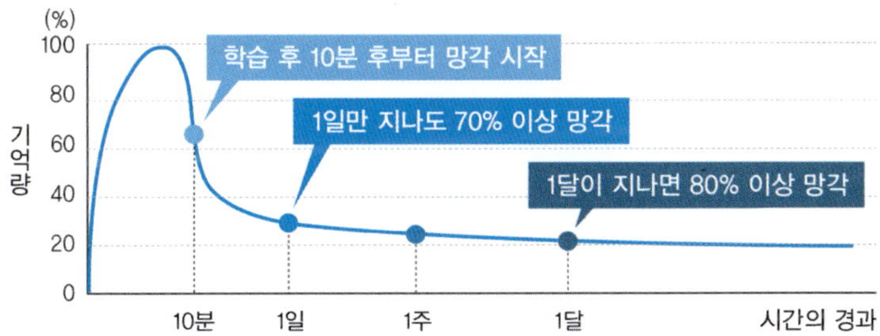

그림 6-3. 에빙하우스의 망각 곡선

또한 김경란(2010)은 학습한 내용을 잊지 않고 장기기억화시키기 위해서는 10분 후 복습, 1일 후 복습, 1주일 후 복습, 한 달 후 복습이 반드시 필요하다고 주장한다. 따라서 망각으로부터 기억을 유지하는 효과적인 방법은 주기적인 복습이며 어느 시점에 복습하는지에 초점을 두어 복습하는 주기가 매우 중요하다.

(4) 설명식 수업

설명식 수업은 교사의 해설이나 설명에 의한 이루어지는 교사중심의 교수·학습 방법이다. 설명식 수업은 전통적인 강의식 수업을 의미하며, 설명식 수업은 짧은 시간에 넓은 범위의 정보를 다량으로 전달할 수 있다는 장점을 지닌다.

이러한 강의는 단원을 소개할 때, 명확하게 이해시키려고 할 때, 과학적 용어를 정의할 때, 읽기 수준이 낮은 학생들에게 많은 정보를 주려 할 때 등에 적용하면 효과적이다. 또한 강의는 다수를 다루는 경제적 수업으로서 그 효과는 학생들의 선행지식을 참고하여 논리적으로 제시할 때 극대화된다.

강의중심 교수·학습의 일반적 절차에 대해서 어겐과 카우착(Eggaen & Kauchak, 2006)은 소개－제시－이해점검－통합－검토 및 끝내기의 순서로 진행을 하고, 강의의 첫 번째 단계에서는 학생들의 동기를 유발하며 강의의 내용을 소개한다. 강의의 전개는 여러 가지 시청각 기자재를 이용하여 수업의 내용이 진행되는 과정에서 학생들이 이해한 정도를 점검하고 그들의 선행지식이 분화된 정도를 확인한다. 형식적 강의에서는 주요 개념을 될수록 상세하게 말하여 강의의 내용을 평서문으로 요약하고, 대화식 강의에서는 질문으로 요약한다. 강의의 끝부분에서는 핵심적 내용이나 일반화로 강의의 내용에 관한 결론을 내린다.

(5) 토론식 문제해결 중심학습

토론식 문제해결 중심학습은 직접교수 모형과 달리 학습자가 중심이 되어 문제를 해결해 가는 과정을 통해서 지식이나 개념을 재구성할 수 있는 기회를 갖게 되고, 문제해결능력 및 창의적 사고 능력을 기를 수 있다. 수업절차는 도입－문제제시－문제해결－발표 및 토의－정리의 수업모형으로 문제해결단계를 간단히 소개하면, 팀구성－문제해결을 위한 하위 목표 검토－하위 목표해결을 위한 과제의 규명과 분담－학습 자료의 선정, 수집, 검토-주어진 문제 재검토-가능한 해결방안 모색(브레인스토밍 정교화)-해결방안 결정 및 보고서 작성 등을 적용하게 된다(교육과학기술부, 2012).

문제해결학습은 정해진 교재에만 국한되지 않으므로 특수교육 환경에서 학습자의 발달 수준과 심리적 단계에 따라 개별적으로 학습되기 때문에 흥미를 갖고 학습활동에 참여시킬 수 있으며, 배운 내용을 직접 실생활에 적용할 수 있도록 유도할 수 있다. 반면 문제해결학습은 체계적이고 조직적인 학습능력이 요구되고 수업상황이 어수선할 경우 일관성이 있는 학습지도가 곤란하다. 또한 문제해결학습을 통하여 학문적인 지식을 단시간 내에 습득하기가 어렵다는 단점도 있어 인지능력이 낮은 학생에게 제시하기에는 다소 무리가 따를 수 있다. 그러나 학습자의 발달수준과 심리적 단계에 따라 개별적으로 학습되기 때문에 학습자의 흥미를 끌 수 있는 학습과제를 갖고 문제해결학습을 적용시키면 학습자의 학습참여 활동을 증진시킬 수 있으며, 배운 내용을 직접 실생활에 적용할 수 있도록 유도할 수 있는 장점이 있다(권순황, 2008).

(6) 또래지도 학습

또래지도는 학급 내의 학생이 교사를 대신하여 다른 또래친구의 공부를 가르쳐 주고 도와주는 교수방법이다. 즉, 또래교수는 학습능력이 떨어지는 학생에게 개별화된 교수를 실시함으로써 또래교수자와 또래학습자 모두 학습내용을 쉽게 이해하게 할 수 있다. 교사보다 또래 간에 더욱 친근감을 갖기 때문에 원활한 의사소통을 통해 학업성취를 이룰 수 있다. 그리고 학습이해 속도가 느린 학습자는 친근한 또래교수의 개별적인 관심으로 심리적 안정을 얻을 수 있다. 또한 다인수 학급 수업에서의 교사 부담을 줄여주고 학생들은 교사의 입장을 이해하게 된다. 또래교수는 수업의 일부 또는 전체 수업에 사용될 수 있으며 모든 학습내용에도 사용될 수 있다. 또래전략을 실시할 때 학생들에게 특별한 지침과 같은 충분한 준비를 통해 긍정적 효과를 기대할 수 있다(김선정, 2013).

또래교수의 대표적 유형은 다음과 같다. 첫째, 상호적 또래교수(reciprocal peertutoring)는 학업능력이 비슷한 같은 연령의 학생끼리 지식을 전달하는 또래교수자와 이를 받아들이는 또래학습자 역할을 교대로 수행하여 학습하는 교수전략이다(Fantuzzo et al., 1990). 둘째, 학급전체 또래교수(classwide peer tutoring)는 학급구성원 전체가 또래교수에 참여하는 것이다. 학급전체 또래교수(CWPT)는 동년배의 학생들을 대상으로 학급단위로 실시하며, 성별 및 기능수준 간의 차이가 있는 학생들에게 적절하게 활용할 수 있다(Buttler, 1999). 셋째, 학급전체 또래교수팀(classwidepeer tutoring teams)은 학급전체 또래교수에 토너먼트식 학습을 접목시킨 것이다(Utlye et al., 1997). 토너먼트식 학습은 협력학습의 원리로 3~5명의 학습능력이 다른 학생이 한 팀이 되어 소그룹을 형성하고 팀별로 경쟁을 하는 학습방법이다.

(7) 직접교수

직접교수법은 교사가 미리 준비한 지도안에 따라 연습과 훈련을 하는 방법이다. 직접교수법은 미국에서 불리한 교육환경에 처한 학생들을 효율적으로 지도할 수 있는 교육방법을 개발하는 과정에서 얻은 결과로, 직접교수법이 교육학에 본격적으로 도입된 것은 1970년대 중반 이후라고 할 수 있다. 직접교수법이란 교사가 학생에게 새로운 개념이나 기술을 설명하고 교사의 지시에 따라 연습하게 하여 학생의 이해 정도를 파악하고 교사의 지도하에 계속 연습하도록 하는 교수 형태로써 문제해결을 위한 전략을 가르치거나 추상적인 사고작용을 지도할 때, 또는 창의성을 지도할 때 적용할 수 있다.

다시 말해 교사가 무엇을 어떤 위계로 가르칠 것인지 결정한 후 학생에게 단계별로 자세히 설명을 해 주고 시범을 보이며, 질문을 통해 점검한 후 끊임없는 연습과 피드백의 제공을 통해 궁극적으로는 학생 스스로 활동하도록 하는 교수방법이라고 할 수 있다. 직접교수법의 교수·학습 단계는 다섯 단계로 나누어 안내–예시–시범–교사 보조 활동–학생 독립활동으로 진행된다(권순황, 2008).

(8) 사례중심 학습

사례중심 학습은 사례를 중심으로 지도하는 방법으로 크게 사례연구법과 사례분석법이 있다. 사례연구법은 특정한 사건 등에 초점을 맞추고 깊고 치밀하게 분석하는 교수 · 학습방법이다. 사례분석법은 토론식 수업을 성공적으로 유도할 수 있는 하나의 방법으로서 교사중심의 수업방식을 탈피할 수 있는 하나의 좋은 대안이다. 사례분석을 통한 수업에서는 교사는 단지 학습자의 의견을 경청하고, 모호한 부분에 대하여 학습자 자신이 질문하고 문제를 찾아내고 분석하며 해답을 찾아낸다(백혜진, 2006).

이러한 사례중심의 교수학습방법은 사회과의 법과 같은 어려운 과목에서 적용하는 예가 많으며 이해와 기억력 지속효과의 장점이 인정되고 그 활용도가 높아지고 있다. 사례중심 교수 · 학습방법이 성공하기 위해서는 교사의 역할이 매우 중요한데 교사는 수업상황을 잘 준비하고 제시되는 사례를 잘 이해하고 있어야 하며, 주요 쟁점에 대해서 다양한 질문을 통해 학생들의 사고의 방향을 이끌어 줌으로써 가능한 추론이나 결론 등을 분명하게 해 줄 수 있어야 한다(전효진, 2007).

3. 노인평생교육방법의 원리

평생교육방법의 원리는 노인교육방법의 원리에도 적용될 수 있다. 따라서 평생교육방법의 원리를 자기주도성의 원리, 다양성의 원리, 상호학습의 원리, 현실적응의 원리,

계속성의 원리, 효율성의 원리와 적극적 서비스의 원리로 구분하여 살펴보면 **그림 6-4**와 같다(송병순, 이영호, 2000; 이기원 외, 2022; 황유정, 2004)

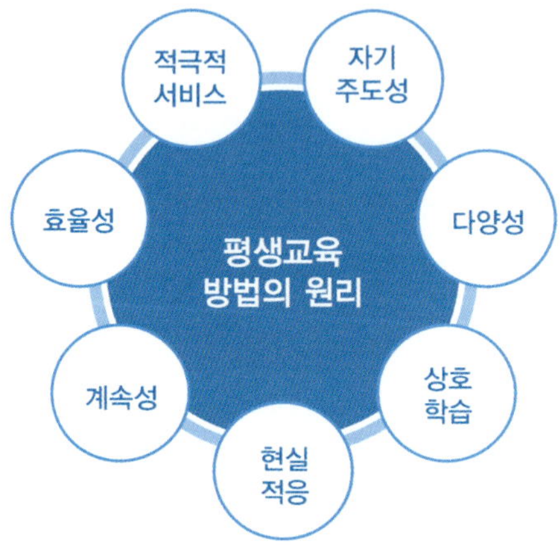

그림 6-4. 평생교육방법의 원리

1) 자기주도성의 원리

자기주도성의 원리에 근거한 평생교육방법이란 평생교육 담당자에 의해 계획되고 편성되어지는 수동적인 참여가 아니라 학습자들이 자발적으로 학습의 장으로 찾아올 수 있도록 그들의 관심과 흥미를 유발시키는 것이다. 또한 일단 관심을 지닌 대상자들이 지속적으로 학습활동에 참여할 수 있도록 계속 동기를 유발시키는 일을 달성하여 가는 과정에서 학습의 방법들을 선택할 수 있도록 제반 여건이 갖추어지도록 노력해야 한다.

자발적으로 학습에 참여하도록 하기 위해서는 학습자들로 하여금 특정한 분야나 내용에 대해 학습의 필요성을 인지하도록 이들을 자극하고 학습동기를 유발시키는 일도 중요하지만 학습자들이 학습의 필요성을 스스로 깨닫고 자발적으로 필요한 것을 배우고자 하는 내적 동기를 유발시키는 일이 중요하다. 특히 성인학습자들은 과거의 학습경험이나 학습태도에 불안감을 갖는 경우가 있다. 따라서 이러한 학습불안을 해소하고 학습에 대한 자신감을 심어 주는 일이 중요하다. 또한 학습으로 인한 성과의 평가를 통해 계속적인 자기 향상의 기회를 추구하고 싶은 충동을 일으키게 하여 자발적으로 지속적인 학습활동이 이루어지도록 학습을 조직화하고 구성하는 것이 필요하다.

2) 다양성의 원리

평생교육은 학교교육과는 달리 어느 특수계층이나 생활영역에 국한되는 것이 아니라 가정과 직업 그리고 사회생활 등 모든 생활영역에 걸쳐서 이루어진다. 평생교육에 참여하는 학습자 집단은 연령 · 학력 · 계층 · 직업 · 지역 · 취미 · 능력이 다양한 이질집단이다. 이처럼 이질적인 학습자를 대상으로 하는 평생교육방법은 그들의 성취를 위하여 때와 장소 그리고 학습참여자의 특수성에 비추어 자유롭고도 다양하게 적용되어야 한다. 더욱이 다양한 대상자들의 필요를 최대한으로 충족시켜 주어 이들의 학습효과를 높여 주기 위한 다양한 평생교육방법들의 적용에 있어서는 다양성과 아울러 융통성이 있어야 한다. 비록 계획된 교육내용과 결과가 달라진다 하더라도 상황에 따라 임기응변적으로 새로운 방법을 도입할 경우도 있으며, 경우에 따라서는 완전히 다른 교육방법으로 변경될 수도 있다. 따라서 평생교육에 있어서는 다양성과 융통성이 보장되어야 교육의 효과를 높일 수 있다.

3) 상호학습의 원리

상호학습의 원리란 학습자들끼리의 상호작용을 통해 학습의 효과를 높이도록 여러 가지 집단과정을 활용하는 교육원리로서 평생교육에서의 상호교육은 학습자가 다양하다는 데 기반을 둔 원리이다. 특히 성인학습자들은 사회의 일원으로서 책임을 지니고 각기 독특한 인생경험을 지니고 있는 사람들이다. 그들은 직장이나 사회에서 그들의 경험과 지식을 서로 교환함으로써 서로에게 도움을 주고받으며 생활하고 있고, 가정에서는 자녀들을 지도하고 바르게 이끄는 교육자적 위치에 있다. 이러한 성인학습자들의 특성을 고려하여 가르치는 사람과 배우는 사람과의 획을 뚜렷이 그어 구분하는 것이 아니라 서로 배우고 가르치는, 즉 교사이면서 학생인 관계가 필요하다는 것이다. 또한 학습자 중에서 어떤 특정한 부분에 전문적인 지식이나 경험이 있는 사람을 택하여 그로 하여금 설명하고 가르치도록 기회를 줌으로써 학습자 상호 간에 서로 배우고 가르칠 수 있는 과정을 마련할 수 있다.

4) 현실적응의 원리

현실적응의 원리란 생활적응의 원리라고도 한다. 평생교육에 참여하는 학습자는 가족의 구성원으로서 사회나 국가의 구성원으로서, 그리고 직장인으로서 맡은 바 역할과 의무를 수행하고 있으며, 다양한 상황에서 실제적인 결정을 내려야 하는 사람들이 많다. 따라서 평생교육의 내용은 지역적 · 시대적 · 사회적 현실생활의 관심사로 구성되어야 하며, 직업적 · 사회적 역할 수행에 실제로 도움을 줄 수 있어야 한다. 결국 평생교육 활동에 참여하는 학습자들은 자신의 가정생활, 직장생활, 사회생활 등에서 현실적으로 갖가지 문제들을 지니고 있으며, 이의 해결방법의 하나로 교육의 필요성을 느끼고 있는 사람들인 것이다. 그러므로 평생교육은 어디까지나 현실성에 입각한 현실에의 설계로서 추상적이 아닌 구체적인 현실의 문제를 해결하는 데 도움이 되는 것이어야 한다. 따라서 평생교육에 있어서의 교육목적이나 교육내용, 교육방법, 교육평가에 이르기까지 현실과 밀착된 것이어야만 그 교육이 보다 유의미하게 된다.

5) 계속성의 원리

평생교육은 일정한 시점에서 끝이 나는 것이 아니다. 그러므로 평생교육을 실시하는 기관과 담당자는 성인학습자가 계속하여 학습에 참여할 수 있는 교육기회를 개발 · 제공해야 한다. 그리고 일정한 단계에 이르면 자기교육단계로 이행되도록 해야 한다. 따라서 평생교육에서는 계속적 학습이 가능하도록 지식 그 자체를 학습시키기보다는 학습하는 방법을 학습시켜야 한다. 아무리 평생교육이 다양하다고 하지만 모든 개개인 학습자의 교육욕구를 모두 충족시키기는 불가능하다. 그러므로 학습하는 방법에 대한 학습을 통해 끊임없이 자기개발에 임하도록 하는 것이 중요한 평생교육의 방법이라고 할 수 있다.

6) 효율성의 원리

평생교육에 있어서도 아무리 다양한 방법의 도입이 바람직하고 또 동기유발이나 계속적인 학습의욕을 불러일으키기에 좋다고 하더라도 이러한 방법들의 채택이 얼마나 능률적이고 시간적 · 경제적으로도 효과가 있느냐를 따지지 않을 수 없다. 그러므로 적당한 선에서의 적절성 또는 효율성을 높일 수 있는 여러 가지 방법들이 선택되어야 한다.

오늘날 평생교육은 과거처럼 교양수준 · 여가시간 활용의 정도에 그치는 것이 아니라 폭발적으로 쏟아져 나오는 정보의 습득, 직장의 역할수행과 직접 관련이 있는 전문지식 · 기술습득, 인력개발 등 실생활에 직접적으로 필요한 지식, 기술습득을 위한 학습과 재교육이 더 강조되는 만큼 그 능률성에 대한 고려는 과거 학교교육에서와 마찬가지로 강조된다. 평생교육에 있어서 능률성 제고는 학습의 형태 · 장 · 프로그램 구성 · 교수학습 방법 등 모든 면에 걸쳐 재음미되어야 할 평생교육방법의 과제라고 할 수 있다.

7) 적극적 서비스의 원리

적극적 서비스의 원리는 평생교육에 투입해야 할 인적 · 물적 자원과 조건을 최적화해야 한다는 평생교육 실천원리이다. 평생교육 프로그램은 다양한 학습요구를 충족시킬 수 있도록 다양해야 하고, 교육의 질도 높아야 하며, 모든 교육활동이 효율적으로 이루어질 수 있는 적극적 서비스가 이루어져야 한다. 예를 들어, 성인학습자의 경우 그들의 체형에 알맞은 책 · 걸상이 마련되어야 하고, 쾌적한 교육환경을 제공할 수 있어야 한다. 그리고 다양한 학습자들 중에는 이전의 학습활동의 실패에 기인하는 학습에 대한 열등감, 자아손상 등이 그들의 학습을 저해할 수 있기 때문에 그들의 학습을 촉진하기 위해서는 심리적 배려가 필요하다. 또한 평생교육에 참여하는 학습자들을 위한 행정적 서비스는 신속하면서도 친절해야 한다. 특히 행정업무를 보는 평생교육 담당자는 누구보다도 친절해야 한다.

4. 노인평생교육의 평가

1) 학습성과

학습성과란 무엇이고 어떻게 평가해야 하는가를 규명하는 과정에는 통제할 수 없는 많은 변인들이 작용하고 있기 때문에 연구자에 따라 학습성과에 접근하는 관점, 목적, 방법이 다르다. 또한 학습성과에 영향을 미칠 수 있는 변인들도 개인의 문제에서 국가적 관계에 이르기까지 다양하기 때문에 학습성과에 대한 구체적인 정의를 내리기는 어렵다고 할 수 있다.

이러한 관점에도 불구하고 학습성과 초기의 연구에는 타일러(Tyler, 1950)의 이론을 중심으로 한 교육목표를 측정하기 위하여 표 6-17과 같이 평가계획의 한 차원으로 학습성과를 평가하여 왔다.

표 6-17. 타일러의 목표달성모형 평가절차

절차	평가내용
1. 목표선정	일반 교육목표를 설정한다.
2. 목표명시	일반 교육목표를 행동목표로 명세화한다.
3. 도구제작	평가방법과 평가도구를 선정 또는 개발한다.
4. 자료수집	평가도구를 사용하여 데이터를 수집한다.
5. 가치판단	수집한 데이디를 기준으로 목표의 달성도를 파악한다.

이는 평가대상을 교육목표와 관련된 행동목표 또는 학습자 행동에 초점을 둔 일반목표를 의미하는 것으로, 다음과 같은 문제점을 제기하고 있다고 할 수 있다(변주성, 2009). 첫째, 학생들의 의도된 행동변화 여부를 평가의 기준으로 보고 있어 교육과정

평가와 학업성취도 평가가 불분명하다. 둘째, 사전에 의도된 결과가 아닌 다른 부수적인 결과를 평가대상에서 간과할 수 있으며, 구체적으로 진술하기 어려운 목표는 목표설정에서 제외될 우려가 있다. 셋째, 평가의 주체가 주로 교사나 교육행정가 또는 교육내용 전문가들로 학습의 결과에만 관심을 두고 있다.

그러나 학생을 대상으로 하는 전통적인 학교교육 중심의 페다고지(pedagogy)와는 대조적으로 등장한 성인교육학의 안드라고지(andragogy)에서의 평가는 교수자중심의 평가로부터 교육수혜자인 성인학습자 중심으로 변화되었다.

자비스(Javis, 1985)도 안드라고지(andragogy)의 특성을 설명하면서, 전통적인 학교교육에서는 평가의 제도화로 교사가 시험을 주도하며, 표준에 대해 강조하고 경쟁위주의 공식적 상대평가를 중요시하지만, 성인교육학에서는 학습결과에 대한 상호평가와 학습자 자신에 의한 자율적인 평가를 강조하고 있음을 밝히고 있다. 또한 노울즈(Knowles, 1980)도 안드라고지(andragogy)를 인간의 자아개념, 자신만의 독특한 경험을 축적하고 있는 것, 생애발달 단계에 따라 독특한 학습과제와 발달과제가 존재한다는 것, 성인들은 미래보다 현재의 즉각적인 지식의 적용을 선호한다는 것 등으로 설명하면서 학습에 대해서 자신 스스로의 평가의 중요성을 강조하였다. 이러한 학교교육과 평생교육을 비교하여 정리하면 **표 6-18**과 같다.

표 6-18. 학교교육과 평생교육의 비교

구분	학교교육(pedagogy)	평생교육(andragogy)
대상	일부 소수, 일부 국민, 고정적, 획일적, 동질적	불확정 다수, 전 국민, 다양성, 탄력성, 이질성
시기	한정, 청소년기, 장기간, 계속적	무한정, 전생애, 단기적, 계속적
장소	한정(주로 학교 내)	무한정(어디서나), 학교 내 · 외
참가	독재적, 통제적	자발적, 융통적, 자유
내용	미래지향적, 준비교육, 지적, 추상적, 계통적, 원리적, 기호문화의 지배, 계획적	현실지향적, 생활교육, 다양화, 구체적, 실제적, 개성적, 행동적, 비계획적, 실제생활에 밀착

구분	학교교육(pedagogy)	평생교육(andragogy)
목적	입신출세, 취직조건, 이상적	인간교육, 인격향상, 실제적
제도	형식적, 고정적, 사회변화에 적응곤란	비형식적, 다양, 모호, 사회변화에 적응 용이
방법	일방교육, 교사 중심적, 수동적	상호교육, 능동적, 반드시 교사가 있는 것이 아님
주최	조직적	조직적 또는 비조직적

이처럼 안드라고지(andragogy) 관점에서의 평가는 인본주의의 주요 개념을 성인교육 측면까지 확장한 것으로, 성인의 관심과 요구를 충족시켜 주는 데 역점을 두고 있다. 다시 말해 학습의 주체와 학습과정의 중요성을 부각시키는 실제적인 평가과정이라고 정의할 수 있다(변주성, 2009).

2) 성인학습자의 학습성과

성인학습자의 학습성과는 그 내용상 정규교육을 받는 학생들의 학습성과와는 다르다. 왜냐하면 성인학습자란 동기와 목표가 다르기 때문이고, 또한 연령층의 차이로 인해 효과적인 학습의 방법과 내용에서 차이가 있기 때문이다(김애련, 2004). 그리고 의도성, 대상, 확인시기, 영역, 경로 등의 다양함을 전제로 교육기관의 목표달성 수준이 아닌 학습자 스스로의 주도권과 자율성을 갖는 실천적인 학습과정에서 일어나는 모든 지식이나 태도, 행동의 지속적인 변화의 과정과 그 결과를 의미한다.

성인학습자의 학습성과를 규명하는 과정에는 통제할 수 없는 변인들이 작용하고 있으나 일반적으로 다음과 같이 제시할 수 있다. 첫째, 교육기관이 본래 계획하고 의도했던 교육목적이나 목표를 어느 정도 달성했는지를 기준으로 하여, 성인학습자의 학습성과를 측정하는 방식이 있다.

둘째, 본래 의도했던 목적이나 목표와 관계없이 교육을 받음으로 인하여 결과적으로 나타난 최종 산출물을 놓고 학습성과를 평가하는 방식이 있다. 전자를 '당위적(의도적) 성과'라고 한다면 후자를 '실제적인(우연적) 성과'라고 한다.

셋째, 개인적인 측면에서 보는 학습성과와 사회적인 측면에서 보는 학습성과가 있다. 개인적 측면에서 보는 학습성과는 지식, 기능, 기술 등의 인지적 성과, 가치관, 태도, 동기, 자아개념 등의 정의적 성과, 체력 증진 등의 신체적 성과를 말하며, 사회적 측면에서 보는 학습성과는 인맥형성이나 소득 등의 사회, 경제적 성과를 말한다.

넷째, 학습성과가 확인되는 시기에 따라 단기적 성과와 장기적 또는 지속적 성과로 구분할 수 있으며, 학습성과가 직접적으로 나타나는지, 아니면 어떠한 경로를 통하여 나타나는지에 따라 직접적 성과와 간접적 성과로 나누어 볼 수 있다.

이처럼 성인학습자의 학습성과에 대한 개념을 의도성, 대상, 확인시기, 영역, 경로 등에 따라서 **표 6-19**와 같이 여러 측면에서 분류할 수 있다.

표 6-19. 학습성과의 개념화

구분의 준거	평생교육 성과의 구분	특성
의도성	의도적 성과	평생교육에서 산출해야만 한다고 기대되는 결과 (교육목표 달성도)
	우연적 성과	평생교육에 대한 기대와 관련 없이 평생교육을 받음으로 인해서 실제로 나타난 결과
대상	개인적 성과	개인에게 나타난 평생교육의 결과 (인지적, 정의적, 신체적, 협의의 사회적 성취 등)
	사회적 성과	사회에 나타난 평생교육의 결과 (인력의 공급, 기술개발, 사회 불평등의 해소 등)
확인 시기	단기적 성과	학교를 다니는 동안 또는 학습 이후 보이는 결과 (학업성취, 의식과 태도의 변화, 체력의 증진 등)
	장기적 · 지속적 성과	학습 이후 사회에서 성인으로서 살아가면서 보이는 결과 (정치 참여도, 질서 의식, 성취동기, 새로운 지식에 대한 수용성 등)

구분의 준거	평생교육 성과의 구분	특성
영역	인지적 성과	학업성취도, 지식, 기술, 기능 등 인지적 측면에서 나타나는 결과
	정의적 성과	태도, 가치관, 도덕성, 동기, 자아개념, 사회적 기술(social skill) 등 정의적 측면에서 나타나는 결과
	신체적 성과	체력의 증진 등 신체적 측면에서 나타나는 결과
	사회적 성과	취업, 소득, 인맥 형성 등 사회 경제적 지위의 성취 측면에서 나타나는 성과
경로	직접적 성과	매개요인 없이 직접적으로 나타나는 결과
	간접적 성과	매개요인을 통하여 간접적으로 나타나는 결과

이와 같이 학습성과에 대한 개념을 의도성, 대상, 확인시기, 영역, 경로 등에 따라서 분류한 것을 바탕으로 성인학습자의 학교평생교육 학습성과를 여러 측면에서도 조명할 수 있으며, 최근에는 이러한 학습성과에 대한 연구가 점차 확대되고 있다.

앞의 내용을 종합해 볼 때, 성인학습자의 학습성과는 정규교육을 받는 학생들의 학습성과와는 다른 관점에서 접근해야 하며, 학생들과 같은 교육을 받고 있다고 하더라도 평생교육 차원에서 참여 동기와 목표가 다르고, 개인적 배경 특성이 다양하기 때문에 자기주도적인 평가방법에 의한 학습성과로 설명할 수 있다.

P·A·R·T 2

노인교육의 실제

07

Chapter

노인정보화교육

배울 내용

1. 4차 산업혁명의 이해
2. 정보통신기술(ICT)의 이해
3. 노인정보화교육

학습목표

1. 4차 산업혁명의 시대적 흐름과 개념을 이해한다.
2. 4차 산업혁명과 혁신기술을 설명할 수 있다.
3. 정보통신기술을 이해하고 노인의 정보통신기술 능력을 파악한다.
4. 노인정보화교육의 개념과 필요성을 설명하고, 교육내용을 숙지한다.

현대사회는 제1차 산업혁명부터 제3차 산업혁명을 바탕으로 하여 시작된 제4차 산업혁명 시대이다. 제4차 산업혁명은 21세기의 시작과 함께 출현하였다. 이 시기는 신기술의 발달과 광통신을 통한 변화를 통해 빅데이터, 클라우딩, 3D 프린터, 퀀텀 컴퓨터, 나노, 바이오 기술, 로봇, 인공지능, 드론, 자율주행 등 이전에 없었던 새로운 것들이 등장하기 시작하였다. 또한 정보통신기술의 발전에 따라 현대사회의 생활양식들은 점차 디지털을 활용한 일상생활, 경제 및 사회문화 활동 등으로 확장되고 있으며, 지능정보사회로의 변화에서 노인들은 끊임없는 정보의 도전을 받고 있다. 따라서 본 장에서는 4차 산업혁명과 정보통신기술에 대한 이해를 바탕으로 노인정보화교육에 대해 구체적으로 살펴보고자 한다(이기원 외, 2022; 임영미, 2008; 진주영, 2023).

1. 4차 산업혁명의 이해

1) 4차 산업혁명의 시대적 흐름

과학과 기술의 융·복합을 통한 가치의 창출과 확산인 4차 산업혁명은 학자들마다 조금씩 다르지만 공통된 관점이 존재한다. 구체적으로 박형근과 김영훈(2014)에 따르면, 1차 산업혁명은 증기기관 발명에 의한 기계혁명이며, 2차 산업혁명은 전기에너지를 활용해 대량생산 구조가 구축된 에너지 혁명에 해당하고, 3차 산업혁명은 정보와 기술혁명을 의미한다. 이러한 몇 차례 산업혁명이 발생해 온 현재, 3차 산업혁명 이후에 나타난 과학과 기술 혁신, 사회 등 발생된 급격한 변화를 함축하는 개념을 4차 산업혁명이라고 볼 수 있다(윤정민, 2018).

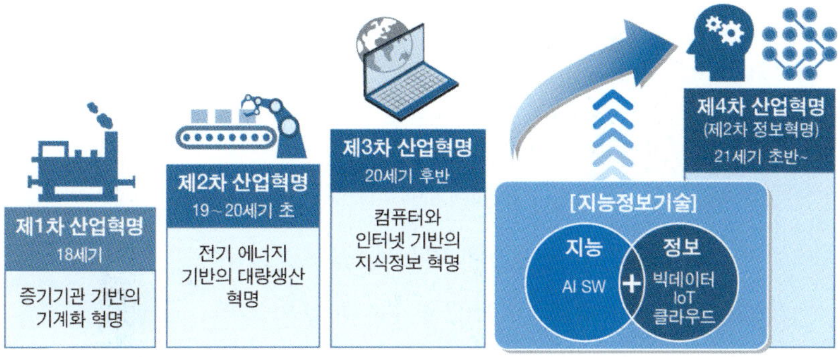

그림 7-1. 산업혁명의 흐름

4차 산업혁명이라는 용어는 2016년에 열린 다보스포럼에서 독일의 클라우스 슈밥(Klaus Schwab)이 인더스트리 4.0을 소개하면서 새롭게 등장하였다. 이는 2012년도에 독일이 제시한 인더스트리 4.0으로, 모든 산업영역에서 정보통신기술을 접목하여 산업구조의 혁신과 경쟁력을 강화하려는 것이 4차 산업혁명이다. 즉, 사물인터넷과 인공지능, 빅데이터 등을 통해 생산의 모든 정보를 연결시키고, 이 정보를 소비자와 연결하는 것이 인더스트리 4.0의 핵심내용이다. '인더스트리 4.0(Industrie 4.0)'을 통해 독일은 2011년도부터 정부와 기업의 상호협력을 통해 자국의 제조산업을 추진해 왔다. 제조업 강국인 독일은 산업에 사물인터넷(IoT) 또는 인공지능(AI)을 통해 지속적으로 성과를 나타내고 있다(윤정민, 2018).

2) 4차 산업혁명의 개념

클라우스 슈밥은 제4차 산업혁명의 의미를 2016년에 저술한 『제4차 산업혁명(The Fourth Industrial Revolution, 2016)』에서 소개하고 있으며, 더불어 인류가 개발한 신기술로 인하여 새로운 세계관과 기술이 등장함으로 경제체제와 사회구조를 급진적이고 근본적으로 변화시킨 사건을 다섯 단계로 구분하여 제시하고 있다(윤정민, 2018; Schwab, 2016).

클라우스 슈밥

첫 번째 단계는 농업혁명이다. 약 7천 년 전 수렵과 채집생활을 하던 인류는 곡류의 재배와 가축을 사육하면서 생산 경제를 목적으로 한 인류와 가축이 공생하면서 농업혁명이 시작되었다. 그 결과 식량 생산량과 인구가 증가되고 많은 사람이 정착하게 되었고 더 나아가 도시화가 이루어졌다.

두 번째 단계는 제1차 산업혁명이다. 18세기 유럽에서 시작된 제1차 산업혁명(1760~1840년경)은 증기기관의 발명을 바탕으로 철도 건설과 기술의 혁신으로 새로운 생산체제가 만들어져 사회 및 경제 등의 변화를 이끌었다.

세 번째 단계는 제2차 산업혁명(1865~1900년경)으로 전기에너지와 철강 분야의 혁신과 기술의 발전으로 대량생산이 가능하게 되었다.

네 번째 단계는 제3차 산업혁명으로 1960년대 메인 프레임 컴퓨팅(main frame com putting: 1960년대)과 반도체의 발전으로 PC(personal computing: 1970~1980년대)를 이용한 인터넷(1990년대)이 혁신과 발전을 주도하였는데, 이를 '디지털 혁명' 또는 '컴퓨터 혁명'이라고 한다.

다섯 번째 단계가 정보통신기술이 이뤄지는 제4차 산업혁명이다. 21세기에 들어서면서 제3차 산업혁명을 기반으로 유비쿼터스(ubiquitous)와 모바일 인터넷(mobile Internet)의 조화와 신호처리가 가능해진 센서(smart sensor), 기계학습(machine learning)을 통한 인공지능(AI)의 특징이 제4차 산업혁명이다. 즉, 제3차 산업혁명 이후 컴퓨터 하드웨어와 소프트웨어, 네트워크가 핵심인 디지털기술은 더욱 정교해지고 혁신적으로 진화하여 사회와 세계경제의 변화를 이끌고 있다(Schwab, 2016).

표 7-1. 제4차 산업혁명 개념의 역사적 발전

	1980년	2008년	2016년
	제3물결 (The Third Wave)	제3차 산업혁명 (The Third Industrial Revolution)	제4차 산업혁명 (The Fourth Industrial Revolution)
대표 학자	앨빈 토플러	제러미 리프킨	클라우스 슈밥
내용	제1물결: 농업혁명 제2물결: 산업혁명 제3물결: 정보화혁명	2차 산업혁명의 종말(1980년): 화석연료, 기계, 전자기반산업 3차 산업혁명의 시작(2012년): 인터넷 기술, 커뮤니케이션, 재생 가능 에너지의 결합, 녹색산업	농업혁명: 가축 기반 농업생산, 인구증가, 도시화 제1차 산업혁명: 석탄, 증기기관 제2차 산업혁명: 전기, 생산라인 제3차 산업혁명: 컴퓨터, 인터넷 제4차 산업혁명: 물리학, 디지털, 생물학 등 융복합
관점	사회 문명	기술 · 에너지 · 경제 · 권력	기술 · 산업경제

슈밥은 2016년 세계경제포럼(WEF)에서 '제4차 산업혁명'을 차세대의 혁신적 변화라고 주장하면서 "이번엔 다르다(This time is different)"고 주장하였다. 2016년 슈밥이 주장한 '제4차 산업혁명'이라는 용어에 담긴 내용과 의미는 앨빈 토플러(Alvin Toffler)가 주장했던 '제3물결'의 내용보다는 오늘날의 기술과 산업, 사회구조는 훨씬 더 발전되었으며, 또한 지난 2012년 기준에 제러미 리프킨(Jeremy Rifkin)이 주장했던 디지털기반의 '3차 산업혁명'의 산업과 기술, 사회구조의 내용과 방향은 보다 새로운 양상을 가지고 있는 것으로 해석할 수 있다(윤정민, 2018).

슈밥이 제시한 바와 같이 '제4차 산업혁명'의 양상은 세 가지 특성, 곧 속도, 범위와 깊이, 시스템 충격 등에 있어서 제3차 산업혁명과는 현저히 구별된다고 하였다(Schwab, 2016).

표 7-2. 제4차 산업혁명의 세 가지 특성

구분	내용
속도(velocity)	제1~3차 산업혁명과는 달리, 제4차 산업혁명은 선형적 속도가 아닌 기하급수적인 속도로 전개 중이다. 이는 다면적이고 서로 깊이 관여되어 있는 우리가 살고 있는 세계이며, 그보다 뛰어난 역량을 갖춘 새로운 신기술을 창출해 냄으로써 만들어진 결과이다.
범위와 깊이(breadth and depth)	디지털혁명을 기반으로 한 제4차 산업혁명은 다양한 과학기술과 정보통신기술(ICT)를 융합해 경제, 기업, 사회뿐만 아니라 개인에게도 유례 없는 패러다임 전환으로 유도한다. '무엇을', '어떻게' 하는 것의 문제만이 아니라 우리가 '누구인가'에 대한 문제 또한 변화를 일으키고 있다.
시스템 충격(systems impact)	제4차 산업혁명은 사회 전체 시스템인 국가 간, 기업 간, 산업 간의 변화를 수반한다. 이러한 급진적 변화의 사례는 제4차 산업혁명의 기술과 산업인 휴머노이드 로봇(Humanoid Robot)나 인공지능(AI)의 등장에서도 우리는 확인할 수 있다.

이러한 흐름에서 제3차 산업혁명이 등장한 20세기 후반 인류사회에 디지털테크놀로지와 의학, 생물학, 물리학, 공학 등 다양한 영역의 기술들이 결합되어 21세기 인간의 삶의 방식, 그리고 사회구조를 빠르게 변화시키고 있는 산업과 기술, 그리고 경제체제가 제4차 산업혁명이라고 할 수 있다.

3) 4차 산업혁명의 특징

(1) 일반적 특징

18세기 말부터 시작된 산업혁명은 발전을 거듭해 오면서 오늘날 4차 산업혁명에 이르고 있는데, 18세기 영국에서 증기기관 발명을 계기로 시작된 1차 산업혁명, 20세기 초 전기동력을 이용한 대량생산이 시작된 2차 산업혁명, 1970년대 이후 컴퓨터를 활용하기 시작한 3차 산업혁명을 거쳐, 이제는 인공지능을 활용한 4차 산업혁명의 시대에 도달하였다(김정욱 외, 2016). 독일에서 행정부를 중심으로 기업, 노동조합, 대학이 제휴해야 미래 사회를 선도할 수 있다고 하여 처음으로 제안한 용어가 바로 제4차 산업혁명이다.

인공지능과 여러 분야가 융합된 초연계 사회를 제4차 산업혁명이라고 한다. 인공지능은 로봇과 드론, 바이오와 나노, 3D 프린터 개발에 기여하였고, 모든 산업의 시스템을 연결하고 구축하며 빅데이터의 분석을 통해 소비와 유통 그리고 미래 산업을 예측하여 인간의 삶을 발전시키고 있다. 그동안 제1차, 제2차, 제3차 산업혁명이 인간의 신체 노동을 대체했다면, 제4차 산업혁명은 인간의 신체 노동뿐만 아니라 지적 노동까지도 대신할 것으로 기대되고 있다. 자동화 기계의 보급이 더욱 가속화되고 그 영역도 더욱 확대될 것으로 예측된다. 인공지능의 발달로 단순 업무는 이미 인공지능 기계로 대체되고 있고, 이미 인공지능 기술이 의료서비스뿐만 아니라 법률분야에까지 활용되고 있다. 따라서 앞으로는 기계와 같은 단순 노동보다는 감성과 인성 그리고 창조적 사고를 필요로 하는 직업이 우세할 것으로 예상된다(윤정민, 2018).

인공지능은 이미 오래전부터 SF(Science Fiction)영화를 통해 인간의 영역을 침범할 수 있는 뛰어난 능력을 가진 존재로 묘사되어 왔다. 그러나 그것은 말 그대로 공상과학의 세계에서였을 뿐 실제의 세상에서 인간의 능력을 뛰어넘을 수 있는 인공지능이 개발되리라고 생각하는 사람은 그리 많지 않았다. 혹 그러한 시기가 도래한다고 해도 그 시기는 막연히 먼 미래가 될 것이라고 믿는 사람들이 많았다(임용진, 2018).

하지만 최근의 빠른 속도로 발전하는 다양한 인공지능의 사례 앞에 그러한 믿음은 점차 사라지고 있다. 최근 성행하였던 '어벤져스 앤드 게임' 속에는 양자역학과 세포분열, 가상공간, 인공지능 로봇 내용을 포함하고 있으며, 또한 국립재활연구소의 로봇재활연구 프로그램을 보면, 중증장애인의 편리한 삶을 위하여 재활연구에도 여러 가지 최신 기술을 도입하여 의료산업에 사용하고 있음을 알 수 있다. 그만큼 인공지능은 우리 사회 여러 분야에 이미 시작되고 있는 것이다.

2017년에 전국의 성인 1,041명이 참가한 설문조사에서 '4차 산업혁명은 내 일자리를 위협할 것이다'라는 항목에 76.5%의 응답자가 동의했다는 사실은 현재 많은 사람들의 심적 변화를 보여 준다(한국언론진흥재단 미디어연구센터, 2017). 간단한 예로 식당에 들어가면 종업원의 메뉴판 안내 및 홀서빙 문화는 사라지고, 무인주문기계를 활용하고 계산하여 점차 기계화되고 있는 사회 모습을 경험하고 있다. 그리고 인공지능이 조만간 인간을 대체할 것으로 여겨지는 가장 유력한 영역은 바로 자동차 운전이다. 구글이 2014년 무인 자율주행 자동차로 도심 주행에 성공한 이래 현재 많은 자동차와 IT 기업들이 자율주행 자동차를 개발하고 있는데, 그중 가장 앞서 있다고 평가되는 구글의 자율주행차는 실제 도로 주행거리가 200만km가 넘었다고 알려져 있다(임용진, 2018). 외국어 통역에서도 인공지능은 이미 활용되고 있다.

인천공항에서는 2017년 7월부터 LG전자가 개발한 한국어, 영어, 일본어, 중국어 등 4개 국어로 길을 안내하는 안내 로봇 5대가 운영되고 있다. 2018년 6월부터는 입·출국장에 14대의 로봇을 배치해 대기 인원 파악·게이트 안내, 승객 대면 음성 안내와 수화물수취대 번호업무 등의 서비스를 제공하고 있다.

그리고 인공지능이 대체하기 가장 어려운 영역으로 알려진 감정과 관련된 분야에서도 인공지능은 이미 활용되고 있다. 세계 최초의 감정 인식 로봇으로 소프트뱅크가 2014년 출시한 페퍼(Pepper)는 사람의 모습(키 120㎝, 몸무게 29kg)을 한 AI 로봇이다. 시각·청각·촉각 센서를 통해 사람의 표정과 목소리 변화를 감지하고 클라우드컴퓨팅을 통해 어떤 감정인지를 파악해 말을 건네는 기능을 가지고 있다.

페퍼는 사람과 접촉을 통해 친밀한 관계를 형성하는 로봇을 목적으로 만들어졌다. 인공지능과 더불어 4차 산업혁명의 주요한 특징인 '초연결 사회'와 관련된 핵심 키워드는 빅데이터(Big Data)이다. 빅데이터, 즉 미래 경쟁력의 우위를 좌우하는 중요한 자원으로 활용될 수 있다는 점에서 다양하고 방대한 규모의 데이터로 주목받고 있다. 인공지능을 통한 '동시통역'이나 표정을 읽는 감성로봇 등 오늘날 발전된 인공지능을 가능하게 하는 기술 조건의 하나가 바로 해당 언어로 된 자료와 다양한 표정의 사진자료 등으로 대표되는 빅데이터(Big Data)와 관련된 기술이기 때문이다.

페퍼

빅데이터가 빠른 속도로 증가하는 원인은 인터넷 사용자의 증가와 스마트폰의 보급, 그리도 사물인터넷의 발달과 같은 인프라의 확충과 밀접한 관련이 있다. 데이터의 증가 외에도 축적된 데이터로부터 유용한 정보를 캐내는 '데이터마이닝' 기술의 발달로 빅데이터가 주목받고 있다. 데이터마이닝은 데이터 베이스로부터 과거에는 알지 못했지만 데이터 속에서 유도된 새로운 데이터모델을 발견하여 미래에 실행 가능한 정보를 추출해 내고 의사결정에 이용하는 과정을 말한다. 이러한 기술은 10여 년 전부터 활용되어 최근 이룩한 기술적 성과로 클라우드컴퓨팅과 클라우드스토리지 기술 등을 의미한다(윤정민, 2018).

제4차 산업혁명 사회의 모습은 긍정적인 부분도 있지만 이면적으로 부정적인 부분도 나타날 수 있다. 구체적으로 기계에 의한 일자리 대체와 인공지능기술 발전은 인간의 삶을 물질적으로 풍요롭게 할 수 있지만 빠른 속도로 발전하는 기술로 인해 기술이 인간을 위협하는 시대가 올 수도 있다는 우려도 제기되고 있다(진경엽, 2017). 제4차 산업혁명은 기본 철학인 인간중심에서 산업중심으로 변하기 때문에 비인간화 현상은 심화되고 인공지능에 의한 컴퓨터와 로봇중심이 될 수 있는 것이다. 따라서 이러한 문제들을 미리 대처하기 위해서는 제4차 산업혁명시대의 기계산업과 과학기술이 발달할수록, 너욱 인간주의적으로, 인간의 고유 가치와 특징을 살릴 수 있는 교육으로 발전되어야 할 것이다.

(2) 4차 산업혁명의 혁신기술

기존 산업혁명의 기저에는 기술혁명이 자리 잡고 있으며, 4차 산업혁명도 이와 같은 차원에서 많은 혁신적 신기술들이 언급되고 있다. 4차 산업혁명과 관련해 자주 언급되는 혁신적 신기술들을 살펴보면 사물인터넷(IoT), 클라우드, 빅데이터, 3D프린팅, AI, 로봇, 무인자동차, 나노, 바이오 등으로 정리할 수 있다〈표 7-3〉. 이 가운데서도 공통된 핵심 기술인 인공지능, 사물인터넷(IoT), 로봇, 빅데이터, 3D 프린팅이 4차 산업혁명을 선도할 것이라고 예측된다(WEF, 2016).

표 7-3. 4차 산업혁명의 혁신기술

기술	내용
IoT (Internet of Thing)	• 사물인터넷으로 불리며 물건에 센서를 부착하여 실시간으로 데이터를 인터넷 등으로 송수신하는 기술이나 환경을 의미 • IoT가 도입된 기기는 사람이 필요하지 않고, 기기들 간에 정보를 서로 주고받으면서 상황에 따라 정보를 해석하고 스스로 작동하는 자동화된 형태
CPS (Cyler-Physical System)	• 로봇 의료기기와 같은 실물 시스템과 사이버 공간의 소프트웨어 및 주변의 환경을 실시간으로 통합하는 시스템 • 기초 인베디드시스템의 미래지향적이고 발전된 형태로서 제조시스템, 관리시스템, 운송시스템 등의 복잡한 인프라 등에 널리 적용이 가능
빅데이터 (Big Data)	• 디지털 환경에서 생성되는 다양한 형태의 데이터를 의미하며, 그 규모가 방대하고 생성 주기도 짧은 대규모의 데이터를 의미 • 증가한 데이터의 양을 토대로 사람들의 행동패턴 등을 분석하여 예측할 수 있고, 이것을 산업 현장에 활용할 경우 시스템의 최적화 및 효율화 등이 가능
AI (인공지능)	• 컴퓨터가 사고, 학습, 자기계발 등 인간 고유의 지능적인 행동을 모방할 수 있도록 하는 컴퓨터공학 및 정보기술의 한 분야 • 단독으로 활용되는 것 외에도 여러 분야와 연결하여 인간의 업무를 대체하고 보다 높은 효율성을 가지고 올 것으로 기대

① 인공지능(AI)

인간의 지능으로 할 수 있는 사고, 학습, 자기개발 등을 컴퓨터가 할 수 있도록 하는 방법을 연구하는 컴퓨터 공학 및 정보기술의 한 분야로서, 컴퓨터가 인간의 지능적인 행동을 모방할 수 있도록 하는 것을 인공지능이라고 말하고 있다. 즉, 인공지능은 인간처럼 지능을 가진 컴퓨터 또는 시스템, 프로그램을 일컫는 용어이다. 인공지능은 인간과 같이 인지, 생각, 판단하는 능력을 가진 로봇에 대한 관심에서 연구되기 시작하였다. 로봇에 대한 연구는 4차 산업혁명 시대의 다양한 기술들의 발전과 발맞추어 활발히 전개되고 있으며, 이미 다양한 분야에서 인간보다 빠른 연산능력과 효율적인 문제해결 능력을 보이고 있는 상황이다(김도균, 2020).

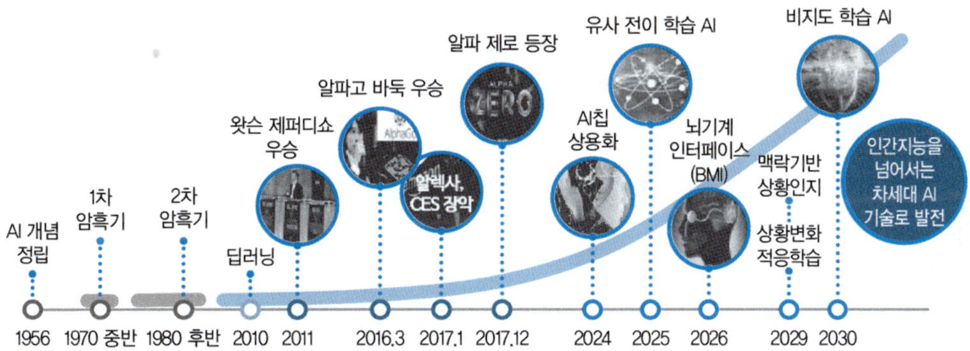

그림 7-2. 인공지능(AI)의 발전과정

인공지능에 관한 요즘의 주제는 기계학습이다. 기계학습은 컴퓨터가 제공된 범위 안에서 자료를 분석하여 스스로 규칙을 찾아내고, 이 결과를 토대로 다른 곳에 적용하는 것을 말하는데, 미래 시대에는 인간이 보고, 듣고, 만지는 것을 통해 학습하듯 인공지능 컴퓨터가 직접 감지한 것을 토대로 학습이 이루어질 정도까지 발전할 가능성이 있다고 예상되고 있다(임일, 2016).

인터넷이 등장하면서 수집되는 정보의 양이 놀라운 정도로 빠르게 늘어나면서 인공지능은 잘 배울 수 있는 환경을 갖추게 되었고, 기계학습의 기술 역시 매우 많이 개선되었다. 그리고 딥러닝(Deep Learning)이 개발되어 더욱 정확한 학습을 할 수 있게 되면서부터 늘어난 정보와 더욱 발전한 알고리즘으로 학습의 정확성을 담보할 수 있게 되었다(류성창 외, 2017).

② 사물인터넷(IoT)

여러 가지 물건을 디지털 연결이 가능하도록 하는 기술을 가리켜 사물인터넷 기술이라 부른다. 사물인터넷의 최종 목적은 우리의 실제 생활에 연결된 다양한 사물을 지능화해 정보의 융합과 자동화로 인간을 보다 높은 삶의 질로 인도하는 것에 있다. 사물인터넷과 관련한 기술의 발전은 컴퓨터를 통한 인터넷 연결이라는 차원에서 벗어나 디지털을 통하여 상호 연결된 사물은 다양한 플랫폼에서 인간과 제품 또는 서비스나 장소를 연결해 준다(Schwab, 2016).

이미 우리 주위를 둘러보면 실제 생활과 가상의 세계를 네트워크를 통해 연결해 주는 기능을 장착한 센서와 장비들이 급속도로 소개되고 있으며, 스마트폰과 테블릿처럼 인터넷과 연결되어 있는 기기들이 엄청난 속도로 증가하고 있다. 그 외에도 사물인터넷은 제조 공정에서뿐만 아니라 사회기반 시설에까지도 영향을 끼칠 정도로 폭넓게 활용되고 있다(김도균, 2020).

사물인터넷(IoT)

③ 로봇

로봇이라는 용어는 원래 체코어로 로보타(Robota)에서 유래한 말로 '일하다' 혹은 '강제노동'의 뜻으로 사용되었고, 1921년 체코의 희곡작가 카렐 차페크(Karel Capek)가 쓴 희곡 '로섬의 유니버설 로봇(Rossum's Universal Robot)'에서 처음 사용되었다. 여기서는 로봇을 노동자처럼 일하는 기계로 표현하였다. 이러한 로봇이라는 단어가 탄생한 것이 아직 100년도 채 되지 않았다. 그러나 로봇은 이제 우리 사회에서 그리고 인간의 삶에서 떼어 놓을 수 없는 중요한 도구로 자리 잡고 있다.

3차 산업혁명 시대는 업무를 통제하는 한정적 작업 수행을 위해 자동차 산업이나 기계 산업과 같은 특정한 산업에서만 활용되어 오다가 현재는 다양한 영역에서 그 활용의 정도가 빈번해져 사람과 기계의 협업이 일상으로 연결되어 업무 처리의 영역이 넓어졌다(류성창 외, 2017). 구체적으로 센서에 관한 기술이 매우 높은 수준에 이르러 로봇의 성능이 놀라울 정도로 높아졌고 업무환경에 대한 이해와 대응이 매우 빨라졌으며, 여러 분야의 혁신적 기술 발전으로 인해 매우 복잡한 생물학적 구조까지 구현할 수 있게 되었다. 현재는 의료분야와 가사 업무에까지 그 활용 범위가 확장되고 있다(Schwab, 2016). 뿐만 아니라 최근에는 클라우드에 연결이 되어 다른 로봇과 네트워크로 연결되고 있다.

④ 빅데이터

빅데이터는 디지털 환경에서 생성되는 다양한 형태의 데이터를 의미하며, 그 규모가 방대하고, 생성의 주기 또한 매우 짧은 대규모의 데이터를 의미한다. 증가한 데이터의 양을 바탕으로 사람들의 행동 패턴 등을 분석 및 예측할 수 있고 이를 산업현장에 활용할 경우 시스템의 최적화 및 효율화 등이 가능하다(류성창 외, 2017). 또한 빅데이터 환경은 과거에 비해 데이터의 양이 폭증했다는 점과 함께 데이터의 종류도 다양해져 사람들의 행동은 물론 위치정보와 SNS를 통해 생각과 의견까지 분석하고 예측할 수 있다.

⑤ 3D 프린팅

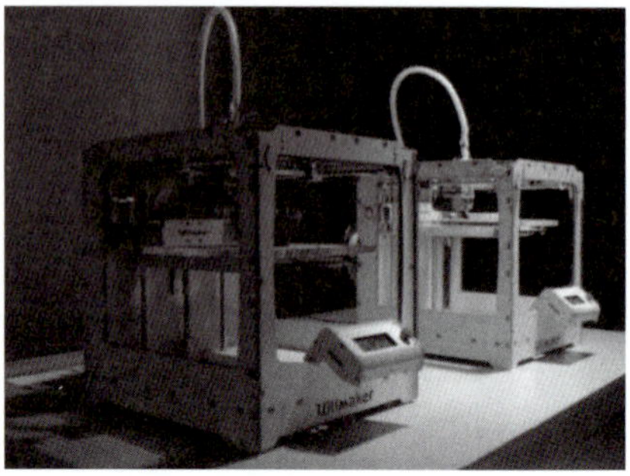

3D 프린팅

3D 프린팅은 '적층가공(Additive Manufacturing)'으로 불려지며, 입체적인 모양의 모델이나 3D 디지털 설계도를 이용하여 3차원 프린터로 원료를 겹겹이 겹치거나 올려 유형의 물체를 만들어 내는 기술이다(Schwab, 2016).

절삭가공(subtractive manufacturing)은 제품을 완성할 때까지 설계도를 따라 재료를 잘라 내거나 깍아 내어 제작하는 방식인 반면, 3D 프린팅은 디지털 설계도를 따라서 여러 재료들로 입체적인 물건을 제작할 수 있다. 3D 프린팅 기술은 풍력발전기부터 의료 임플란트 제작까지 대형 제품이나 소형 제품 가리지 않고 그 활용 범위가 매우 광범위하다. 최근에는 자동차와 항공우주, 의료산업 등에서 매우 빈번하게 활용하고 있다.

3D 프린팅 기술의 가장 큰 장점은 3D 프린터와 디지털 설계도나 모델만 있다면 맞춤으로 생산이 가능하기 때문에, 전자제품에서부터 인간의 장기에 이르기까지 매우 넓은 범위에서 사용될 수 있다는 것이다. 최근에는 4D 프린팅에 대한 연구도 진행 중에 있고, 환경의 변화에 민감히 반응하는 기술을 가진 자가변형기기도 등장하기 시작하였다(Schwab, 2016).

⑥ 드론

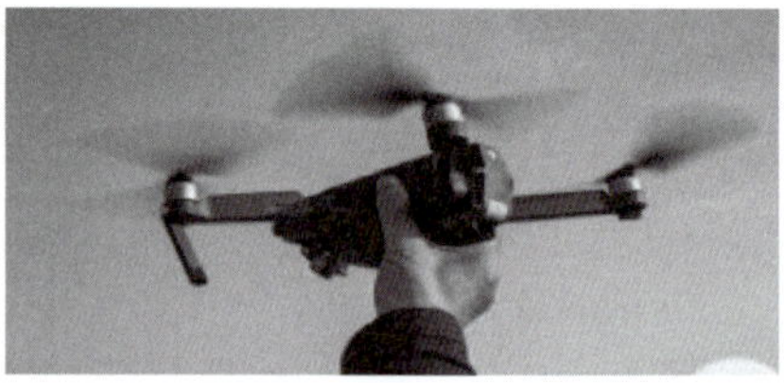

드론

드론은 조종사 없이 무선전파의 유도에 의해서 비행 및 조종이 가능한 비행기나 헬리콥터 모양의 군사용 무인 항공기의 총칭이다. 2010년대를 전후하여 군사적 용도 외 다양한 민간분야에서도 활용되고 있다.

⑦ 가상현실(VR)+증강현실(AR)=융합현실(MR)

가상현실

가상현실(virtual reality)은 컴퓨터를 통해 만들어 놓은 가상의 세계에서 사람이 실제와 비슷한 체험을 할 수 있도록 하는 기술을 말한다. 즉, 머리에 장착하여 사용하는 디스플레이 디바이스인 HMD(Head-mounted display)를 활용해 더욱 실감나게 체험할 수 있다. 그리고 현실에 기반하여 정보를 추가하고 그것을 제공하는 기술이 증강현실 기술이다. 다시 말해 증강현실은 가상의 이미지를 현실 세계에 접목시켜 보여 주는 발전된 가상현실 기술이다(김도균, 2020).

가상현실과 증강현실을 합쳐 놓은 것을 융합현실이라고 한다. 즉, 증강현실의 현실감과 정보성, 그리고 가상현실의 몰입성을 합쳐 놓은 개념이다. 증강현실과 가상현실은 모두 실제 세계에 나타나지 않은 현실을 진짜 실제처럼 구현해 놓은 것이며, 사람들이 이것을 실제로 알도록 하는 기술이라는 공통점을 가지고 있다. 그러나 가상현실은 진짜가 아닌 허구만 존재하는 것이고, 증강현실은 실제에 가상의 정보가 합쳐져 보여 주는 방식이라는 차이를 보인다. MR은 AR과 VR을 혼합하여 현실의 배경에 현실과 가상의 정보를 혼합하여 제공하는데, 대용량의 데이터를 처리할 수 있는 기술이 필요하다.

4) 제4차 산업혁명 시대가 미치는 영향

제4차 산업혁명 시대가 미치는 영향으로는 **그림 7-3**과 같이, 국가와 사회, 개인, 미래 세대에게 미치는 영향으로 구분할 수 있다(이기원 외, 2022).

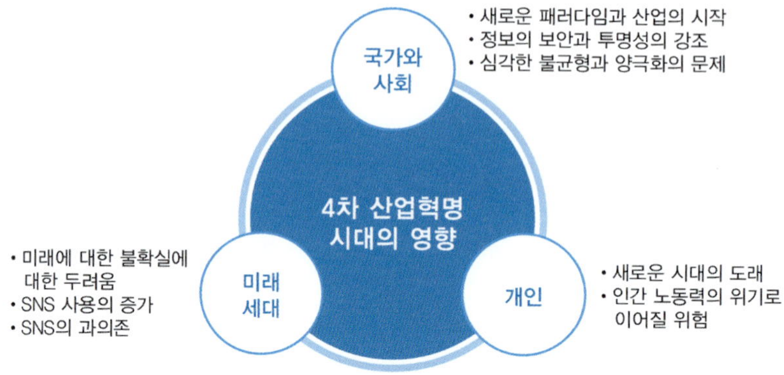

그림 7-3. 제4차 산업혁명 시대가 미치는 영향

(1) 국가와 사회에게 미치는 영향

제4차 산업혁명이 국가와 사회에게 미치는 영향으로는 여러 가지가 있지만 크게 3가지로 구분하여 살펴보면 다음과 같다(이임엘, 2021).

첫째, 새로운 패러다임과 산업의 시작이다. 제4차 산업혁명으로 인해 기존의 서로 완전히 다른 각각의 영역에서 융합을 통해 새로운 패러다임과 가치를 만들게 되었다. 그 대표적인 예로 미국의 여러 기업들을 들 수 있다. 시가 총액 70조 원의 택시 기업인 우버(Uber)는 택시가 존재하지 않지만 큰 규모의 새로운 택시 기업이 되었고, 전 세계 기업 순위 9위를 차지하는 페이스북(Facebook)은 글로벌 미디어 기업임에도 미디어 콘텐츠를 제작하지 않으며, 전 세계 호텔업계 1위인 에어비앤비(Airbnb)는 소유하고 있는 호텔이나 부동산이 하나도 없다. 이처럼 기존의 방식으로는 이해가 되지 않는 운영방식이지만 제4차 산업혁명 시대의 융합적인 측면에서 기존에는 전혀 생각하지 못한 새로운 패러다임의 등장으로 가능하게 된 것이다. 이러한 융합은 산업적인 측면을 넘어 우리의 일상생활을 포함한 모든 영역으로 확산되어 국가와 사회에게 영향을 줄 것이다. 왜냐하면 기존에 생각하지 못했던 새로운 패러다임과 융합으로 인해 누구나 창조적으로 살 수 있고, 누구나 기회를 얻을 수 있는 사회적 시스템이 되었기 때문이다.

따라서 국가는 여러 기술들을 도입하여 융합할 수 있도록 기회의 장을 열어 주어야 한다. 혁신에 대해서는 규제와 억제보다는 빠르고 지속적으로 논의하여 적용할 수 있는 사회 전반에 걸친 시스템을 구축해야 한다.

둘째, 정보의 보안과 투명성의 강조이다. 제4차 산업혁명의 특징 중 하나인 초연결성이란 사물인터넷(IoT)과 빅데이터(Big Data)의 등장으로 우리가 일상에서 사용하는 모든 사물들이 인터넷에 연결된다는 것을 의미한다. 그로 인해 센서가 장착된 사물이 인터넷에 정보를 전송하거나 혹은 인터넷을 이용하여 로봇이나 산업장비를 제어할 수 있게 되었다. 그래서 4차 산업혁명이 다가온 오늘날 사물인터넷을 통해 수집된 정보를 토대로 비즈니스 전략을 수립하거나 인터넷을 활용한 장비의 원격제어가 가능해졌다. 또한 초연결시대로 접어든 오늘날 기술의 융합은 신뢰할 수 있는 투명성 있는 데이터의 구축을 가능하게 하고 있다. 각 개인, 기업, 국가 등은 투명하게 공개된 정보들을 통해 평가받기에 부당한 방법이나 허위 정보로 이득을 취할 수 없게 되었다. 그러나 이러한 사물과 인터넷의 연결은 정보 보안의 위협이라는 새로운 문제를 가져오게 되었다. 우리가 사용하는 온 · 오프라인의 기기가 하나의 네트워크로 연결될수록 해킹으로 인한 피해는 더욱 커질 수 있다. 이는 개인뿐만 아니라 기업과 국가 또한 초연결성으로 인한 보안문제를 떠안아야만 한다. 사물인터넷을 담당하는 서버가 공격당하거나 정보 탈취를 당하면 언제든 우리의 개인 정보가 노출될 위험이 있는 것이다.

월패드 해킹 언제든 또 뚫린다!.. "필수 설비 수년간 누락"

■ '월패드' 해킹돼 사생활 유출… "내 집인데도 항상 조심스러워"

"해커들이 한국 17만 가구의 사생활 영상을 유출했다" 지난해 말, 해외의 한 인터넷 사이트에 올라온 글입니다. 편안한 옷차림으로 거실에 앉아 있는 사람들이 보입니다. 여성이 소파에 앉아 식사하는 모습, 전화하거나 TV를 시청하는 모습이 나옵니다. 어떻게 찍혀 유출된 것일까? 방문자 확인을 위해 아파트 거실에 설치된 장비, '월패드'의 카메라를 통해 촬영된 것으로 보입니다. 주로 '지능형 홈네트워크 설비'를 구축한 아파트에서 이러한 해킹이 일어나고 있습니다.

■ '지능형 홈네트워크' 적용한 아파트…해커의 손쉬운 먹잇감이 된 이유

각 가정의 거실 등에 월패드가 있다면 해당 아파트는 지능형 홈네트워크 설비를 적용한 경우입니다. 지능형 홈네트워크 설비는 2009년 관련 고시가 처음 제정됐습니다. 이때부터 아파트는 건축할 때 선택적으로 '지능형 홈네트워크' 설비를 넣을 수 있었습니다. 이후 관련 산업을 더 육성하기 위해 아예 500세대 이상 신축 아파트의 경우 의무적으로 지능형 홈네트워크를 하게끔 강화됐습니다. 이 고시는 「건축법」에도 그대로 준용됩니다. 주택 단지 내 지능형 정보통신과 가전기기 등을 서로 상호 연동해 주거서비스를 한층 더 편리하고 손쉽게 제어하기 위한 설비가 지능형 홈네트워크입니다. 주로 거실에 있는 월패드를 통해 단지 CCTV나 지하 주차장 상황을 확인할 수 있고 엘리베이터 호출은 물론 도어락 개폐, 가스차단기 제어, 세대 내 통화 등 모든 일을 할 수 있습니다. 이렇게 손쉬운 제어 바탕에는 통신망이 있습니다. 아파트 단지의 망이 집 안에 있는 개인 월패드까지 하나로 이어져 있기 때문에 가능한 것입니다. 해킹 위험을 차단하기 위한 최소한이자 유일한 장치가 바로 홈게이트웨이입니다. 해커 등이 외부에서 단일망을 통해 집 안으로 접근하려 할 경우 집 안에 설치된 홈게이트웨이가 IP 주소를 임의로 바꿔 차단하는 일종의 방어막 역할을 합니다. 지능형 홈네트워크가 해킹 위험에서 안전하게 운용될 수 있도록 하는 유일한 장치기 때문에 관련 고시가 지난 10여 년간 아홉 차례나 개정이 되는 동안 이 홈게이트웨이는 한 번도 필수 설비에서 빠진 적이 없습니다.

KBS 김민아, 신현욱 기자 입력 2022. 04. 22. 13:26 수정 2022. 04. 29. 09:43.

셋째, 심각한 불균형과 양극화의 문제이다. 인류는 지난 제1차 산업혁명부터 제3차 산업혁명까지 총 3번의 산업혁명을 통해 많은 변화와 발전을 이루었다. 그리고 그것과 함께 선진국과 후진국의 심각한 불균형과 양극화를 초래했다. 앞에서 제시한 것과 같이 제4차 산업혁명은 이전에 산업혁명들에 비해 모든 영역에서 더 빠른 변화와 발전을 보이고 있다. 그 말은 4차 산업혁명이 이전에 있었던 산업혁명들보다 더 극심한 불균형과 양극화를 초래할 수 있다는 것이다. 이는 선진국과 후진국, 즉 국가와 국가만의 문제가 아니다. 국가와 기업, 기업과 개인, 개인과 개인에 대한 불균형과 양극화도 초래할 것이다. 왜냐하면 제4차 산업혁명은 과학기술의 발전과 정보화로 인한 변화들을 만들어 냈고, 그것을 따라가지 못하는 국가, 기업, 개인이 생길 수밖에 없기 때문이다. 지난 2017년 세계경제포럼에서도 정보기술 발전에 따라 임금격차에 따른 노동시장 분리는 앞으로 더욱 심화할 것이고, 국가와 사회 간에 임금 소득의 불균형이나 양극화가 심화할 것으로 예측하기도 하였다(현대경제연구원, 2017). 심각한 불평등과 양극화의 문제는 사회의 내부 갈등, 분열, 불안 등을 증폭시켜 폭력적인 상황을 만들어 낼 위험이 있고, 전 세계적으로 활동하고 있는 이슬람 테러단체인 IS[1)]를 그 대표적인 예시로 들 수 있을 것이다.

(2) 개인에게 미치는 영향

제4차 산업혁명이 국가와 사회에게 영향을 미치는 요인으로 작용하지만 개인에게도 많은 영향을 미치게 된다. 개인에게 미치는 영향 2가지에 대해 살펴보면 다음과 같다(이임엘, 2021).

첫째, 새로운 시대의 도래이다. 제4차 산업혁명 시대가 다가왔음을 알리는 큰 사건으로 꼽을 수 있는 일은 2016년 3월에 있었던 인고지능(AI) 알파고와 바둑기사 이세돌 9단의 바둑대결을 뽑을 수 있다. 바둑 전문가들은 이세돌 9단이 5:0으로 승리할 것이라고 예상했지만, 결과는 그와 반대로 4:1 알파고의 승리로 끝났다. 이 세기의 대결로 인해 전 세계는 인공지능의 발전과 속도 그리고 제4차 산업혁명에 관심을 갖기 시작하

1) 수니파 이슬람 극단주의 무장단체이며, 아부 바르크 알바그다디가 이끄는 조직으로 알카에다 이라크지부에서 출발해 시리아와 이라크 일부 지역을 점령하고 '이슬람국가(Islami State: IS)'를 자처했다. 인질 살해 등 잔혹한 범죄를 저지르고 이러한 장면을 인터넷에 공개해 선전책으로 이용하고 있다. 2017년 7월 이들이 장악했던 지역인 이라크 모술을, 10월 시리아 라카를 미군과 연합군에 함락당했다. 이후 시리아 북부에서 미군과 쿠르드족 민병대를 포함한 연합군과 전면전을 벌여 2019년 3월 마지막 근거지인 시리아의 바구즈를 잃고 지역적 기반을 상실한 상태에서, 2019년 10월 26일 최고지도자인 '칼리프' 아부 바크르 알바그다디가 미군의 공격으로 사망했다. 31일 후계자로 아부 이브라힘 알하셰미 알쿠라이시가 지명되었다. 출처: Daum백과.

였다. 알파고의 질주는 여기서 끝나지 않았다. 알파고는 이세돌 9단과 경기 1년 뒤 세계 최강이라고 불리는 커제(柯洁 Ke Jie) 9단과 바둑대결을 펼쳤고, 그 대결에서 3연승 한 후 은퇴를 선언했다. 더 이상의 대결은 무의미하다고 판단했기 때문이다. 인간이 만든 기계에 인간이 배워야 하는 시대가 도래한 것이다. 제4차 산업혁명은 이전에 생각하지 못했던 것들이 실현되는 시대, 세상이 바뀌는 완전히 새로운 시대이다.

둘째, 인간 노동력의 위기로 이어질 위험이 있다. 한국고용정보연구원은 인공지능의 발달로 인해 고용위협을 받을 이들을 직종별로 예측해 본 결과, 하나의 인공지능 소프트웨어가 적게는 수천에서 많게는 수십만 혹은 수백만까지 일자리를 가져갈 것이라면서, 2025년에는 고용에 대한 위협을 받는 이들의 규모가 대략 1,800만 명에 이를 것으로 예측하였다(박가열 외, 2016). 변화와 발전을 통한 새로운 시대에 새로운 직업, 기술의 등장으로 인해 과도기적 시대를 살아가게 될 것이다. 그리고 인간 노동력의 위기가 찾아올 것이다. 물론 인공지능(AI)이 인간의 모든 것을 대체하거나, 대신할 수 있는 것은 아니다. 어느 부분과 직종에서는 인공지능(AI)이 기능을 하겠지만, 그렇지 않은 부분도 존재할 것이다. 그리고 지금은 없지만 새로운 직업들과 직종이 생겨남에 따라 인간은 새로운 노동의 기회를 발견하게 될 것이다. 하지만 그런 결과론적인 측면이 아니라 과정적인 측면에서 생각해 보면, 기존의 산업 구조에서 새로운 산업 구조로 이행하는 과정에서 도태되는 사람들이 분명 존재하게 될 것이다. 자신의 직업을 잃어버리는 사람도 등장할 것이다. 한 예로 서비스업 일자리를 대신하고 있는 키오스크를 말할 수 있을 것이다. 키오스크는 무인 정보단말기로 소비자가 원하는 주문 사항을 기계가 받아 넘기는 방식이다. 자영업자 입장에서는 키오스크를 설치함으로 인건비를 줄이고, 정확한 주문을 알 수 있는 등 여러 장점이 있기에 점점 인간을 대신하여 키오스크를 활용하는 가게가 많아지고 있다. 이러한 키오스크 국내 시장 규모는 1999년대에는 100억에 불과했던 것이 2018년에는 3,000억 가량으로 증가하였다. 얼마나 키오스크에 대한 관심이 증가했는지 알 수 있는 부분이다. 이와 같이 인공지능(AI)의 발달은 인간의 노동력 위기를 가져오게 될 것이다.

(3) 미래 세대에게 미치는 영향

제4차 산업혁명의 변화와 발전에 가장 밀접하게 영향을 받는 것은 미래 세대일 것이다. 미래 세대들은 기존과는 다른 새로운 시대에 발맞춰 새로운 시대에 적응하여 살아가야 한다. 제4차 산업혁명이 미래 세대에게 줄 수 있는 영향을 3가지로 구분하여 살펴보면 다음과 같다(이임엘, 2021).

첫째, 미래에 대한 불확실성에 대한 두려움이다. 앞서 살펴본 것처럼 제4차 산업혁명은 많은 변화와 발전을 가져온다. 그러한 변화와 발전의 영향은 새로운 시대에서 새롭게 적응해야 하는 성인뿐 아니라 자라나는 미래 세대들에게도 여러 측면에서 영향을 줄 것이다. 그중 대표적인 것이 미래에 대한 불확실성이다. 앞서 살펴본 것처럼 제4차 산업혁명 시대에는 패러다임의 전환으로 인해 새로운 직업들이 생겨날 것이다. 기존에 생각지 못한 새로운 직업들이 생겨나게 될 것이고 기존에 존재하던 직업들은 대부분 인공지능이 대체하게 될 것이다. 그러한 새로운 시대에 발맞춰 준비한 자들은 문제가 없겠지만, 준비하지 않은 자들에게는 큰 문제가 생길 것이다.

둘째, SNS 사용의 증가이다. 제4차 산업혁명은 새로운 기술의 발달과 발전을 가지고 왔다. 그중 하나가 초연결성의 측면의 발전인 교호 네트워크 서비스(Social Network Service) 또는 교호 네트워크 사이트(Social Network Site)로 불리는 SNS이다. SNS는 사람들 사이의 관계망을 구축해 주는 온라인 서비스로 페이스북, 인스타그램, 카카오톡, 유튜브 등이 해당된다.

셋째, SNS의 과의존이다. 기성 세대들이 미래 세대의 SNS 이용에 대하여 부정적인 인상을 갖게 된 원인은 미래 세대들이 주로 SNS에 지나치게 의존하는 현상들이 자주 나타나기 때문이다. 이를 통계적으로 볼 수 있는 것이 과학기술정보통신부와 한국지능정보사회진흥원의 조사이다. 조사에 따르면 연도별 스마트폰 과의존 위험군 현황이 2016년에는 17.8%, 2017년에는 18.6%, 2018년에는 19.1%, 2019년에는 20%, 2020년에는 23.3%로 2016년에 비해서 5.5% 증가한 것으로 나타났다.

2. 정보통신기술(ICT)의 이해

우리나라는 2020년 초 '코로나 19 팬데믹'으로 피해갈 수 없었던 것이 정보통신기술에 의한 비대면 소통 및 상호작용으로 디지털기기의 사용이 일상화되면서, 기존 아날로그 방식에 익숙해 있던 중장년 및 노년세대가 적응하기 힘든 상황이 되었다는 것이다. 현재의 노인세대는 대한민국 발전에 헌신을 한 이들임에도 불구하고, 현실적인 생계유지에 급급하여 컴퓨터와 인터넷, 모바일 등의 정보통신기술에 대한 학습의 기회가 현저히 부족했었다. 그럼에도 불구하고 나날이 진화되고 있는 정보통신기술의 발전에 따라 현대사회의 생활양식들은 점차 디지털을 활용한 일상생활, 경제 및 사회문화활동 등으로 확장되고 있으며, 지능정보사회로의 변화로 인하여 노인세대는 끊임없는 정보의 도전을 받고 있는 실정이다(김경태, 2015).

정보통신기술의 취약계층인 노인들은 나날이 발전하고 있는 새로운 스마트 기기에 접근하고, 이를 활용할 수 있는 능력이 젊은 세대에 비해 뒤떨어질 수밖에 없다. 특히 보편화된 비대면 서비스, 무인화 시스템 등은 디지털 활용능력 및 습득에 상대적으로 취약한 노인들의 일상생활에 심각한 영향과 제약을 야기하고 있다(과학기술정보통신부, 2022). 따라서 이를 극복하기 위한 노력으로 신기술 사용 주체자인 노인의 정보통신기술 수용과정을 이해하고, 정보격차를 줄이기 위한 노력이 다양한 차원에서 활발히 수행될 필요성이 제기되고 있다.

지식정보사회를 살아가기 위한 노인의 정보통신기술 활용은 일상생활을 살아가기 위한 필수 역량으로 노년기의 새로운 과업으로 급부상하고 있으며, 코로나 19로 새로운 일상이 된 비대면 기술의 활용은 노인들의 디지털 격차와 세대 간 차이를 더욱 심화시키고 있다(과학기술정보통신부, 2022).

1) 한국사회의 정보통신기술 변화

정보통신기술이란 정보기술과 통신기술의 합성어로 컴퓨터, 미디어, 영상기기 등과 같은 정보기기를 운영 · 관리하는 데 필요한 소프트웨어 기술과 이들 기술을 이용하여 정보를 수집 · 생산 · 가공 · 보존 · 전달 · 활용하는 모든 방법을 말한다. 즉, 정보통신기술은 우리의 일상생활 속에 산재되어 있는 자료들을 수집, 가공, 처리하여 사용목적에 따라 정리한 정보들을 효율적으로 전달하게 하는 일련의 기술을 의미하는 정보기술(Information Technology: IT)과 멀리 떨어져 있는 사람 또는 기계들 간의 정보전달과정에서 다양한 형태의 유 · 무선의 전송기술을 의미하는 통신기술(Communication Technology: CT)을 합친 개념이다. 따라서 정보통신기술은 데이터가 발생되는 기기와 데이터를 처리하는 프로세싱 장치에 의하여 처리된 정보를 유 · 무선 네트워크를 통하여 전송하는 기술로서, 데이터를 발생시키는 기기와(터미널) 데이터를 처리하는 프로세싱 장치(CPU)에 의하여 가공 · 처리된 정보를 단말 유 · 무선네트워크 서비스를 통하여 전송하는 기술을 의미한다(송민정, 2016).

한국정보통신기술협회의 정보통신용어사전에서는 정보기술(IT)이란 "정보의 생산과 획득, 가공 처리 및 응용에 관련된 모든 기술"로 정의하고 있다. 또한 "초고속 인터넷, 이동통신, 광통신, 홈 네트워크 등 통신기술과 컴퓨터, 소프트웨어, 데이터베이스, 멀티

미디어 등 정보기술의 융합에 따른 정보통신기술(ICT)이 핵심"이라고 정의하고 있다.

이러한 정보통신기술은 정보기술의 발전과 함께 통신 시장의 중요성이 커지면서 'ICT(Information Communication Technology)'라는 용어가 대중화되어 사용되고 있으며, 현재 정보통신기술은 모든 사물을 연결하여 사물과 통신하고 소통할 수 있게 소형 컴퓨터가 내장되어 있어, 다양한 분야에서 새로운 부가가치를 창출하고 있다. 즉, 시·공간의 장벽을 무너뜨리고, 언제 어디서나 통신을 이용해 커뮤니케이션을 가능하게 함으로써 미디어에 의한 디지털 방식에서는 일방향의 역할을 하는 송신자 중심에서 쌍방향의 의사소통과 상호작용으로 변모하였다. 따라서 정보통신기술은 개인에서 다수의 참여자들이 사회적 관계망을 구축하며 새로운 문화를 형성할 수 있는 '잠재력을 가진 기술'이라고 말할 수 있다.

정보란 어떠한 의도를 가지고 의미가 있도록 정리 정돈된 형태의 자료로서 광의의 의미로는 언어, 문화, 환경, 물체 등에 대한 자료를 포함하며, 협의의 의미로는 컴퓨터 등의 정보기기를 기반으로 하는 디지털 자료가 적절한 형태로 가공된 것을 의미한다. 정보통신기술이라는 용어는 1980년대 이후로 주로 사용해 오고 있으나, 1997년 데니스 스티븐슨(Dennis Stevens)이 영국 정부의 보고서, 2000년에는 잉글랜드, 웨일스, 북아일랜드의 개정된 내셔널 커리큘럼에 정보통신기술이란 용어를 사용하면서 알려지게 되었다. 최근에는 정보기술의 개념이 정보통신기술로 확장되면서 정보기술에 통신이란 단어 하나를 추가하였을 뿐이지만 이로 인한 인간의 관점변화는 혁신적인 스마트기술과 융합되어 놀라운 서비스들을 계속적으로 창조하는 정보통신기술 융합의 시대로 변화·진화하였다(김경태, 2015).

정보통신기술의 급속한 진화와 발전은 네트워크 서비스를 통하여 서로 연결되어 있는 개인들 간의 상호 자유로운 의사소통과 공동작업의 속도를 가속화시키고 있다. 즉, 작업자의 상황을 상대방에게 실시간으로 전달해 주며, 지식의 동시성과 비동시성을 확장시킴에 따라 지식과 정보의 사용 및 유통속도를 계속적으로 가속화시켜 나가고 있다

(백욱인, 2001).

이에 따라 스마트폰과 인터넷이 결합한 스마트 시스템 사용이 증가하면서 한국인의 생활패턴도 크게 변하고 있다. 2015년 국제전기통신연합(ITU)에 따르면, 우리나라는 세계 1위의 정보통신기술 국가로 여러 산업부문에서 정보통신기술을 활용한 연구과제들이 진행되기 시작하였고, 문화, 건설, 금융, 교통 등 다양한 분야에서 정보통신기술 융합정책과 사업들이 추진되고 있다(김경태, 2015). 특히 정보통신기술을 활용하여 지방자치단체와 연계하여 창조경제센터 등을 설립해 지역의 특성을 고려한 '지역 특성화 사업 및 교육' 지원이 지방자치단체, 산업체, 대학, 연구소 등을 중심으로 활발하게 진행 중에 있다(송민정, 2016).

더욱더 진화되고 있는 정보통신기술의 발전에 따라 현대사회의 생활양식들은 점차 디지털을 활용한 일상생활, 경제 및 사회문화 활동 등으로 확장되고 있으며, 지능정보사회로의 변화에서 노인들은 끊임없는 정보의 도전을 받고 있다(김정언 외, 2007). 따라서 정보취약 계층으로 디지털시대를 살아가는 노인들이 정보통신기술 활용능력을 갖추는 것은 시의적절한 당면과제라고 할 수 있다.

2) 노인의 정보통신기술 활용

노인의 정보통신기술 활용은 한국지능정보사회진흥원에서 2002년부터 매년 실시하고 있는 디지털 정보격차 실태조사를 통하여 디지털 정보격차 수준을 조사하여 보고하고 있다. 2022년 4대 정보취약계층인 장애인 · 저소득층 · 농어민 · 고령층의 계층별 디지털정보화 수준은 고령층이 69.9%로 가장 낮았으며, 연령층이 낮은 저소득층(95.6%)이 가장 높고, 장애인 82.2%, 농어민 78.9% 순으로 나타났다. 또한 데스크탑 컴퓨터나 노트북 등 취약계층의 PC 보유율은 60.3%로, 일반국민(72.4%)보다 12.1% 낮은 수준으로 나타났다(한국지능정보사회진흥원, 2022). 부분별 결과를 살펴보면, 먼저 디지털정보화 접근 수준[2]은 표 7-4와 같다.

표 7-4. 디지털정보화 접근 수준 (단위: %)

구분	2018년	2019년	2020년	2021년	2022년
장애인	92.0	92.6	95.4	95.6	96.7
고령층	90.1	90.6	92.8	93.1	95.1
저소득층	94.9	95.2	98.3	98.7	99.5
농어민	91.0	91.3	94.8	94.9	95.7
취약계층 평균	91.1	91.7	93.7	94.4	96.0

※ 일반국민의 디지털정보화 접근 수준을 100으로 할 때, 일반국민 대비 4대 계층의 디지털정보화 접근 수준을 의미
출처: 과학기술정보통신부, 한국지능정보사회진흥원(2022). 2022 디지털정보격차 실태조사.

계층별로 고령층의 디지털정보화 접근 수준이 95.1%로 가장 낮은 수준이며, 농어민(95.7%), 장애인(96.7%), 저소득층(99.5%)의 순으로 나타났다. 디지털정보화 역량 수준[3]에 대한 조사 결과는 표 7-5와 같다.

표 7-5. 디지털정보화 역량 수준 (단위: %)

구분	2018년	2019년	2020년	2021년	2022년
장애인	66.9	67.8	74.2	74.9	75.2
고령층	50.0	51.6	53.7	53.9	54.5
저소득층	85.3	86.5	92.5	92.9	92.9
농어민	63.0	63.6	69.0	69.6	70.6
취약계층 평균	59.1	60.2	60.3	63.8	64.5

※ 일반국민의 디지털정보화 역량 수준을 100으로 할 때, 일반국민 대비 4대 계층의 디지털정보화 역량 수준을 의미
출처: 과학기술정보통신부, 한국지능정보사회진흥원(2022). 2022 디지털정보격차 실태조사.

2) '유무선 정보기기 보유 여부'와 '인터넷 상시 접속가능 여부' 2개 항목 간 가중치는 5:5이며, 항목별 점수는 100점 기준으로 산출

3) 'PC 이용 능력'과 '모바일기기 이용 능력' 2개 항목 간 가중치는 5:5이며 항목별 점수는 100점 기준으로 산출

계층별로 고령층의 디지털정보화 역량 수준이 54.5%로 가장 낮았으며, 그다음으로 농어민(70.6%), 장애인(75.2%), 저소득층(92.9%)의 순으로 나타났다. 디지털정보화 활용 수준[4]에 대한 조사 결과는 **표 7-6**과 같다.

표 7-6. 디지털정보화 활용 수준 (단위: %)

구분	2018년	2019년	2020년	2021년	2022년
장애인	73.6	74.0	81.4	81.5	82.0
고령층	62.8	63.9	71.4	72.3	72.6
저소득층	84.3	85.4	96.1	96.3	96.4
농어민	65.9	67.2	76.9	78.1	78.8
취약계층 평균	67.7	68.8	74.8	77.6	78.0

※ 일반국민의 디지털정보화 활용 수준을 100으로 할 때, 일반국민 대비 4대 계층의 디지털정보화 활용 수준을 의미
출처: 과학기술정보통신부, 한국지능정보사회진흥원(2022). 2022 디지털정보격차 실태조사.

계층별 고령층의 디지털정보화 활용 수준이 72.6%로 가장 낮았으며, 그다음으로 농어민(78.8%), 장애인(82.0%), 저소득층(96.4%)의 순으로 낮게 나타났다.

노인의 정보격차 문제에 대하여 노년층의 취약성을 설명하는 연구에서는 노인의 정보격차는 사회, 경제, 지역, 문화적인 측면에서 복합적인 취약성이 영향을 미치고 있으며, 공공서비스 및 민간서비스 측면에서 불이익을 경험하고 있는 것으로 나타났다(서이종, 2008). 즉, 공공서비스 측면의 불이익으로 인터넷을 이용한 각종 할인, 공공일자리 공고를 비롯한 공람, '정부24'를 통한 민원발급 혜택 등에서 노인이 배제되는 문제가 발생할 수 있으며, 민간서비스 측면에서는 금융서비스의 인터넷뱅킹 이용 시 수수료 감면, 철도 및 항공기 이용 시 마일리지 혜택 등을 들 수 있다. 뿐만 아니라 일상생활 속에서 경험하는 식당과 카페에서의 키오스크(kiosk)로 주문하기, 지하철의 무인 발권기 사용 등 ICT가 우리의 삶에 깊숙이 들어와 있어, 노인은 디지털로 둘러싸인 환경에

4) '유선 및 모바일 인터넷 이용 여부', '인터넷 서비스 이용 다양성', '인터넷 심화 활용 정도' 3개 항목 간 가중치는 4:4:2이며 항목별 점수는 100점 기준으로 산출

서 디지털 정보격차 문제를 겪을 수밖에 없다(진주영, 2023).

정보활용 소외계층인 노인은 신기술에 대한 친화성과 수용성이 뒤떨어지며, 디지털 기술 습득이 빠른 젊은 세대 간에 정보격차를 가져와서 세대 간 단절을 심화시키고, 노인들을 정보사회에서 배제시킨다(최현재, 2019). 더욱이 디지털 정보능력이 취약한 노인들을 보이스 피싱 등의 피해자로 만들 위험성을 안고 있어, 디지털 리터러시는 노인층의 자기개발이나 사회문화적 참여를 촉발시켜 삶의 질 향상을 위해서도 그 중요성이 강조되고 있다(권성호, 현승혜, 2014).

컴퓨터 및 스마트폰의 보급이 노인들의 디지털 역량에 긍정적인 영향을 미친다는 사실이 확인되면서 노인들에 대한 디지털 교육의 필요 및 중요성이 강조되고 있다(박창희, 장석준, 2013). 이는 노인의 정보통신기술은 디지털 도구를 통해 고독과 사회적 고립으로부터 활동적 노화와 사회참여를 보장하고 있으며(Loureiro & Barbas, 2014), 노년기의 디지털 활용능력은 사회적 관계의 확장으로 인한 사회적 지지와 정치효능감에 영향을 미친다고 주장하였다(지경미, 김남숙, 2021). 그리고 디지털 리터러시는 노인들의 정보습득을 쉽게 하며, 자기효능감, 삶의 만족도, 사회참여에 긍정적인 영향을 미치고 있는 것으로 보고되고 있다(박소영, 김지원, 2019; Schäffer, 2007).

이와 같은 ICT 활용 교육방법은 다양하게 진행되고 있으며, 앱을 활용한 스마트폰 교육이 시공간 제약 없이 스마트폰을 학습할 수 있어서 노인의 스마트폰 활용역량을 높이고 일상생활에 도움을 주고 있다고 하였다(우예신, 2021). 통신사의 지원으로 대학생에 의한 노인 대상 휴대폰 활용교육은 노인의 디지털 리터러시가 노년기 삶의 질 향상과 세대통합의 효과가 있다고 밝히고 있으며(한정란 외, 2019), 같은 맥락으로 윤혜진 등(2023)은 양적 연구와 질적 연구를 혼합한 혼합연구방법을 실시한 결과, 스마트폰 교육은 노인의 우울감 감소와 인지기능 향상에 변화를 보였으며, 질적으로는 '실생활에서의 편의 제공', '자신감 향상', '배움에 대한 욕구 향상', '사회적 관계망 강화 · 형성'이라는 삶의 변화를 경험하였다고 밝히고 있다. 더불어 스마트폰 교육은 노인의 정신,

인지, 사회적 건강을 증진시키고, 정보화사회로부터 노인의 적응력과 대응능력을 향상시킬 수 있는 중요한 방안이 될 수 있다고 하였다. 이에 따라 노인의 ICT 활용교육은 교수학습방법의 다양화 차원에서 온 · 오프라인 혼용의 하이브리드형, 코칭중심모델, 개인맞춤형, 가정방문교육형 등으로 다양하게 변화해야 한다고 주장하고 있다(이경희, 2021).

스마트폰이 대중화되며 디지털 접근성의 격차는 많이 감소한 것으로 파악되고 있으나(김효정, 2018), 스마트폰은 노인들에게는 다루기 힘들며, 아직도 낯설고 어려운 도구로 인식되고 있으며, 노년층 내에도 스마트폰 이용격차가 심하게 벌어지고 있다(우예신, 2021; 이명성, 2015). ICT 활용 교육이 노인의 정보통신기술 활용에 영향을 미치고 있는 것으로 드러났고, ICT 교육 기기 또한 휴대폰에서 태블릿 PC, 스마트폰 등 다양하게 실시되고 있다.

지금까지의 연구들을 종합해 보면, 노인이 지식정보사회를 살아가야 함에 있어, 디지털 기기를 통해 정보를 활용할 수 있는 정보통신기술의 습득은 노인의 삶에서 필수역량으로 간주되고 있다.

3. 노인정보화교육

1) 노인정보화교육의 개념

최근 노인정보화교육의 개념은 사용자의 다양한 활동에 있어서 컴퓨터(정보통신을 포함)를 도구로 활용하는 데 필요한 지식, 기술, 태도를 육성하는 교육을 포함하는 매우 포괄적인 개념으로 발전하여 왔다. 그리고 우리나라 노인정보화교육은 정보사회의 주류에서 소외된 노인들에게 평생학습과 복지적 차원에서 교육의 기회를 제공함으로써 세대 간 정보격차와 이로 인한 경제, 사회적 양극화를 극복할 수 있도록 제도적이고 체계적으로 정부와 사회가 개입한다는 점에서 의미가 있다. 왜냐하면 정보화교육 수준이 교육 및 소득과 같은 변수들과 밀접히 관련되어 있는 사회구조를 감안할 때 노인들의 정보소외는 경제적, 사회적 지위하락으로 이어질 수 있기 때문이다.

그리고 노인정보화교육은 개인과 집단의 생활의 질을 높이기 위하여 사적 교육의 단계에서 모든 사람에게 교육기회를 보장하는 공적 교육의 단계로 전환하는 것을 목표로 한다. 따라서 노인정보화교육은 단순한 여가의 차원, 복지의 차원을 넘어서서 평생교육의 일환으로서 새롭게 자리매김하고 있다. 노인정보화교육은 노인들의 자기개발 욕구를 충족시키고, 쇠퇴와 조락의 시기가 아닌 계속적인 발달과 성장의 시기로서의 노년기를 위하여 반드시 필요한 노인교육의 한 부분이다. 또한 연장된 노년기를 보다 창조적이고 효율적으로 가꾸어 나갈 수 있도록 돕고, 학습사회에서의 노인들의 학습욕구를 충족시켜 주며, 노인들의 경제적인 자립을 위한 기반으로서도 필요하다. 노년기의 평생교육은 사회학습을 통하여 자신을 경신하고, 노년기의 여가에 적합한 보람된 생활양식을 확립하는 것을 목표로 하는 교육이어야 한다.

이상의 정의를 종합해 보면, 노인정보화교육은 자아실현과 삶의 질 향상이라고 하는 개인의 가치 있는 삶과 세계화, 정보화사회에서 더불어 사는 진보하는 사회구축을 위하여 의식과 제도개혁을 지향하는 구조적인 틀이라고 할 수 있다.

2) 노인정보화교육의 필요성

시대의 급격한 변화에서 가장 중요한 핵심을 차지하고 있는 것이 컴퓨터의 발달이다.

컴퓨터로 인한 모든 생활환경이 변화되었고 정보의 흐름도 급속도로 빨라졌다. 우리나라 노인들의 기대수명(2024년 1월 기준 남성은 86.3세, 여성은 90.7세)이 해마다 증가하고 있으며, 기대수명의 연장은 무엇보다도 한 개인이 일생 중에서 노인으로 살아가야 하는 기간, 즉 노년기의 연장과 직결된다. 평생을 90년이라 가정한다면 이 중 거의 1/4 이상에 해당하는 시기 동안 무엇을 알며 어떻게 보낼 것인가는 노년의 삶의 질을 결정하는 중요한 문제라고 할 수 있다.

이러한 노인들에게 자주적인 능력을 길러 줌으로써 그들 스스로 사회에 적응하는 일은 매우 중요한 과제가 되었고, 이러한 과제를 해결할 수 있는 근본적인 대책은 바로 노인정보화교육이다. 정보화교육을 통해 노인들은 사회에서 요구하는 새로운 지식이나 기술을 익히고, 젊은 세대와의 화합을 도모할 수 있다. 다시 말해 정보화교육을 통해 노인들은 급변하는 사회에 효율적으로 적응해 나가고 사회 속의 당당한 구성원으로서 역할을 수행해 나갈 수 있는 것이다. 고령층의 정보이용 능력 함양을 통해 정보화의 급속한 진전에 따른 사회적 고립을 방지하고 세대 간 교류를 활성화하여 정보의 격차를 좁혀 가는 데 의의를 둔다.

노인정보화교육이야말로 바로 이 두 가지 과제의 해결을 위한 가장 효과적인 수단이 될 수 있다. 고령층이 축적하고 있는 삶의 경험을 정보통신 분야에 접목시켜 정보화사회에 대응하여 노인의 여가활동과 평생교육 차원에서 노후의 삶의 질 향상에 기여할 수 있다. 즉, 노인정보화교육은 21세기 노인의 정체성을 새롭게 확립하기 위한 중요한 방안이다. 왜냐하면 노인들의 새로운 존재의미는 생산적인 존재로서의 노인으로 거듭나기와 노인들의 사회참여 구현이다. 노인들이 쓸모없는 소비적 존재 혹은 사회적 부가가치를 갖지 못하는 존재로서의 편견에서 벗어나 노인학습자들에게 노인정보화교육이 필요하다는 것을 인식시켜 주는 것이야 말로 매우 중요하며, 사회에서 소외된 사람들을 노인정보화교육에 참여하게 하는 것이 필요하다.

노인정보화교육의 필요성이 강조되고 있는 사회적 배경으로는 다음과 같은 점들을 지적할 수 있다. 첫째, 비교적 경제적으로 안정된 노인층이 점차 증가하고 있다는 것, 둘째, 노인이 활용할 수 있는 여가시간이 증대하고 있다는 것, 셋째, 노인의 건강수준이 향상되고 있다는 것, 그리고 사회에 유익한 활동을 통하여 삶의 보람을 찾으려는 노인이 증가하고 있다는 것 등을 들 수 있다. 노인들은 신체적으로뿐만 아니라 감정적으로도 쇠약해져, 가족을 비롯한 다른 사람들로부터의 심리적 지지를 필요로 하며, 외부로부터 그러한 지원을 얻지 못할 때 고독과 소외를 경험하게 된다. 한편 노인들은 배우자의 죽음, 자식의 출가로 인한 빈 둥지(empty nest) 현상 등으로 더욱 큰 고독의 어려움을 겪게 된다.

따라서 정보화사회의 빠른 시대 흐름에 적응하여 소외되지 않고 컴퓨터를 사용함으로써 신체적, 사회적, 인지적 제약들로 제한되어 왔던 사회활동을 매개해 주고 인터넷을 통한 사회참여 및 자원봉사활동, 더 나아가 삶의 보조수단으로 이용될 수 있다. 때문에 노인의 질적인 삶의 추구라는 자아실현을 위해 국가적인 차원에서 노인정보화교육이 시행되어야 한다. 노인정보화교육 프로그램은 노인들의 특성에 맞는, 즉 노인 수혜자들의 다양한 정보화 수준의 격차에 따라 교육내용을 질적으로 차별화하고 교육방법의 효율성을 고려해야 한다. 최근 정보화 수준이 향상되고 정보화에 대한 욕구가 다양해짐에 따라 노인정보화교육에 대한 노인들의 태도를 다각적으로 연구 분석하여 정보화교육의 다양한 욕구에 부응할 수 있는 새로운 정보화전략을 모색할 필요가 있다.

대한민국 헌법, 노인문제 그리고 정보화교육

대한민국「헌법」제10조에는 "모든 국민은 인간으로서의 존엄과 가치를 가지며, 행복을 추구할 권리를 가진다. 국가는 개인이 가지는 불가침의 기본적 인권을 확인하고 이를 보장할 의무를 진다"고 규정되어 있다. 우리나라는 2000년 7월 1일 기준으로 전체 인구 중 65세 이상 노인의 비중이 7.1%를 차지하고 있다. 2000년부터 고령화사회에 집입된 것이다. 그러나 언론을 통해 '고독사', '노인 실업', '노인부양', '노인소외' 등에 관해 자주 접하고 있다. 왜 그렇까? 국가와 지방자치단체가 노인에 대한 기본적 인권을 보장할 수 있도록 책무를 다하지 못하고 있는 것인가? 사회적으로 '노인문제'에 대해 심도 있는 고민과 숙고를 하지 못해 대응책 등을 착실히 준비해 오지 못한 것인가? 필자는 대한민국「헌법」규정에서 출발하여 노인문제의 해법을 정보화교육에서 찾아보고자 한다.

제주특별자치도에서는 65세 이상 노인과 도민들의 정보격차 해소를 위해 다양한 정보화교육을 실시하고 있다. 즉, 65세 노인에 맞춘 실버교육강좌를 개설해 운영해 오고 있다. 올해 4월부터 9월까지의 정보화교육이수율을 보면 수강생 379명 대비 이수자가 266명이다. 교육이수율이 70.1%다. 그중 65세이상의 실버교육이수율이 눈에 띈다. 91~98%, 현재 국가나 지방자치단체 및 사회단체 등에서의 각종 교육과정을 개설하고 있다. 그러나 교육이수율이 91% 넘는 것을 찾아보기가 매우 힘들다. 또한 이 실버교육과정수강생들은 "자존감을 세울 수 있었다. 또 꿈도 꿀 수 있었다. 사회에 다시 기여할 수 있을 것 같았다. 회춘(回春)하고 있다. 무엇보다 삶에 대한 열정을 느끼고 있다"고 수강후기를 남기고 있다.

여기서 노인문제 해법을 찾아보면 되지 않을까? 이 분들은 4차 산업시대의 당당한 주인공으로서, 평생직업인으로서 간절히 활동하고 싶다는 메시지를 우리들, 우리사회에 던지고 있지는 않을까? 그렇다면 우리가, 우리사회가 지금부터라도 그 메시지에 응답해야 할 것이다. "교육이 최대의 복지라고", 우리 제주특별자치도(정보화정책과)에서는 매월 중순부터(15일부터 1주일간 접수기간) 스마트폰활용, 동영상 만들고 편집하기, SNS기초(인스타그램), PC기초 및 인터넷 활용, 파워포인트 기본 기능 익히기, 블로그 이해와 활용, 엑셀 기본 기능익히기 과정 등을 접수(제주도청 홈페이지 → 일자리/기업/ 청년 → 도민교육 → 수강신청 → 도민정보화교육 수강신청)받고 있다. 도민정보화교육...여러분들의 꿈과 희망을 응원합니다.

출처: 뉴스제주(http://www.newsjeju.net) 승인 2023.10.19. 제주특별자치도 정보전략팀장 정창보.

3) 노인정보화교육의 내용

최근 4차 산업혁명 시대의 도래와 우리나라의 정보통신기술은 매우 빠르고 다양하게 변화하고 있어 노인들이 접근하는 데 매우 어려움을 보이고 있다. 따라서 노인정보화교육의 내용으로는 일반적으로 스마트폰 기기 사용법, 애플리케이션 활용법, 컴퓨터 · 인터넷 · 한글 프로그램 기초과정, 동영상 제작, 밴드로 소모임 만드는 법에 이르기까지 실생활에 유용한 내용으로 구성된다.

노인정보화교육의 구체적인 교육과정을 유튜브 크리에이터〈표 7-7〉, 스마트워크〈표 7-8〉, 스마트폰 활용〈표 7-9〉, SNS 마케팅〈표 7-10〉으로 구분하여 살펴보면 다음과 같다.

표 7-7. 유튜브 크리에이터

교육목표	교육내용
유튜브 크리에이터를 위한 채널 개설부터 영상편집, 채널 성장 전략까지 모든 과정을 체계적으로 다룬다.	• 유튜브 플랫폼 이해 • 브랜드 채널 만들기 / 채널 설정 / 개인 채널 vs 브랜드 채널 • 다양한 장비 이해 / 내게 필요한 장비? • 프리미어 프로 영상 편집(실습, 유튜브를 위한 편집 노하우) • 영상 제목, 태그 설정 / 영상 업로드 • 섬네일 만들기 / 채널 프로필 만들기 • 성공 채널 분석 • 채널 성장을 위한 유튜브 알고리즘 • 영상 촬영 및 편집 개별 멘토 • 강의 영상 제작을 위한 OBS Studio 활용법 • 구독자 모으기 / 댓글 관리 / 유튜브 라이브 방송 • 플랫폼의 다양한 기능(카드, 최종화면, 기타) • 유튜브의 다양한 수익 / 수익 전략 • 유튜브 비즈니스 활용 및 개인 브랜딩

표 7-8. 스마트워크

교육목표	교육내용	
	기초 교육내용	중급 교육내용
더 전문적인 스마트폰 활용과 업무에도 활용하고 PC에도 연동하는 다양한 노하우를 배운다.	• 스마트워크 개념 • 스마트폰을 보다 쉽게 사용하는 활용법 / Tip • 비즈니스를 위한 문자 기능 / 중요 스마트폰 설정 • 전화통화 녹음 및 음성 파일관리 • 나만의 알림 설정(필요한 알림만 / 알림별 소리설정) • 이메일 활용(메일주소 자동입력 / 파	• 스마트워크 개념 / 클라우드 개념 • 스마트폰 화면 → PC 미러링 • 일정 관리 / 일정 공유(다중 캘린더 활용) • 효율적인 Todo 관리 / 리마인더 활용 • 구글 드라이브 / PC와 파일 동기화 • 구글 드라이브 vs NAS • 폰에서 오피스 문서 편집 / 문서 협업 • 구글 문서(활용법 / 문서 공유 / 링크

교육목표	교육내용	
	기초 교육내용	중급 교육내용
	일 첨부) • 무료 팩스 송수신(수신 팩스 번호) • 클라우드 최강 메모 앱 / 메모 클라우드 동기화 • 연락처 관리 / 연락처 자동 백업 • 문서에 자필 사인 / 자필 사인 이미지 만들기 • 문서 스캔 / 글자 인식 • 구글 크롬 브라우저 동기화 • 검색(QR 코드 / 와인 / 음악 / 외국어) • 스마트폰과 PC 연동 / USB 메모리 활용 • 지도 앱 활용하기 / 카카오톡 200% 응용	생성) • 구글 설문지 / 구글 협업 • 핫한 노선 기본 사용법(노트, DB 앱의 최강) • 갤러리 사진 자동 백업 / 유튜브에 영상 보관 • 다양한 번역 기능 / 외국인과 실시간 회화 • 음성명령 활용

표 7-9. 스마트폰 활용

교육목표	교육내용		
	스마트폰 기본과정	사진, 영상, 미디어 과정	디지털 금융/PAY 과정
초보자를 위한 과정부터 좀 더 편하게 사용하는 노하우까지 스마트폰을 더 잘 활용하는 다양한 방법을 배우게 된다.	기본적인 스마트폰 활용 능력을 향상시키기 위한 과정으로 스마트폰을 좀 더 쉽게 활용하는 방법과 자주 사용하는 카톡, 네이버 지도와 같은 기본 앱을 좀 더 편하고 쉽게 또한 다양하게 활용하는 방법으로 구성된다.	예전에는 간단한 사진 편집과 같은 이미지 위주로의 활용이 많았지만 최근에는 간단한 영상 편집과 유튜브에 많은 관심이 있다. 영상편집에 대한 교육내용으로는 스마트 앱인 키네마스터 과정과 PC 앱인 어도비 프리미어프로의 과정으로 구성된다.	최근 쇼핑, 예약, 배달과 같은 다양한 구매에 있어 모바일 기기의 사용이 증가하고 있다. 스마트폰 하나면 최저가 쇼핑이 가능하며 배달이나 기차표 예약도 스마트폰 몇 번 터치로도 가능하다. 이런 쇼핑, 예약, 배달 앱 사용법과 함께 구매와 관련해 중요한 것이 지불(PAY)이다. 따라서 카카오페이, 네이버페이 및 기타 다양한 PAY 중에 상황별로 쉽고 편리한 PAY를 선택하고 활용하는 능력으로 구성된다.

표 7-10. SNS 마케팅

교육목표	교육방법			
	블로그	인스타그램	카카오톡 채널	유튜브
다양한 SNS 활용으로 무료로 홍보하고 비즈니스를 성장시키는 방법들을 익힌다.	가장 오래되었지만 지금도 여전히 인기가 많고 가장 기본이 되는 SNS 플랫폼이다. 블로그를 처음 개설하고 운영하는 기초부터 주의해야 할 점과 기본적인 노출 알고리즘을 배운다.	최근 가장 핫한 플랫폼 중의 하나이며 페이스북과 연동되는 점이 특징이다. 젊은 사용자 층이 많으며 감성 마케팅이 필요한 경우나 이쁜 이미지 촬영에 대해 배운다.	카톡 채널 가입을 통해 지속적으로 정보를 공유할 수 있다. 즉, 과거에는 이메일을 수집해 광고를 보냈다면 최근에는 접근성이 용이한 카톡 채널을 활용한다. 따라서 카카오톡 채널을 만드는 방법과 카톡 채널의 다양한 활용법에 대해 배우게 된다.	최근에는 유튜브를 통한 광고가 많아지고 있으며, 실제 채널 운영을 통한 홍보가 일반적이지만, 많은 시간과 열정이 필요하다는 단점도 가지고 있다. 경우에 따라 영상을 통한 타깃 광고가 더 효율적일 수 있다. 비즈니스를 위한 유튜브 운영 시 주의할 점과 실제 광고를 진행하는 플랫폼으로서의 유튜브 활용방법을 배운다.

08
Chapter

퇴직준비교육

배울 내용

1. 은퇴와 노년생활
2. 퇴직과 퇴직준비교육
3. 외국의 퇴직준비교육
4. 우리나라 퇴직준비교육의 문제점 및 발전방향

학습목표

1. 은퇴와 노년생활을 설명할 수 있다.
2. 퇴직의 개념을 파악하고 퇴직준비교육의 필요성과 현황을 파악한다.
3. 외국의 퇴직준비교육을 설명할 수 있다.
4. 우리나라 퇴직준비교육의 문제점을 파악하고 발전방향을 모색해 본다.

1. 은퇴와 노년생활

1) 은퇴의 개념

은퇴란 일자리에서 벗어난 다양한 상태를 의미하지만 연구자와 국가 · 사회적 특성에 따라 다양하게 정의되어 왔다. 구체적으로 필드와 미쉘(Fields & Michell, 1984)은 은퇴를 개인의 주관적 판단에 의한 주관적 정의, 일 또는 구직 활동을 중단하여 노동 참여를 중단하는 것, 노동시간이나 급여가 이전보다 낮아지는 것, 장기간 일하던 직업을 그만두는 것, 연금 수령 이후, 사회보장급여 수령 이후의 6가지로 구분한다.

은퇴에 대한 개념을 국립국어원 표준국어대사전에서는 '직임에서 물러나거나 사회활동에서 손을 떼고 한가로이 지냄'이라고 표현하고 있다. 또한 은퇴의 지표에 대하여 설명하였는데, 은퇴란 자신이 은퇴자라고 파악하는 것, 유급 노동을 하지 않는 것, 연금을 수령하는 것으로 규정하였다. 따라서 은퇴에 대한 정의는 학자에 따라 조금씩 다르게 정의되고 있지만 일반적으로 은퇴란 자발적 혹은 비자발적으로 직업적인 지위와 역할에서 물러나 소득활동을 중단하는 것이라고 할 수 있다.

일반적으로 은퇴와 퇴직은 혼용되어 사용되어 왔다. 퇴직은 노동시장을 이탈하는 것을 의미하지만 퇴직이 반드시 은퇴로 이어지는 것은 아니다. 반면 은퇴란 중요 직업에서 물러나 반영구적으로 이탈함에 따라 비경제 활동상태로 이어지는 것을 말한다(김만기 외, 2018). 즉, 퇴직은 직업을 그만둔 상태를 의미하며 퇴직 이후에 다시 재취업하는 경우도 있으며, 퇴직 이후 실업 상태를 유지하다가 완전히 은퇴하는 경우도 있다. 사실 우리나라에서는 경제위기인 IMF 이전까지는 통상 퇴직은 은퇴로 이해되어 생의 주된 일자리에서 장기 근속하다가 정년퇴직으로 이어져서 퇴직은 곧 은퇴로 이해되었다. 하지만 노동시장의 변화로 인한 퇴직 시기와 유형의 다변화로 퇴직 후 실업 상태로 있다가 은퇴하기도 하고 재취업하기도 하기 때문에 은퇴와 퇴직의 개념은 구분되어 정의되고 있다.

개인 수준에서 은퇴를 정의하는 가장 일반적인 방법으로는 주관적인 방법과 객관적인 방법으로 구분하여 제시할 수 있다. 객관적인 방법의 은퇴에 대한 정의는 65세와 같이 일정 연령이 지난 사람이 주요 직업활동에서 완전히 떠나 경제활동에 참여하지 않거나 노동시간이 감소되는지 여부 또는 임금의 수준이 축소되는지 여부, 연금의 수급 여부에 따라 은퇴를 정의하는 방식을 의미한다. 조사대상자가 직접 자신의 은퇴 여부나 경제활동 여부에 대해 응답한 내용을 기준으로 은퇴 여부를 결정하는 주관적인 방법도 있다(김만기 외, 2018).

2) 은퇴만족도 예측 요인

은퇴만족도에 대한 예측은 은퇴 이후 삶의 만족도를 조망하는 요인이다. 은퇴만족도의 예측에 영향을 주는 요인들을 파악하고, 은퇴 이후 생활을 긍정적으로 조망할 수 있도록 도와주는 요인이 무엇인지 탐색하는 것으로 은퇴만족도 예측을 설명할 수 있다.

은퇴 이후 삶을 조망하는 은퇴만족도 예측은 은퇴 준비에 대한 소견이나 지식이 없어 발생되는 문제를 최소화하도록 도와주고, 은퇴 예정자들에게 효과적이고, 전략적인 은퇴준비 방향을 제시하는 목적으로 활용될 수 있기 때문에 은퇴불안을 조금이나마 해소하는 데 매우 중요한 역할을 한다. 보편적으로 재정적 은퇴준비 수준이 높을수록 은퇴 후 삶에 대한 만족도가 높다.

은퇴만족도 예측에는 소득, 공적 연금 수급여부, 자녀의 취업 등과 같은 재무적 만족도와 연령, 가족관계망, 사회적 관계망, 건강상태(심리적 건강 포함), 자녀와의 접촉빈도와 관계 등 비재무적 요인이 포함된다. 경상소득과 가족관계망, 사회관계망 만족도

수준이 높고 우울감이 낮으면 은퇴자의 생활만족도가 높고, 은퇴준비에 대한 인식이 높을수록 은퇴 이후 삶에 대한 만족예측 정도가 높다. 뿐만 아니라 교육 수준과 가계소득이 높고, 신체적으로 건강할수록 은퇴만족도가 높다. 그 이유는 은퇴 이후 삶에 적응할 수 있는 대처자원이 많다고 생각하기 때문이다(김미령, 2013).

이와 같이 은퇴만족도 예측은 심리·사회, 재정, 미래시간 조망, 생활양식, 건강이 은퇴 이후 삶의 만족도와 유의미한 상관이 있다. 특히 미래시간 조망과 은퇴만족도가 높은 상관이 있고, 재정요인은 정신건강 만족도와 월등하게 상관이 높다(김연진, 2012). 이 외에도 경상소득이 높을수록, 부동산 자산이 많고 총부채가 낮을수록 은퇴자의 생활만족도 수준이 높고, 신체적으로 건강할수록, 우울감이 낮을수록, 가족관계망과 사회관계망 만족도가 높을수록 은퇴자의 생활만족도 수준이 높다(최현자 외, 2012).

2. 퇴직과 퇴직준비교육

퇴직은 현대사회의 고령화 추세와 관련하여 퇴직 후 노후생활이 시작되는 하나의 새로운 출발점이 되고 있다. 퇴직에 대한 정의는 여러 가지 관점으로 해석될 수 있지만 보편적으로 정년퇴직을 기점으로 퇴직은 개인에게는 지금까지 생활과는 다른 역할과 지위의 변화, 수입의 변화, 환경의 변화, 사회적 관계의 변화 등을 초래하게 된다. 이러한 변화에 자신을 잘 조정하여 변화를 수용하면서 조화를 이루어 나가는 것이 중요하기 때문에 퇴직 후를 준비하는 것과 정년퇴직 후의 생활에 대한 적응문제는 평균수명이 길어짐에 따라 매우 중요한 과제가 되고 있다.

생활수준의 향상과 의료기술의 발달 등으로 인한 인간의 평균수명이 길어짐에 따른 사회적 인구변화 현상은 실제 우리사회의 이슈가 되고 있다. 즉, 혼인건수 저하와 출산율 저하로 우리나라의 전체 인구는 감소하지만 노령화는 급속화로 진행되고 있다. 노령인구가 많아지면서 노인복지에 대한 관심도 많아지고 있지만 아직 이러한 사회적 현상에 따른 사회복지에 대한 관심과 지원은 부족한 상황이다.

더불어 평생직장의 개념이 사라지면서 직업에 대한 관념도 예전과 많이 달라지고 있다. 정년퇴직 후의 은퇴설계에서 제2의 직장을 찾아 직업훈련교육 프로그램을 찾는 퇴직자가 늘고 있고, 자신의 이루지 못한 꿈을 이루기 위한 도전으로서 새 직업을 찾는 사람도 늘고 있다. 이렇듯 2000년대 우리사회에서는 퇴직 이후의 삶과 사회적 현상에 대한 관심이 점점 더 많아지고 있다.

개인의 생애주기발달이라는 관점에서 보면 정년퇴직은 노년기의 생활이 시작되는 중요한 전환점이 되므로 퇴직 후의 생활을 어느 정도 계획을 세워 미리 준비했느냐에 따라 크게 달라질 수 있다. 물론 퇴직에 대한 준비는 개인적으로 해야 되겠지만, 평생교육이라는 제도의 의의와 목적처럼 '요람에서 무덤까지'의 평생교육이라는 제도를 통해 사회 및 조직에서 이러한 과제들을 조금이나마 해결해 나갈 수 있는 실마리로 제공하는 터전이 될 수 있다.

1) 퇴직

(1) 퇴직의 개념

퇴직의 사전적 정의로는 근로자의 일방적 의사표시에 따른 근로계약의 해지를 말하며 흔히 사직이라고도 말한다(실무노동자용어사전, 2014). 요즘 시대에 들어서는 더 넓은 의미로 사용되고 있으며 해고 · 정년 및 사직 등 근로계약의 종료사유를 통틀어 퇴직이라고 말하는 경우도 있으나 많이 쓰이지는 않는다.

퇴직이라 함은 「근로기준법」상에서 현재 아무런 정함이 없으므로 「민법」의 일반 규정에 따르도록 하고 있고, 이에 대해 고용노동부에선 '퇴직의 효력 발생 시기'에 상세한 규정을 두고 있다(「근로기준법」 법률 제 12325호, 「근로자퇴직 급여 보장법」 법률 제 10967호).

우리나라에서 퇴직에 대한 법을 처음 규정한 것은 1963년 「국가공무원법」 제74조[5] 직무의 종류별 및 단계별로 정년연령을 규정한 것이라고 할 수 있다. 「국가공무원법」에서 정년연령을 규정하기 전, 즉 산업화 이전의 농경사회에서는 노동에 대한 제한 연령이 없었고 퇴직에 대한 개념이 없었으므로 사실상 퇴직에 관한 사회적, 경제적 등의 문제는 발생하지 않았다. 따라서 요즘 시대의 퇴직에 대한 관점 및 개념은 산업구조의 변화에 따른 고령화와 산업화가 낳은 제도로 인해 발생된 것이라고 할 수 있다.

우리나라에서 현재 시행되고 있는 퇴직 제도는 크게 세 가지로 나누어 볼 수 있다(정영임, 2006). 첫째는 일정한 연령이 지나면 자동적으로 퇴직시키는 연령정년제도이고, 둘째는 승진을 못함으로 인한 일정한 직급에 머물러 있음으로 인해 그 기간이 만료될 때 자동으로 퇴직시키는 계급정년제 · 직급정년제이며, 셋째는 본인의 의사에 따른 임의퇴직제와 연금수급 연령이 되어 퇴직하게 되는 자연퇴직으로 구분할 수 있다.

오늘날의 퇴직은 일반적으로 여러 가지 의미를 함축하고 있어 한마디로 정의하기 쉽지 않지만 전통적인 퇴직의 의미는 애칠리(1971)가 제시한 퇴직의 개념에서 찾아 볼 수 있는데, 그는 "퇴직이란 하나의 직업에서 물러나서 퇴직자로서의 사회적 역할을 수행해 가는 과정을 의미한다"고 주장하면서 퇴직을 사건(event), 사회의 역할(role), 과정(process) 등의 세 가지 범주로 구분하여 개념화하였다.

5) ① 공무원의 정년은 다른 법률에 특별한 규정이 있는 경우를 제외하고는 60세로 한다.

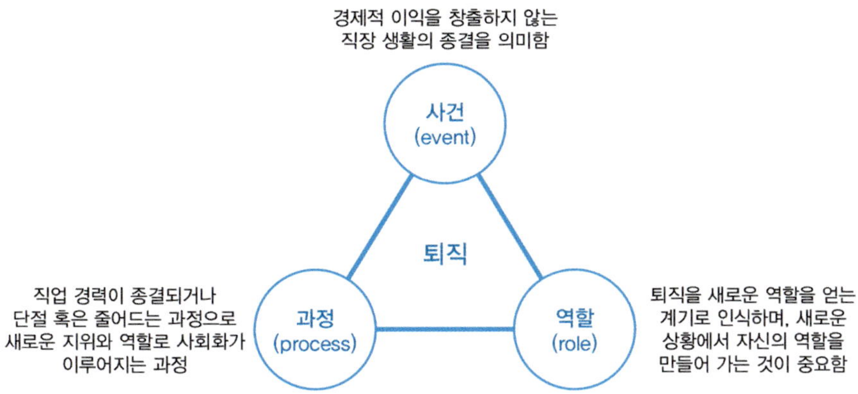

그림 8-1. 퇴직의 의미

첫째, 퇴직을 사건(event)으로 보는 것이다. 이는 더 이상 경제적 수익을 창출하기 위해 일을 하지 않는 직장생활의 종결을 의미한다. 이러한 사건으로서의 퇴직은 통과의례적인 사건이자 새로운 삶의 전환점이 될 수 있다. 일반적으로 중년기의 퇴직을 노년기로의 전환점이 되는 사건으로 보는데, 이와 같은 관점에서 퇴직은 새로운 역할과 생활을 위한 도전의 시작이라는 점에서 청년기의 졸업식, 중년기의 결혼식 등과 같이 축하해야 할 절차로 인식할 수 있는 것이다.

둘째, 퇴직을 역할(role), 즉 퇴직자라는 새로운 역할을 얻는 계기로 인식하는 것이다. '퇴직자에게 새로운 역할이 있는가?'에 관한 논의에 대해서는 다양한 견해가 존재하고 아직 그 개념이 명확히 정리되지 않고 있지만 역할 없는 역할의 획득이라는 비판도 존재하고 있다. 이에 따라 애칠리(1991)는 퇴직자는 새로운 상황마다 상대편과의 협상을 통해 자신의 역할을 만들어 가는 것이 중요하다고 강조하고 있다.

셋째, 퇴직을 과정(process)이라는 관점으로 보는 견해이다. 직업적 경력이 종결되거나 단절 혹은 줄어드는 과정으로 새로운 지위와 역할로 사회화가 이루어지는 과정이라고 볼 수 있다. 퇴직을 이러한 과정의 변화로 인식할 경우, 퇴직의 성공여부는 개인의 생물학적 · 심리적 · 사회적 특성이 새로 얻게 되는 지위와 역할의 성격에 따라 달라질 수 있는 것이다.

종합하면 퇴직은 여러 가지 측면에서 다양한 의미를 갖는 인생의 전환점이 되는 "사건"이자 기존의 삶의 주요 일터에서 벗어나 새로운 "역할"을 하게 되는 하나의 "과정"이라고 할 수 있다.

(2) 퇴직에 대한 태도

퇴직의 개념은 앞에서 제시한 바와 같이 다양한 의미를 내포하고 있어 한마디로 정의하기 쉽지 않지만 한 가지 확실한 것은 개인이 지금까지 경험해 온 비교적 균형적인 일상에서의 개인의 역할에 큰 변화를 가져오는 사건이자 과정이라는 점이다. 따라서 개인이 퇴직을 바라보는 태도와 관점에 따라 예비퇴직자의 퇴직에 대한 인식 및 기대는 퇴직 이후의 삶에 중요한 영향을 미치는 요인이라고 할 수 있다.

퇴직자가 얼마나 성공적으로 퇴직 후의 생활에 적응하는가 혹은 예비퇴직자의 퇴직에 대한 인식 및 태도는 개인이 이전에 가지고 있던 조건이나 환경 및 준비정도에 의해 퇴직을 각기 다른 의미로 받아들이게 된다(Maddox, 1970). 퇴직에 대한 태도에 관한 여러 학자들을 견해를 살펴보면 **표 8-1**과 같다.

표 8-1. 퇴직에 대한 태도

구분	내용
Streib & Schneider (1971)	퇴직에 대한 태도는 퇴직까지의 남은 잔여기간에 따라서 변화한다. 즉, 퇴직까지 긴 기간이 남아 있는 사람들에서는 긍정적인 태도를 보이고, 이와 반대로 퇴직을 곧 겪게 되는 사람들에서는 부정적인 태도를 보인다.
Atchley & Robinson (1982)	퇴직에 대한 태도는 퇴직의 남은 기간 때문이 아니라 노화에 따른 나빠지는 건강과 가까운 사람의 상실이 가져오는 결과들에 따른 영향을 받는 것이다.
Streib & Schneider	퇴직에 대한 태도는 직업이나 직위에 따라 다양하게 나타난다. 직업수준을 사회적 평가와 수입 등으로 서열화시킬 때 직업상의 지위가 가장 높을 경우와 낮은 경우에는 퇴직에 대한

구분	내용
(1971)	태도가 다소 부정적이다. 구체적으로 직업상의 지위가 상위권인 집단의 경우는 퇴직을 함으로써 잃게 되는 기득권에 대한 상실감 때문일 것이고, 직업상의 지위가 하위권인 집단의 경우는 직업 특성상 경제적 불안정감 때문에 퇴직에 대한 태도가 부정적으로 나타난다.
Lehr & Dreher (1969)	쾌적하지 않은 환경에서 일하는 사람일수록 퇴직에 대해서 더 긍정적인 태도를 보인다. 그 이유는 열악한 환경에서 일하는 사람에게 퇴직이란 해방과 동시에 열악한 환경에서 벗어난다는 의미가 강하기 때문이다. 그러나 이러한 연구 결과는 일관성을 보이지 않는다.

표 8-1에서 보는 것과 같이 퇴직에 대한 태도를 단순히 긍정적으로 바라보는가 아니면 부정적으로 바라보는가의 양극단적인 패러다임에서 벗어나야 한다는 비판이 있어 왔다(오병철, 2016). 이에 웨프너와 혼스테인(Wapner & Hornstein, 1985)은 개인이 퇴직에 대해 부여하는 의미가 사회문화와 개인의 삶에서의 복잡한 상호작용을 통해 형성된다고 주장하였다. 구체적으로 이들은 퇴직에 대한 태도를 휴식, 새로운 출발, 삶의 연속, 강요된 좌절과 같이 네 가지 퇴직태도 모델을 개인차에 중점을 두어 제시하였다.

퇴직의 태도를 '휴식(rest)'으로 보는 관점은 주로 퇴직 전 바쁜 업무와 복잡한 인간관계, 그리고 이로 인한 스트레스에서 해방됨으로써 한가히 휴식을 즐기는 노년으로 전환되기를 바라는 태도이다. 퇴직을 바라보는 두 번째 태도인 '새로운 출발(New Beginning)'의 관점은 퇴직을 제2의 인생의 시작으로 인식하거나 오랫동안 미뤄 왔던 인생의 목표를 이루기 위한 시간들로 채우고자 한다. 퇴직을 바라보는 세 번째 태도인 '삶의 연속(continuation)' 관점은 퇴직을 커다란 변화와 충격으로 받아들이기보다는 퇴직 전이나 그 이후나 별반 다르지 않다고 생각하는 태도이다. 마지막 네 번째 태도로는 '강요된 좌절(Imposed Disruption)'로 이러한 관섬을 지닌 사람들은 강요된 퇴직의 결과로서 직업을 잃은 상실감에 퇴직을 그 어떤 것으로 대체할 수 없는 중요한 손실이라고 본다.

2) 퇴직준비교육

(1) 퇴직준비교육의 개념

퇴직은 '일(work)의 중단' 혹은 '현직에서 물러남'을 의미하며 삶에서 오랜 기간 동안 수행해 온 직업을 그만두는 동시에 노년기에 접어들어 '고령'이라는 점이 반영된 개념이다. 즉, 퇴직이란 경제활동의 주체인 현직에서 물러나는 것으로 노년기의 시작을 알리는 사회적 체제로 퇴직 후 제2의 인생에 대해 새롭게 설계하고 자신이 원하는 삶을 살 수 있는 시기가 도래한 것으로 정의할 수 있다. 이러한 퇴직은 인생의 한 과정으로 퇴직준비 및 퇴직결정 그리고 퇴직 후의 생활 등을 포함하는 일련의 과정이다.

퇴직을 자발적으로 하든 비자발적인 것에 의한 것이든 아무런 준비도 없이 갑작스럽게 퇴직을 맞이하는 경우 엄청난 충격으로 다가올 수 있다. 따라서 퇴직에 대한 막연한 두려움에서 벗어나 삶의 하나의 과정으로 인식하고 퇴직에 대한 이해와 함께 다양하게 준비하도록 돕고 개인의 경제적 안정과 행복한 퇴직 이후의 생활을 영위해 나갈 수 있도록 필수적인 정보를 제공하는 것이 퇴직준비교육이라고 할 수 있다. 즉, 퇴직준비교육은 퇴직을 앞두고 있는 근로자에게 퇴직에 따른 심리적 불안감에서 벗어나 사회적 활동을 할 수 있게 정보와 기회를 제공해 주고 퇴직 후 생활에 성공적으로 적응하도록 지원해 주는 활동으로 볼 수 있다.

퇴직준비교육은 퇴직을 사전에 준비시키는 교육 프로그램으로 흔히 퇴직계획 프로그램(retirement planning programs), 퇴직 전 교육 프로그램(pre retirement education program), 퇴직 전 프로그램(pre retirement programs), 퇴직 전 상담 프로그램(pre retirement counseling programs) 등 다양한 명칭으로 사용된다. 이렇게 다양한 명칭이 시사하는 바는 여러 영역에서 퇴직문제에 관여하고 있고, 그에 따라 다양한 내용과 형태의 프로그램이 존재한다는 것을 의미한다고 할 수 있다. 이와 함께 최근에는 퇴직예정자들의 상황과 욕구에 총체적으로 접근해야 한다는 인식과 함께 종합 퇴직준비 프로그램이 가장 바람직한 형태로 널리 받아들여지고 있다.

퇴직에 앞서 노년에 다가올 신체적, 사회적, 심리적 변화의 특성 등을 정확하게 이해하고, 그러한 변화에 대하여 구체적으로 준비하고 대응할 수 있다면, 정신적으로나 육체적으로도 건강한 노년을 보내는 데 큰 도움이 될 수 있을 뿐만 아니라 노년 이전에 현재의 직업이나 삶에도 더욱 충실할 수 있다. 이러한 것들을 위한 구체적인 평생교육적 노력의 하나가 퇴직준비교육이다(한정란, 2001). 이러한 점을 고려하여, 퇴직준비교육이라 함은 정년 등으로 퇴직을 하기 전에 퇴직 후 사회에 성공적으로 적응할 수 있도록 사전에 준비를 지원하는 일종의 교육 프로그램이다. 퇴직 시점을 기준으로 퇴직교육을 구분할 경우 퇴직 전 교육은 퇴직 이전에 진행되는 교육으로 퇴직준비교육은 퇴직을 앞두고 있는 개인들이 퇴직으로 인한 환경 변화에 쉽게 적응하고 퇴직으로 인해 발생되는 문제를 최소화할 수 있도록 미리 준비하는 교육이다. 퇴직 전 교육은 넓은 의미에서 직장에서 실시하는 교육뿐만 아니라 한 개인이 취업하여 퇴직할 때까지 경력개발을 위한 모든 교육이 포함되어야 한다.

한편 퇴직 후의 삶에서는 경제적인 요소뿐만 아니라 경제 외적인 요소도 필요로 하기 때문에 퇴직준비교육은 개인의 관심과 능력에 따라 개인별 맞춤형 교육 프로그램의 개발과 적용이 필요하며, 이러한 교육을 통해 퇴직자가 신체적, 심리적, 사회적 변화를 미리 준비할 수 있도록 다양한 기회 및 정보를 제공함으로써 퇴직 이후의 삶을 안정적으로 적응할 수 있는 능력을 갖출 수 있는 데 도움이 될 것이다.

(2) 퇴직준비교육의 역사

퇴직준비교육의 시작은 1962년 시카고 대학의 통신강좌에서, 퇴직이 얼마 남지 않은 사람들을 대상으로 실시한 강좌에서 비롯되었다. 퇴직준비교육이 1960년대부터 사회의 중심 이슈로 부각되면서 1970년대에 비로소 본격적 연금 문제가 확산되어 퇴직준비교육에 관한 프로그램들이 개발되기 시작하였다(기영화, 2000).

최초의 퇴직준비교육은 성인교육적 차원에서 실시되었다. 따라서 초기에는 노인들의 관심을 기존의 성인교육기관의 조직에 포함시키는 것에 불과했었다. 그리고 당시 퇴직준비교육 프로그램의 내용과 그 형태는 다양하지 못했음에도 불구하고, 급속도로 확산됨에 따라 노인에 대한 성인교육적 관심의 증가와 퇴직준비교육 프로그램이 확산되기 시작하였다. 1950년대 시카고 대학과 미시간 대학에서 실시된 퇴직준비 프로그램이 이러한 예이다.

이후 1978년 고용차별에 관한 개정안(Act of Discrimination in Employment Amendments: ADEA)[6]의 통과로 퇴직준비교육은 급속히 확산되었다. 퇴직준비교육에 관한 연구는 1950년대 이후부터 그 중요성이 부각되기 시작하였고, 연구대상으로 관심을 받기 시작한 것은 1970년대에 이르러서이다. 하지만 퇴직에 관련된 연구 및 퇴직준비교육의 필요성 정도는 이때에도 주로 이루어졌지만, 실제 퇴직준비교육 그 자체를 대상으로 한 연구는 1990년대 중반에 이르러서야 정확한 명칭과 퇴직 이후의 삶에 대해 주로 다루어지기 시작하였다.

(3) 퇴직준비교육의 중요성

평균수명이 길어지면서 퇴직은 시기적으로 고령화와 함께 맞물려 진행되는 경우가 많으므로 퇴직 이후 고령자로 사회에서 안정적으로 적응하기는 쉬운 일이 아니다. 즉, 정년 이후 인생을 편안하고 안정적으로 보내기 위한 조건을 가질 수 있으면 다행이지만

6) 1967년 법 제정 당시 ADEA는 20인 이상의 사업체에서 연령을 이유로 40세 이상인 근로자를 차별하는 것을 금지하였다. 1967년 당시 해당 법 적용 대상자를 40세~65세로 하였으나, 1978년 미의회는 고용차별에 관한 법 개정으로 기존의 적용대상 연령을 65세에서 70세로 상향 조정하였고 1986년 법 개정 후에는 연령상한이 폐지되었다.

그렇지 못한 경우에는 퇴직 후 20~30년을 불안과 고통 속에서 보낼 수밖에 없다. 따라서 정년 이후 삶의 문제가 심각한 사회문제로 대두되고 있다. 퇴직준비교육은 퇴직 전의 교육에 해당하는 것으로 퇴직을 앞두고 있는 개인들에게 퇴직으로부터의 변화를 쉽게 적응할 수 있도록 하며, 퇴직으로 인해 야기되는 문제를 최소화할 수 있도록 사전에 도와주는 준비교육이다. 그러므로 퇴직준비교육은 퇴직자들이 오랫동안 근무했던 조직생활을 마치고 퇴직할 때까지 느끼는 심리적 불안감 등을 완화하여 퇴직 후의 인생에 긍정적인 사고로 적극적으로 적응하기 위해 마련된 교육 프로그램이다. 퇴직자들은 경제적인 어려움, 사회적인 소외와 위축, 자아정체감 혼동, 건강에 대한 위기, 퇴직 후 환경 적응의 어려움 등을 겪게 된다. 또한 평균수명이 계속 늘어나면서 현재 퇴직자는 과거 퇴직자보다 오랜 시간을 퇴직한 사람으로 지낼 수밖에 없어 사전 준비 없이 퇴직한 사람들을 더 힘들고 고통스럽게 만들 것이다.

톰슨(Thompson, 1978)의 연구에 의하면, 성공적인 퇴직 이후의 생활은 퇴직에 대한 긍정적인 태도와 퇴직에 대한 현실감각, 그리고 퇴직계획 여부에 따라서 달라진다는 것으로 퇴직준비교육의 필요성 및 중요성에 대해 잘 나타내고 있는데, 퇴직 이후 삶에 대한 준비는 퇴직에 대한 긍정적인 태도를 함양하고 경제적, 사회적, 심리적 준비를 통해 퇴직생활 적응능력을 증진시켜 바람직한 퇴직생활을 영위하도록 한다는 것이다. 실제 연구결과에서도 퇴직준비를 소홀히 한 많은 퇴직자들이 퇴직 후 생활에 대해 만족하지 못하고 후회하는 것으로 나타났으며, 퇴직준비를 한 퇴직자의 생활 만족도가 높은 것으로 나타났다. 이러한 의미에서 퇴직 예정자에게 퇴직에 대비한 준비를 하도록 체계적인 도움을 제공하는 퇴직준비 프로그램의 필요성이 더욱 강조되는 것이다.

적극적인 퇴직준비 과정은 퇴직 당사자들에게 새로운 역할에 적응하고 삶에서 새로운 의미를 찾게 해 주며, 고용주에게도 계속해서 새롭고 참신한 노동력이 조직 내에 유입될 수 있게 해 주는 것이다. 현실적으로 퇴직을 앞두고 있는 예비퇴직자를 대상으로 미리 자신의 노후생활을 설계할 수 있는 계기로 삼는 기회를 제공함과 동시에, 사회가 배출한 고급 인력 자원으로서 사회적 기여를 위한 새로운 역할의 발견과 함께 퇴직 후의 보람된 사회 적응에 필요한 방안을 탐색하기 위하여 퇴직준비를 위한 교육이 필요하다.

퇴직 이후 성공적인 제2의 인생을 위해서는 퇴직준비교육을 통하여 시간적 여유를 제공하고 필요한 정보와 기술 및 기회를 제공함으로써 퇴직에 대한 불안을 감소시키고 풍요롭고 여유 있는 인생을 보내기 위한 실질적인 도움을 받도록 하는 것이다. 또한 퇴직 이후 퇴직자 자신뿐만 아니라 가족 그리고 사회 전체에서 나타나게 되는 여러 가지 변화를 이해하고 대비하기 위한 준비 및 계획을 통하여 퇴직 후 행복하고 활기찬 생활을 유지하고 심리적인 안정을 도모함으로써 노년기를 보다 행복하고 안정적으로 잘 적응할 수 있을 것이다.

따라서 퇴직예정자 자신의 관심과 능력에 따른 개개인의 맞춤형 프로그램 개발과 적용이 필요하며, 교육을 통하여 퇴직 이후 삶을 미리 계획하고 준비할 수 있는 기회를 제공함으로써 퇴직 후 심리적 안정을 도모하고, 삶에 대한 만족도를 높일 수 있다는 점에서도 개인적, 조직적 차원의 퇴직준비가 필요하다.

3) 우리나라의 퇴직준비교육의 현황

우리나라의 퇴직준비교육의 역사는 민간분야와 공공분야로 나누어 살펴볼 수 있다. 민간분야에서의 퇴직준비교육은 보통 재취업이나 창업을 지원하는 형태이며, 공공분야의 경우 생활 교육 위주로 진행되고 있다(김주동, 2012).

김신일(1999)에 따르면, 민간분야에서의 퇴직준비교육은 1985년 한국전력에서 시작한 것으로 알려져 있다. 이후 1990년대 IMF 경제위기로 기업구조조정이 이루어지고 대규모 조기퇴직자가 발생하면서 기업 자체적으로 퇴직준비교육을 실시하였다. 공공기관에서는 1988년부터 1995년까지 교원에 대한 퇴직준비교육을 당시 교육부 직속기관인 중앙교육연수원에서 초 · 중등 교감 및 교장을 대상으로 '퇴임예정자 사회적응과정'을 통하여 실시하였다. 정부의 본격적인 퇴직준비교육은 대통령의 지시사항에 따라 2000년 3월 2일 행정자치부 업무보고에서 퇴직 공무원에 대한 지원대책을 행정자치부에서 공무원연금관리공단에 위탁하여 퇴직예정자를 위한 퇴직준비교육이 실시되기 시작하였다(박표진, 기영화, 2009).

우리나라 퇴직준비교육으로 민간분야와 공공분야로 구분하여 구체적인 교육내용을 살펴보면 다음과 같다(이민재, 2024; 홍지선, 2017).

(1) 민간분야 퇴직준비교육 사례

민간분야의 퇴직준비교육은 기업자체적으로 전직알선프로그램 등을 이용하여 강제적인 퇴직을 줄이고, 안정적인 노사관계를 정착시키며 예비퇴직자에게는 단지 재정적 지원인 위로금뿐 아니라 퇴직 이후의 인생설계를 도와주고 있다. 이러한 퇴직준비교육을 아웃플레이스먼트 컨설팅(Out Placement Consunting: OPC)이라고 하며, 해외 선진 기업들이 주로 예비퇴직자를 위한 프로그램으로 실시하고 있다.

우리나라의 경우 S텔레콤이 아웃플레이스먼트 제도를 처음 도입하였다(기영화, 2000). 이 기업은 예비퇴직자 500여 명 중 재취업이나 창업을 희망하는 200여 명을 대상으로 2000년 2월 말부터 외부컨설팅회사를 통해 6개월 기간의 재취업과 창업 프로그램을 실시하였다.

우리나라의 대표 철강 기업인 POSCO는 '새인생설계교육'이라는 슬로건 아래 퇴직을 앞둔 직원을 대상으로 총 7개 과목으로 구성된 퇴직준비교육 프로그램을 운영하여, 재취업 및 소자본 창업 요령 등을 주제로 교육하였다. 퇴직금을 이용한 재테크 방법, 부동산 세무 상식 등 효율적인 자산운용 중심의 정보와 건강한 삶을 영위할 수 있도록 각종 성인병 증세 및 예방법, 부부 건강 관리법도 포함되었다(기영화, 2000). 또한 이 기업은 2001년부터는 예비퇴직자들을 분기마다 교육시키고 있다. 구체적으로 30세에 경력 설계 과정, 35세의 경력 검토 과정, 45세에 도달한 직원에게는 제2의 경력 설계 워크숍 과정, 그리고 정년을 앞둔 55세는 그린 라이스 서비스 과정에 참여시키는데, 퇴직 이후의 삶을 미리 설계하고 스스로 적응할 수 있도록 지원해 주는 전직지원 프로그램이라고 할 수 있다(김주동, 2012). POSCO의 퇴직준비교육 프로그램에서 눈여겨볼 만한 것은 실제 생활에 필요한 실생활중심의 복리후생으로써 퇴직 이전부터 단계별로 퇴직 이후의 생활까지 안내함으로써 노사화합을 위한 목적으로 운영된 사례라고 할 수 있다.

대학의 퇴직준비교육 프로그램 현황은 일부 대학의 사회교육원이나 평생교육원 등에서 일반인 및 노년과 관련된 프로그램을 운영하고 있다(김주동, 2012). 서울대학교의 노화 · 고령사회연구소에서 노인 국책 연구소의 기능을 수행하며 공직자들을 대상으로 하는 장수 과학 지도자 과정이 있다. 또한 40~50대 중년기부터 30~40년의 여생을 가치 있게 보내기 위한 기본 소양 과정으로 15주의 인생 대학 프로그램을 운영하고 있으나 대학 교직원이 대부분이다.

(2) 공공분야 퇴직준비교육 사례

우리나라의 공공분야의 예비퇴직자를 위한 퇴직준비교육을 지원하는 기관으로는 공무원연금공단, 서울시, 경찰청, 각 기관 연수원(지방행정연수원, 지식경제공무원교육원, 국제공무원교육원 등), 그리고 각 지방자치단체 등에서 자체적으로 실시하거나 위탁 형식으로 지원되고 있다.

공무원연금공단의 예비퇴직자 퇴직준비교육은 **표 8-2**, 서울시 공로연수 프로그램은 **표 8-3**, 경찰청 전직지원 프로그램 현황은 **표 8-4**와 같다.

표 8-2. 공무원연금공단 퇴직지원교육 프로그램

<table>
<tr><th colspan="2">교육과정</th><th>교육주제</th><th>프로그램 내용</th><th>비고</th></tr>
<tr><td rowspan="4">공단 본부</td><td>생활 설계</td><td>생애설계</td><td>• 변화관리, 건강, 채무, 사회참여, 인간관계 등
• 3박4일 과정</td><td></td></tr>
<tr><td>미래 설계</td><td>여가활용</td><td>• 자원봉사, 주말농장, 원예, 전통문화, 건강관리, 재무관리
• 생애설계 병행
• 4박5일 과정</td><td></td></tr>
<tr><td>행복 설계</td><td>전직</td><td>• 재취업, 창업 등 일자리 과정
• 생애설계 병행</td><td rowspan="2">행안부 위탁 과정</td></tr>
<tr><td>전직 집중</td><td>전직</td><td>• 재취업, 창업 등 일자리 과정
• 생애설계 병행</td></tr>
<tr><td rowspan="4">공단 지부</td><td rowspan="4">연금 아카 데미</td><td>생활강좌</td><td>• 연금제도, 건강관리, 자산관리 등
• 비숙박 과정(3시간)</td><td></td></tr>
<tr><td>PC활용</td><td>• 컴퓨터 및 인터넷활용
• 수준별 교육</td><td></td></tr>
<tr><td>자원봉사</td><td>• 자원봉사</td><td></td></tr>
<tr><td>취미여가</td><td>• 취미 또는 여가활용 교육
• 웰빙건강, 전통문화, 주말농장 등</td><td></td></tr>
</table>

출처: 홍지선(2017). 예비퇴직자의 평생교육프로그램 준비도, 참여도, 선호도 분석. 이화여자대학교 교육대학원 석사학위 논문.

표 8-3. 서울시 공로연수 프로그램

<table>
<tr><th colspan="2">분류</th><th>주제</th><th>과정</th><th>시간</th><th>총</th></tr>
<tr><td rowspan="4">step1</td><td rowspan="4">변화관리</td><td>정년퇴직과 인생</td><td rowspan="4">4</td><td>3</td><td rowspan="4">9</td></tr>
<tr><td>은퇴준비도 진단</td><td>2</td></tr>
<tr><td>인생3막! 일과 인생</td><td>2</td></tr>
<tr><td>유비쿼터스와 미래 환경 변화</td><td>2</td></tr>
<tr><td rowspan="4">step2</td><td>자기탐색</td><td>MBTI 성격진단</td><td>1</td><td>3</td><td rowspan="4">104</td></tr>
<tr><td rowspan="3">재정관리</td><td>공무원연금이해</td><td rowspan="3">3</td><td>2</td></tr>
<tr><td>자산운용</td><td>4</td></tr>
<tr><td>세무관리</td><td>3</td></tr>
</table>

분류		주제	과정	시간	총
	직업탐색	평생직업-직업5종 탐색	11	4	
		취업-파워이력서/네트워크 구직활동		4	
		직업탐색-숲생태 해설사		8	
		직업탐색-문화관광해설사		6	
		직업탐색-경매분석사 자격과정		16	
		직업탐색-법원경매 현장체험		3	
		창업		12	
		창업심화(창업박람회 참가)		5	
		창업심화(프랜차이즈 물류센터 방문)		9	
		나눔의 삶-NPO 활동		3	
		자원봉사-고령친화 종합체험관		5	
	여가관리	명품인생! 여가설계!	1	3	
	건강관리	연령별 건강관리-중년의 질병과 음식	3	4	
		사상체질과 요가		4	
		수맥 알아보기		2	
	인간관계	커뮤니케이션과 부부대화법	1	4	
step3	생애설계	경험사례	6	3	12
		나의 꿈! 나의 인생!		2	
		뉴 라이프 마스터플랜		2	
		효과적인 시간관리		2	
		부부 행복 만들기		2	
		국비무료 교육 알아보기		1	
합계			30	125	

출처: 홍지선(2017). 예비퇴직자의 평생교육프로그램 준비도, 참여도, 선호도 분석. 이화여자대학교 교육대학원 석사학위 논문.

표 8-4. 경찰청 전직지원 프로그램 현황

<table>
<tr><th>시기</th><th>구분</th><th>주요 내용</th><th>운영주체</th></tr>
<tr><td rowspan="2">퇴직
5년
前~</td><td>퇴직설계</td><td>퇴직 인식변화, 미래설계전략, 인생 진로설정 등</td><td>경찰청</td></tr>
<tr><td>전직역량개발
교육비 지원
(자격증)</td><td>이직하려는 직업과 연관성이 높은 교육 · 자격증 취득 시 심의 후 최고 100만 원 한도 내 지원
※ 1인당 퇴직 전 1회 限(자기부담금 10%)</td><td>시도경찰청</td></tr>
<tr><td>퇴직
2년
前~</td><td>위탁교육</td><td>귀농귀촌 · 기능성 약용 자원 · 곤충사업 등</td><td>위탁기관</td></tr>
<tr><td rowspan="2">퇴직
1년
前~</td><td>전직심화</td><td>일자리 인식 · 전략, 직업군 이해, 성공실제 사례</td><td rowspan="2">경찰청</td></tr>
<tr><td>공로연수과정</td><td>취업, 부업, 노후생활, 건강, 재테크 등에 대한 유용한 지식정보 제공 및 사회적응능력 배양</td></tr>
<tr><td>퇴직
後</td><td>취업알선,
정보제공 등
컨설팅</td><td>퇴직 전 기초 · 심층 상담, 퇴직 후 취업알선 · 정보 제공, 사후관리 컨설팅 1:1 맞춤형 신규 일자리 발굴 등</td><td>경찰청
(전직지원센터)</td></tr>
<tr><td>기타
지원</td><td>가이드북
제작 등</td><td>퇴직(예정)경찰관 가이드북(연금정보 · 퇴직공무원 취업 심사제도 · 퇴직 후 복지제도 등 안내) 발간 · 배포</td><td>경찰청</td></tr>
</table>

출처: 이민재(2024). 경찰공무원 퇴직준비교육경험이 자아존중감과 삶의 질에 미치는 영향. 서울사이버대학교 휴먼서비스대학원 석사학위논문.

앞의 사례들과 같이 공공분야에서 퇴직준비교육 프로그램 운영사례 외에 퇴직준비지원조직에 대한 운영사례도 찾아볼 수 있는데, 구체적으로 제대군인지원센터, 서울시인재개발원, 국방취업지원센터, 노사발전재단, 한국노인인력개발원 등이 있다(홍지선, 2017). 제대군인지원센터는 국가보훈처가 제대군인의 생활안정과 취업지원을 위해 설립하였는데, 2004년 2월 서울지원센터를 시작으로 2005년 이후 5개소(2007년 대전, 부산지역 개소, 2008년 광주, 대구지역 개소, 2011년 경기북부지역 개소)를 운영하고 있고, 서울시 인재개발원의 경우 제2의 인생 설계과정을 운영하고 있으며, 자격증 취득을 위한 온라인 과정으로 공인중개사, 주택관리사보, 사회복지사 과목을 개설하여 실시하고 있다.

3. 외국의 퇴직준비교육

우리나라보다 앞서 고령화시대를 겪고 있는 주요국들은 다양한 사회적 교육 프로그램으로 퇴직준비교육을 약 20년 전부터 실시하고 있다. 구체적으로 퇴직예정자들을 위한 각종 안내 책자부터 지역사회, 기업, 대학 등의 기구를 통해 보험회사나 연금기구, 주로 각종 노인단체들의 주관으로 다양한 프로그램들을 실시하고 있다. 외국의 퇴직준비교육을 일본, 미국 및 영국을 중심으로 살펴보면 다음과 같다(홍지선, 2017).

1) 일본

일본은 1970년대 들어서면서 고령화사회가 사회의 중요한 문제로 대두되면서 노인교육에 관해 일찍부터 다양한 프로그램으로 사회구조를 새롭게 재편성하고자 노력하였다. 현재 우리나라의 고령화 속도가 일본에 비길 만큼 빠른 속도로 진행되고 있어 일본이 겪어 온 사회적 현상을 되짚어 볼 필요성이 있다.

일본의 퇴직준비교육의 목적은 퇴직예정자 자신이 자립형 인간이 되도록 하는 데 초점을 두고 있고, 퇴직을 인생의 일부로 받아들이고 미리부터 준비할 수 있도록 세부적인 프로그램으로 나누어 실시하고 있다(총 4가지 프로그램으로 Life plan, Silver plan, Gold plan, Yellow plan으로 구분됨).

일본은 1994년도에 「고령자고용안정법」이 개정되면서 1998년 이후에는 퇴직연령 60세 이하는 금지되었다. 2000년도에 「고령자고용안정법」을 또 다시 개정하여 의무퇴직연령을 최소 60세로 정하고 65세까지 고용을 보장하도록 하였다. 이러한 정부적 차원의 지원책으로 기업의 78%가 퇴직준비교육에 관심을 갖고 실시하도록 하여 근로자들이 자발적 참여를 하도록 하고 있다.

일본의 ASW(the Association of Social Welfare for Middle Aged Elderly Workers, 1992)에 따르면, 75개의 대기업들 중 61%가 퇴직준비교육 프로그램을 실시하고 있는 것으로 나타났다. 퇴직준비교육을 실시하고 있는 기업들 중 절반은 근로자의 자발적인 참여를 유도하고 해당 근로자뿐만 아니라 그 배우자까지 함께 교육대상에 참여시키고 있으며, 교육재정으로는 전체 기업에서 75%는 회사, 8%는 회사와 노동조합 공동, 7%는 복지 연금기금으로 운영하고 있으며, 약 41%의 기업이 퇴직준비교육 프로그램에 연 40,000달러 이상을 투자하고 있는 것으로 나타났다. 교육기간은 주로 1박 2일이나 2박 3일 일정으로 이루어지며 교육 주제로는 생애설계, 생애개발을 통한 자아실현, 시간관리, 건강관리, 퇴직연금과 소득, 재정관리, 세금과 법률지식, 퇴직 이후의 주거문제 등으로 이루어지는 것으로 조사되었다.

2) 미국

미국의 퇴직준비교육은 1965년「노인복지법」제정으로부터 출발한다. 전직 지원 프로그램인 TAP(Transition Assistance Program)에 따라 각 부처 간 긴밀히 협조를 하고 있으며 대학과 민간 전문가 단체, 그리고 지역단체 등이 다양한 프로그램을 제공하고 있다. 1978년 연령에 의한「고용차별금지법」(Act of Discrimination in Employment Amendments: ADEA)의 제정으로 전직 및 재취업에 관한 프로그램에 관심을 갖는 계기가 되었다. 특히 미국퇴직자협회(The America Association for Retired Person: AARP)가 같은 해에 퇴직준비교육 프로그램을 실시함으로써 이를 일반화시키는 데 기여하였다.

미국의 퇴직준비교육은 노조와 대학 그리고 기업에서 실시하고 있으며, 크게 세 가지 유형으로 구분된다. 첫째, 출판물이나 가이드북 형태의 책자로 된 프로그램으로 퇴직과 관련된 주제를 다루고 있으며, 이것은 기업에서 일반적으로 많이 사용하고 있는 방법이다. 둘째, 맨투맨 방식으로 사회보장과 같은 혜택에 대한 정보를 개인적인 접근통로로 전달하는 것이다. 마지막 세 번째 유형은 주로 대학에서 지역사회를 위한 퇴직준비교육을 제공하고 있으며, 기업에서도 퇴직준비교육을 실시함으로써 퇴직과 관련된 폭넓은 정보와 다양한 정보를 전달하고 있다(김주동, 2012).

미국의 퇴직프로그램에서 주목할 만한 사례로는, 공무원을 위한 사회참여 정책프로그램인데 미국 인사부 홈페이지의 각 소속기관에서 은퇴계획에 관련된 정보 제공을 통해 돕고 있다는 점이다. 예를 들어, 퇴직공무원에게 인사부 홈페이지에서 은퇴계획코너를 운영하여 연금 등에 관한 정보를 제공한다. 또한 '퇴직계획'에서 퇴직 이후의 생활에 필요한 '퇴직 1년', '퇴직이 1년도 안 남은 경우', '퇴직절차를 진행하는 경우', '퇴직 5년 전'으로 나누어 각 대상자의 상황에 맞는 정보를 홈페이지를 통해 제공한다.

미국의 퇴직준비교육의 사례로 뉴욕시를 예를 들면, 뉴욕시는 공무원의 퇴직준비교육을 두 가지 방향으로 나누어 지원하고 있다. 첫째는 퇴직준비교육 세미나 개최, 그리고 두 번째는 온라인 자기 준비 가이드 제공이다. 뉴욕의 퇴직 공무원협회는 1969년에 설립되어 뉴욕시에 본부를 두고 50개 주에 지회를 보유하여 자원봉사, 재취업 등 퇴직 후 다양한 경험을 살릴 수 있는 통로를 제공한다. 뿐만 아니라 각 지자체와 협력하여(퇴직교사협회, 퇴직경찰협회 등) 5만 명의 회원을 보유하고 있으며 가입 회원의 40% 이상이 재취업에 성공하고 있다. 또한 비영리 부분으로 파트타임, 봉사자로도 일할 기회를 얻을 수 있다(이성현, 2013).

이 외에도 미국은 그린썸(Green Thumb) 제도를 통해 고령자의 직업교육을 민관 합동으로 실시하고 있다. 그린썸 제도의 특이한 점은 고령자뿐만 아니라 장애자와 저소득 근로자들의 취업 목적으로도 직업훈련을 진행하고 있다는 점이다. 그린썸 제도는 매년 약 40,000명의 교육생을 배출하고 고령자들에게는 학습과 일자리 제공 및 타인을 위한 봉사를 제공한다. 이 제도는 정부와 민간 기관의 파트너십을 통해 고령근로자에게 교육훈련 및 취업으로까지의 연계를 고려한 점을 주목할 필요가 있다.

3) 영국

영국의 고령인구의 특징은 1930년대의 극심한 경제공황과 1940년대의 어려운 전쟁 속에 살아남은 세대로 개인 스스로 퇴직준비를 하지 못한 경우이기 때문에 퇴직 이후의 생활을 전적으로 국가의 사회복지제도에 의존하고 있는 노인이 많다(김주동, 2012).

현재 영국의 퇴직준비교육으로는 제3세대 도전(Third Age Challenge)이라는 민간단체가 재취업에 관한 정보제공 및 교육, 훈련활동을 다양한 서비스의 형태로 제공하고 있다. 특히 고령 노동자의 취업 선호도와 욕구를 조사하여 정부, 기업, 상업단체들에게 퇴직준비교육의 필요성을 적극 홍보하고 있다. 이러한 사업에 소요되는 비용은 주로 정부보조, 복지재단의 후원금, 그리고 기업의 성금 등으로 운영되고 있다.

영국의 퇴직준비교육에서 주목할 점은 영국은 '자조'와 '자원봉사'라는 관점에서 노인들의 자발적 민간 주도형 퇴직지원이 이루어지고 있다는 점이다(이성현, 2013). 정부는 고용 및 재취업을 중심으로, 민간은 자원봉사를 중심으로 지원한다. 다른 나라와 구별되는 자원봉사에 대한 강조는 영국의 오랜 시민사회의 전통과 자원봉사 문화에서 기인한 것으로, 이러한 지역사회 중심의 자원봉사활동이 자조정신을 강조하게 되면서 순환적 구조가 형성된 것이다.

영국의 퇴직공무원에 대한 퇴직준비교육을 살펴보면, 정년은 최대 70세까지 일할 수 있고 예외의 경우에 따라 70세 이상도 일할 수 있도록 하고 있다. 공무원 관리규정 CSMC(Civil Service Management Code)에 의해 최대정년 70세, 연금 수령 가능 최소 60세로 정하고 각 부처와 기관이 자율적으로 정년을 정하여 경우에 따라 최대 연령으로 근무가 가능하도록 규정하고 있다.

4. 우리나라 퇴직준비교육의 문제점 및 발전방향

앞에서 살펴본 바와 같이 우리나라의 퇴직준비교육을 실시하고 있는 조직은 소수의 대기업과 중앙부처인 점으로 볼 때, 퇴직준비교육에 대한 인식은 아직까지 미흡하다고 할 수 있다. 일본과 미국의 퇴직준비교육과 우리나라 퇴직준비교육을 비교하여 살펴보면 표 8-5와 같다(홍지선, 2017).

표 8-5. 영국과 미국 및 우리나라의 퇴직준비교육 현황 비교

구분	일본	미국	우리나라
공공부분	1. 정부차원의 고령자 취업프로그램 2. 「고령자고용안정법」 개정 3. 총 4단계의 라이프 플랜별 교육	1. 지자체별 미국퇴직자협회 설립 2. 공무원 재직 중 단계별 퇴직준비교육 프로그램 홈페이지 제공 3. 각 시 자체별 퇴직 준비교육프로그램 제공 4. 전역군인 지원 프로그램 5. 그린썸(Green-Thumb) 제도	1. 공공분야 각 기관 연수원에서 자체적 실시하거나 위탁함 2. 퇴직에 대한 지원 조직 설립 3. 제대군인 지원센터
민간부분	1. 65세까지 고용 보장 2. 대기업의 61%가 퇴직준비교육 실시 3. 교육대상자를 배우자까지 포함	1. 출판물과 가이드북 형태로 퇴직에 관련된 정보 제공 2. 맨투맨 방식 3. 대학에서 퇴직준비 교육 지원 4. 공공기관과 민간의 협력 파트너십 프로그램 운영	1. 대기업 위주의 퇴직준비교육 진행 2. 퇴직이후 생활교육 위주의 교육 3. 일부 대학 및 사회 교육원에서 노년과 관련된 프로그램 운영
주요특징	1. 퇴직교육적용 연령 40대부터 적용 2. 취업프로그램을 함께 운영함	1. 대학과 민간 전문가단체, 그리고 지역 단체 등이 연결되어 다양한 프로그램 제공	1. 생활교육 위주의 단편적·단기적 퇴직 교육 2. 각 지자체별 프로그램 운영

구분	일본	미국	우리나라
	3. 퇴직준비교육의 궁극적 목적을 자립형 인간에 둠 4. 단계별 프로그램 제공	2. 세미나 · 온라인 2가지 쌍방향으로 퇴직준비교육 지원 3. 고령자의 직업교육을 민관 협동으로 진행(정부와 민간기관의 파트너십) 4. 단계별 프로그램 제공	

표 8-5와 같이 일본과 미국의 퇴직준비교육은 일찍 관련법 제정으로 기반을 다진 후, 주로 재직 중인 예비퇴직자를 대상으로 단계별 플랜을 제공하여 중 · 장기적 프로그램을 운영하여 체계적인 조직을 갖추고 있다. 더하여 공공기관과 민간기관의 협조를 통해 실제 재취업프로그램을 제공하기도 하고, 퇴직준비교육이 소수에게 쏠린 혜택이 아닌 일반인도 참여가 쉬운 대중적 접근이 용이하다는 것이 특징이라고 할 수 있다. 현재 우리나라 퇴직준비교육의 문제점과 발전방향을 구체적으로 살펴보면 다음과 같다(홍지선, 2017).

첫째, 퇴직준비교육의 대중화를 위해 정부적 차원의 보다 적극적이고 제도적인 지원이 필요하다. 일본은 「고령자고용안정법」 개정으로 기업들은 65세까지 고용하도록 하고 있고, 미국은 고령에 의한 「고용차별금지법」(Act of Discrimination in Employment Amendments: ADEA)을 제정하여 퇴직준비교육의 중요성과 필요성을 인식하는 계기를 만들었다. 따라서 우리나라도 예비퇴직자의 퇴직준비교육을 위한 제도적 기반을 마련하고 이에 따른 장기적이고 단계별인 체계적인 퇴직준비교육을 위한 제도 마련이 필요하다.

둘째, 우리나라는 퇴직준비교육의 혜택을 받은 자는 소수라는 점이다. 즉, 아직까지 퇴직준비교육의 대상은 공무원과 대기업에 종사하는 자로 한정되어 있다는 것이다. 앞으로 다가올 노령시대와 베이비부머 세대의 은퇴를 감안할 때 퇴직준비교육 프로그램은 직종에 상관없이 대중들에게 좀 더 친숙하며 편리하게 제공되어야 할 필요가 있다. **표 8-5**의 미국의 정책적 특징과 같이 대학과 민간 전문가단체, 그리고 지역단체 등이 긴밀히 연결되어 사용자가 이용하기 편리한 다양한 프로그램을 제공하고 있다는 것에 주목할 필요가 있다.

셋째, 퇴직준비교육 기간이 단편적이고 단기적이라는 것이다. 일본과 미국의 경우 퇴직준비 프로그램을 재직자의 상황에 따라 단계별로 구분하여 제공하고 있는데, 특히 미국의 퇴직준비교육은 재직자의 재직 년 단위로 구분하여 예비퇴직자를 관리하고 그에 따른 교육을 제공하고 있는 것과 비교할 때, 우리나라의 퇴직준비교육의 프로그램을 조금 더 장기적인 관점에서 단계별 재정비가 필요하다고 할 수 있다.

다시 말해 주요 선진국의 퇴직준비교육 현황과 비교해 볼 때, 우리나라는 퇴직준비교육에 대한 구체적인 제도적 기반이 부족하며, 퇴직준비교육의 대중화를 위해 대학 및 각 지자체와의 연결, 공공기관과 민간기관의 긴밀한 협조를 통해 예비퇴직자의 요구와 상황에 맞는 단계적이고 장기적인 관점에서의 체계적이고 다양한 교육 프로그램이 제공되어져야 한다. 그리고 이와 관련하여 국내 실정에 맞는 퇴직준비교육 프로그램개발을 위한 다양한 연구들이 필요하다고 할 수 있다.

09

Chapter

재취업교육

배울 내용

1. 노인고용의 의미와 실태
2. 정년퇴직예정자의 재취업지원
3. 재취업지원교육
4. 사회적 노인일자리 사업

학습목표

1. 노인고용의 의미와 고용현황을 파악하고 필요성을 설명할 수 있다.
2. 정년퇴직예정자의 재취업지원 프로그램의 주요 내용을 숙지한다.
3. 재취업지원교육의 필요성을 이해하고 프로그램 내용을 숙지한다.
4. 사회적 노인일자리 사업을 이해하고 사업의 유형을 설명할 수 있다.

1. 노인고용의 의미와 실태

1) 노년기 일의 의미

은퇴 후 노인연금을 지급하는 연금제를 운영하고 있던 대부분의 국가들이 평균수명 증가와 이에 따른 고령인구의 증가로 인해 사회보장비용 지출의 재정적 부담에 직면하게 되었다. 이에 대한 해결방안으로 UN은 MIPAA(마드리드 고령화 국제 행동 계획, Madrid International Plan of Action on Ageing)을 발표하여 노인빈곤율 해소를 위해 취약계층인 고령자에 대한 일자리 참여의 기회 제공, 그리고 소득창출 기회 제공을 제안하였다. 이에 대한 영향으로 대부분의 선진국들은 사회보장체제 개혁을 통해 연금 급여 비율을 줄이면서, 고령자의 고용과 연계한 소득보장제도를 도입하고 있다(박귀영 외, 2023).

고령자의 취업은 연금의 재정적 지속가능성을 유지하며, 생산가능 인구감소 완화와 고용을 통해 자립적인 노후생활을 지원하는 사회보장 지출을 절감시킬 수 있는 효과가 있다. 뿐만 아니라 '노년기 일'은 노동과 같은 생산적인 일을 중시하는 사회적 가치와 일치하는 것으로 고령자에게 삶의 의미를 부여하며, 고령자의 자아에 긍정적인 영향을 주어 개인의 노화 적응력을 높여 주기도 하고, 고령자 개인에게 창조적인 생산 활동을 통한 자기실현의 의미를 부여하기도 하고, 고령자의 신체적 · 정신적 건강을 증진할 수 있는 기회를 제공하고, 사회적인 관계를 유지할 수 있게 하는 등의 다양한 효과가 있다(강소랑, 김병수, 2016).

노년기 활동이란 유급이든 무급이든 경제적 가치를 지닌 재화와 용역을 산출하기 때문에 고령자의 경제활동은 타인과의 관계 맺기와 적극적 인생참여를 가능하게 하는 요소가 된다.

2) 노인의 고용현황

노인의 고용현황을 고용률, 취업 의사 및 취업을 원하는 이유로 구분하여 살펴보면 다음과 같다.

(1) 고용률

고령자(65세 이상)의 고용현황과 경제활동현황은 **그림 9-1, 표 9-1**과 같다.

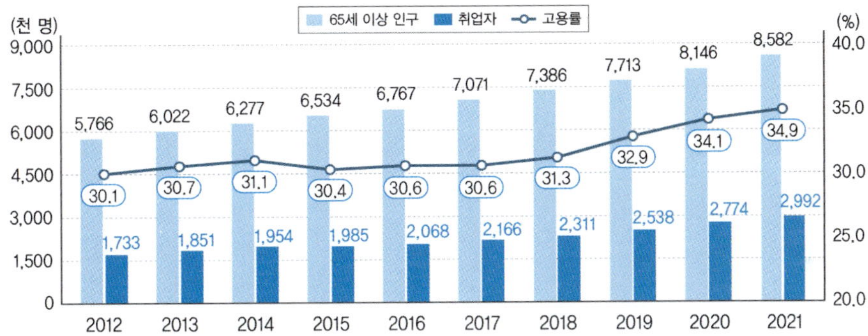

그림 9-1. 고령자(65세 이상)의 고용현황

출처: 통계청(2022). 2022 고령자 통계.

표 9-1. 고령자(65세 이상)의 경제활동현황 (단위: 천 명, %)

구분	65세 이상 인구	경제활동인구			고용률[1]	실업률[2]
			취업자	실업자		
2012	5,766	1,770	1,733	37	30.1	2.1
2013	6,022	1,879	1,851	28	30.7	1.5
2014	6,277	1,995	1,954	41	31.1	2.1
2015	6,534	2,034	1,985	48	30.4	2.4
2016	6,767	2,116	2,068	49	30.6	2.3
2017	7,071	2,228	2,166	62	30.6	2.8
2018	7,386	2,381	2,311	70	31.3	2.9

구분	65세 이상 인구	경제활동인구			고용률[1]	실업률[2]
			취업자	실업자		
2019	7,713	2,622	2,538	85	32.9	3.2
2020	8,146	2,879	2,774	105	34.1	3.6
2021	8,582	3,112	2,992	119	34.9	3.8
전체[3](2021년)	45,080	28,310	27,273	1,037	60.5	3.7

주: 1) 고용률 = 고령자(65세 이상) 취업자 수 ÷ 고령자(65세 이상) 인구 × 100.
2) 실업률 = 고령자(65세 이상) 실업자 수 ÷ 고령자(65세 이상) 경제활동인구 × 100.
3) 15세 이상 인구임.
출처: 통계청(2022). 2022 고령자 통계.

2021년 65세 이상 고령자의 고용률은 34.9%로 전년(34.1%) 대비 0.8% 상승한 것으로 나타났다. 구체적으로 고령자의 고용률은 15세 이상 인구 전체 고용률(60.5%)에 비해 낮은 수준이지만 2015년 이후 상승 추세에 있으며, 고령자의 실업률은 2018년 이후 상승 추세를 보이고 있는데, 2021년은 3.8%로 전년 대비 0.2% 상승한 것으로 나타났다. 고령자(65세 이상)의 산업별 취업자 분포현황은 **표 9-2**와 같다.

표 9-2. 고령자(65세 이상)의 산업별[1] 취업자 분포 (단위: 천 명, %)

구분	취업자	소계	농림어업	광·제조업	제조업	사회간접자본 및 기타 서비스업	건설업	도소매·음식숙박업	사업·개인·공공서비스 및 기타	전기·운수·통신·금융업
2017	2,166	100.0	27.4	6.8	6.6	65.8	3.3	16.1	39.7	6.7
2018	2,311	100.0	27.4	6.7	6.6	65.9	3.6	15.4	39.9	7.1
2019	2,538	100.0	25.6	6.4	6.3	68.0	3.7	14.6	42.8	7.0
2020	2,774	100.0	25.1	6.1	6.0	68.9	3.9	14.1	43.2	7.7
2021	2,992	100.0	25.0	5.7	5.7	69.3	4.3	13.1	44.0	7.8
전체[2](2021년)	27,273	100.0	5.3	16.1	16.0	78.6	7.7	20.0	38.6	12.3

1) 한국표준산업분류 10차 개정(2017년) 기준임.
2) 15세 이상 전체 취업자 대상임.
출처: 통계청(2022). 2022 고령자 통계.

2021년 65세 이상 취업자의 산업별 비중은 사업 · 개인 · 공공 서비스 및 기타(44.0%), 농림어업(25.0%), 도소매 · 음식숙박업(13.1%) 순이었고, 전체 취업자보다 고령층의 종사 비중이 높은 산업은 농림어업, 사업 · 개인 · 공공 서비스 및 기타로 나타났다. 고령자(65세 이상)의 직업별 취업자 분포는 **표 9-3**과 같다.

표 9-3. 고령자(65세 이상)의 직업별[1] 취업자 분포 (단위: 천 명, %)

구분	취업자	소계	관리자 · 전문가	사무 종사자	서비스 · 판매 종사자	농림어업 숙련종사자	기능 · 기계조작 종사자	단순노무 종사자
2017	2,166	100.0	4.8	2.5	17.0	25.9	12.7	37.0
2018	2,311	100.0	5.1	3.0	17.0	26.0	13.2	35.7
2019	2,538	100.0	5.5	3.0	17.7	24.6	13.5	35.8
2020	2,774	100.0	5.3	3.4	17.5	24.2	13.5	36.0
2021	2,992	100.0	4.8	3.4	16.8	24.2	14.1	36.6
전체[2](2021년)	27,273	100.0	21.9	17.4	21.4	5.1	19.7	14.4

주: 1) 한국표준직업분류 7차 개정(2018년) 기준임.
2) 15세 이상 전체 취업자 대상임.
출처: 통계청(2022). 2022 고령자 통계.

2021년 65세 이상 취업자의 직업별 비중은 단순노무 종사자(36.6%), 농림어업 숙련종사자(24.2%), 서비스 · 판매 종사자(16.8%), 기능 · 기계조작 종사자(14.1%) 순이었다. 전체 취업자와 비교하면 단순노무 종사자와 농림어업 숙련 종사자의 비중이 매우 높고, 관리자 · 전문가 및 사무 종사자의 비중은 상대적으로 낮은 것으로 나타났다.

(2) 취업 의사 및 취업을 원하는 이유

취업 의사 및 취업을 원하는 이유에 대한 조사결과는 **그림 9-2, 표 9-4**와 같다.

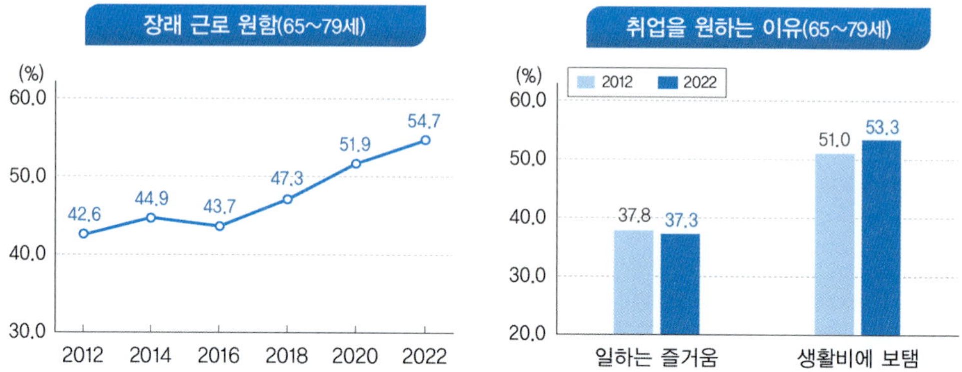

그림 9-2. 장래 근로의 희망과 이유

출처: 통계청(2022). 2022 고령자 통계.

표 9-4. 취업 의사 및 취업을 원하는 이유(65~79세)

구분		장래근로 원함	소계	일하는 즐거움	생활비 보탬	사회가 필요로 함	건강 유지	무료해서	기타
전체	2012	42.6	100.0	37.8	51.0	1.3	3.0	6.6	0.2
	2014	44.9	100.0	39.7	51.0	0.9	2.8	5.4	0.2
	2016	43.7	100.0	36.5	55.2	1.4	2.4	4.4	0.1
	2018	47.3	100.0	34.8	57.2	1.1	2.4	4.5	0.0
	2020	51.9	100.0	37.1	54.5	1.5	2.4	4.4	0.0
	2022	54.7	100.0	37.3	53.3	1.2	3.0	5.2	0.0
남자	2012	53.9	100.0	43.8	45.0	1.9	3.2	6.0	0.2
	2022	64.4	100.0	40.8	49.7	1.6	3.4	4.6	0.0
여자	2012	34.1	100.0	30.7	58.3	0.6	2.7	7.4	0.3
	2022	46.4	100.0	33.2	57.7	0.8	2.5	5.8	0.0

출처: 통계청(2022). 2022 고령자 통계.

2022년 장래에 일하기를 원하는 65~79세 고령자는 54.7%로 지난 10년간 12.1% 증가하였다. 그리고 2022년 65~79세 고령자가 취업을 원하는 이유는 생활비 보탬 53.3%,

일하는 즐거움 37.3% 순이었다. 지난 10년간 생활비 보탬은 2.3% 증가한 반면, 일하는 즐거움은 0.5% 감소하였고, 생활비 보탬은 남자가 4.7% 증가한 반면, 여자는 0.6% 감소하였으며, 일하는 즐거움은 남자가 3.0% 감소한 반면, 여자는 2.5% 증가한 것으로 나타났다.

3) 노인재취업의 필요성

고령화와 더불어 사회적 변화는 우리사회의 노인복지의 접근에 있어서 예전과는 다른 측면에서의 접근이 필요하게 되었다. 우선 개인적 측면에서 살펴보면, 평균수명이 연장되었지만 퇴직 시기는 연장되지 않음으로 인해 정년 이후의 시간이 길어지게 되었다는 것이다. 구체적으로 우리나라의 대부분의 기업이 현재 55세 정년제를 선택하고 있는데, 평균적으로 30세에 노동시장에 진입하였다고 생각할 때 30세에 55세까지의 25년간을 노동시장에서 일하고 55세부터 약 80세까지 25년간의 퇴직 이후의 시간을 보내게 된다. 따라서 이 시기의 소득보장과 여가, 건강생활을 어떻게 할 것인가가 중요한 이슈로 부각되었다. 또한 노인인구가 증가함에 따라 자연히 건강한 노인의 수가 증가하게 되었다는 것이다. 한국보건사회연구원에서 실시한 전국 노인 장기요양보호서비스 욕구조사에 의하면, 전체 노인인구의 57.7%는 독립생활이 가능하며 근로능력이 있는 건강한 노인으로 파악되었다. 따라서 이렇게 길어진 노년의 시간을 건강하고 보람있게 보내고자 하는 다양한 욕구가 증가하게 되었고, 이러한 욕구를 가진 건강한 노인들이 사회활동에 지속적으로 참여하여 활동적인 고령화가 이루어질 수 있도록 하는 사회제반 환경의 마련이 필요하게 되었다.

둘째, 사회적 측면에서 보면, 이미 고령사회에 진입한 선진국에서 직면하고 있는 문제 중의 하나는 생산인구는 줄어들고 있는 반면에 사회적으로 부양해야 할 노인인구는 급속하게 증가함에 따라 연금, 의료보험 등의 사회적 부담이 증대하게 되었다는 것이다. 이에 따라 국가생산력 유지를 위해 가용 인력의 최대한 활용이 필요하게 된 것이다. 이미 선진국에서는 사회보장의 비용증가에 따른 재정압박을 감소시키고, 지속적인 경제성장을 유지하기 위해 노인들의 인력활용에 많은 노력을 기울이고 있다. 노인재취업의 필요성을 경제적 빈곤, 복지재정의 한계, 가족부양기능의 변화 및 자아실현으로 구분하여 살펴보면 다음과 같다(이동우, 2009).

(1) 경제적 빈곤

사람이 인간다운 생활을 영위하기 위해서는 의 · 식 · 주와 건강의 유지는 물론 문화적 욕구를 기본적으로 충족시킬 수 있는 수입이 필요하며, 특히 노인들은 신체적 노화현상으로 의료비용이 더 필요하게 되므로 그에 따른 추가적 소득이 필요하다.

노인들의 소득원을 분석해 보면, 노인들 스스로 마련하는 소득으로는 일과 직업을 통한 근로소득, 연금과 저축을 통한 재산소득이 있으며, 의존적인 소득으로는 자녀 및 친척으로부터의 지원, 민간단체의 지원 그리고 정부로부터의 공공부조 등으로 분류할 수 있다. 그러나 우리나라 노인들 대부분은 자녀에게 의존하고 있으며, 그다음으로 자신의 일이나 직업을 통한 근로소득이 주된 소득원이다. 선진국의 경우와는 달리 노인소득원의 주요 출처인 재산소득(공적연금, 개인연금, 저축)은 노후 경제생활에 큰 역할을 하지 못하고 있는 실정이다. 이는 현세대 노인들이 과거 자녀들에 대한 과다한 투자로 노후 준비를 소홀히 하였고, 전 국민 연금제도의 미발달로 일부 노인들만 연금형태(국민연금, 공무원)의 급여를 받고 있기 때문이다.

(2) 복지재정의 한계

사회복지정책이 발달되어 있는 선진국들은 점증하는 복지수혜의 증가, 복지의 질 향상으로 인하여 고복지 고부담의 딜레마를 경험하고 있다. 이처럼 가중되는 복지재정의 부담은 인구고령화에 의한 노인복지 비용의 폭발적인 증가가 주원인으로 대두되고 있다. 고부담은 경제성장의 저해요인으로 등장하여 장기적으로 경기를 침체시키는 요인으로 작용하게 된다.

국민에 대한 고비율의 과세는 근로의식을 저하시키고 생산성을 저하시키는 결과를 가져올 수도 있다. 앞으로 우리나라의 경우도 노인인구의 증가, 가족구조의 변화, 부양의식의 약화 등으로 인하여 노인문제가 대두될 것으로 예상할 때 사회복지 재정 중에서도 노인복지를 위한 재정팽창은 가속화될 것으로 예상된다. 이러한 부담을 국가만 맡아서 하게 되면 재정상의 커다란 부담이 발생하게 되므로 노인복지 재정상의 부담도 줄이고, 노인 스스로의 소득원도 확보할 수 있는 정책이 필요할 것이다.

소득보장은 빈곤문제의 발생을 예방하거나 이미 발생한 빈곤문제를 해결하기 위한 사회보장제도의 일부분이라고 할 수 있다. 가중되는 노인인구에 대한 부양비 부담과 노인의 의지력 상실 등 사회문제화되는 노인문제를 일자리 창출을 통한 국가의 부담 경감과 노인들의 자아정체감 실현의 두 가지 효과를 거둘 수 있다.

일반적으로 공적부조는 조세를 재원으로 하는데, 서구 복지선진국가처럼 충분한 복지재원을 확보하지 못하고 있는 우리나라의 경우 사회보험이나 공적부조 혹은 사회수당 등과 같은 국가의 직접적인 소득이전 프로그램이 빈약한 실정이어서 노인층의 인력을 활용하는 적극적이고 제도적이며 체계적인 뒷받침이 요구된다.

(3) 가족부양기능의 변화

우리나라는 1960년대를 전후로 근대화, 산업화 및 도시화가 진행되면서 가족구조가 대가족에서 핵가족화로 변화하게 되면서 평균가족원 수가 줄어드는 소가족화 현상을 보이고 있으며, 더불어 개인주의적 서구문화의 영향으로 자녀들의 부양의식이 약화되면서 자녀와 별거하는 노인수가 증가하게 되었다. 구체적으로 노인가구를 65세 이상 노인이 포함된 가구로 정의할 때 노인가구수가 2000년 현재 1,734,402가구로 전체 가구수(14,311,807)의 많은 수를 차지한다. 이는 1990년에 비하여 47.75% 증가한 규모이다. 가구구성면에서 큰 변화를 보이고 있는데, 특히 노인가구의 독립적 세대구성이 증가하는 양상이 두드러지고 있다. 앞으로 핵가족화 및 소가족화가 더욱 증가되어 자녀로부터 떨어져 사는 노인들의 부양문제가 더욱 심화될 것으로 예상되고 있다.

(4) 자아실현

노인은 가족 및 사회 내에서 역할을 확보하고 있을 때 자존감 및 자아정체감을 유지할 수 있다. 경제적 측면 외에 노년기의 가장 큰 문제 중의 하나인 퇴직은 사회적으로나 가정적으로 역할상실을 가져온다. 수입이 없어지면서 경제적으로 타인에게 의존해야 하는 상황에 놓이게 되고, 직업을 통해 이루어졌던 사회적 관계망이 퇴직을 기점으로 점차 줄어들면서 개인의 사회적 역할뿐만 아니라 개인에 대한 사회적 지지 또한 감소되는 부정적 경험을 하게 된다.

이로 인해 노인은 고립감, 좌절감, 사회적 역할의 상실감 등 심리적 스트레스를 경험하게 되고, 그 결과 노인은 신체적, 정신적으로 약화되어 삶의 의미를 상실할 가능성이 높아진다. 따라서 퇴직으로 인한 위기는 다시 재취업을 통해 자신의 필요성에 대하여 인식하고, 자신감을 획득하고, 가정 내의 권위도 살릴 수 있다. 이처럼 일은 수입, 지위, 흥미와 동료의식을 제공하기 때문에 이에 대한 욕구는 퇴직 후라고 하여 줄어드는 것은 아니다. 그러므로 노년기에도 계속적으로 일하기를 원하는 것이다.

정년퇴직을 하면 사회로부터 제도적 측면에서 또는 구조적 측면에서 소외 또는 배제를 당하게 되는데, 이러한 경우 노인들은 자신감의 상실과 역할의 상실로 큰 좌절감을 맛보게 된다. 이렇게 소외감을 느끼고 좌절하는 노인들에게 현역시절부터 쌓아 온 노련한 경험과 경륜을 바탕으로 하는 노하우를 활용하여 일정 부분 사회에 봉사할 수 있는 기회를 제공한다면 자신감을 회복할 수 있게 될 것이다.

또한 사회 각 분야에서 자기만의 전공을 되살려 봉사할 수 있는 자원봉사의 기회를 부여함으로써 동기를 부여할 수 있다. 자원봉사활동은 노후 개인에게 퇴직으로 인해 상실되었던 사회적 지위와 역할을 보충해 주고 사회 일선에서 물러나 자칫하면 상실하기 쉬운 자신의 사회적 가치성을 유지하거나 회복할 수 있게 해 주어 아직도 자신이 사회에 유용하고 필요한 존재가 되고 있다는 가치를 갖게 해 준다. 즉, 아직도 자신이 사회에 유용한 존재이고 필요한 존재가 되고 있다는 확신을 갖게 해 줌으로써 노후생활을 더욱 풍요롭게 하며 삶의 만족감을 높이는 데 기여하게 된다.

2. 정년퇴직예정자의 재취업지원

취업지원프로그램은 취업효능감을 증진하고 취업과 관련된 의사결정을 지원하며 구직기술을 향상시켜 구직자의 성공적 취업을 도와주는 데 그 목적이 있다. 일반적으로 취업지원프로그램은 실업자, 저소득층, 장애자 등 취업 취약인구를 대상으로 취업 및 직업생활 유지에 필요한 지식 및 기술을 제공하기 위해 고안된 프로그램을 의미하는데, 일반적으로 기초교육(Basic Education), 소양교육(Soft Skills), 구직기술(Job Search), 직업유지(Job Retention), 경력진단 및 계획(Career Assessment and Planning) 등의 일부 혹은 전부를 포함한다(박미영, 2017).

따라서 취업지원프로그램은 그 대상자나 성격에 따라 매우 다양하다고 할 수 있다. 특히 사회적 약자라고 할 수 있는 특정 대상집단(예를 들어, 여성, 대학생, 장애인, 북한 이탈주민, 제대 군인 및 고령자 등)에 집중되어 있는 경우가 대부분이다. 하지만 대상자는 달라도 취업지원의 방법에는 한계가 있기 때문에 교육내용에서는 유사점이 많다. 전반적으로 취업 효능감의 향상과 취업 의사결정의 지원, 구직기술의 향상 등으로 구성되며, 퇴직에 대한 인식전환, 자신에 대한 이해, 노동시장의 이해, 일의 선택과 결정을 포함하는 경우가 대부분이다.

전직지원프로그램은 퇴직자의 심리적 불안감이나 스트레스를 조기에 극복하도록 하여 심리적 안정감을 줄 수 있다. 아울러 퇴직자 개인의 능력을 개발할 수 있는 기회를 제공하고 재취업이나 창업에 대한 실무적 지원을 통해 신속하게 경력목표를 달성하는 데 도움을 준다(Harvey, 1995). 또한 기업이 불가피하게 인력감축을 시행할 수밖에 없었던 상황을 이해할 수 있도록 하며, 퇴직 이후에도 자신을 돌봐 준다는 인식을 갖게 함으로써 기업에 대한 반감을 최소화하여 퇴직자가 기업에 갖는 이미지를 긍정적으로 만드는 데 영향을 미친다. 이와 같은 목적으로 퇴직자나 퇴직 예정근로자, 고령자 등에 대한 취업지원제도가 시행되고 있는데, 우리나라의 전직지원서비스 유형과 내용을 구체적으로 살펴보면 **표 9-5**와 같다(배상명, 2021).

표 9-5. 재취업지원서비스 유형과 내용

유형	서비스 내용	제공기준
경력 · 적성 등의 진단 및 향후 진로설계	• 이직 이후 변화관리 등에 관한 교육을 포함, 소질과 적성, 경력에 관한 진단과 상담을 바탕으로 향후 생애와 직업에 관한 진로설계	• 16시간 이상의 교육과 상담 제공 • 개인별 진로설계서 작성
취업알선	• 취업알선 및 상담(이력서 · 자기소개서 작성요령 등 취업지원서비스 제공 포함)	• 이직 전 3개월 이내 2회 이상 취업알선(1회 이상 대면 서비스 제공)
취업 · 창업에 관한 교육훈련	• 구직 또는 창업 희망에 따라 직업에 필요한 직무수행능력을 습득 · 향상시키기 위하여 실시하는 교육 · 훈련	• 기간 2일 이상, 16시간 이상 실시 • 집체 · 현장실시 원칙, 일부 원격방식 병행수행 가능

1) 정년퇴직예정근로자 재취업제도 도입배경과 주요 내용

우리나라의 취업지원제도는 1981년 「노인복지법」이 제정되면서 시행되었다. 1980년대에 산업화, 도시화, 핵가족화되는 사회구조의 변화에 따라 현직 은퇴 노인들의 생계문제가 발생하고 취업을 원하는 노인들이 늘어나면서 커다란 사회문제로 이슈화되었다. 이에 정부는 노인들에게 그 능력에 적합한 직업에 취업하는 것을 지원함으로써 노동시장의 인력수급을 원활히 함과 동시에 고령자의 고용안정과 국민경제발전에 기여할 목적으로 고령자 고용정책들을 실행하게 되었다(이수혜, 2004).

한국의 정년퇴직자를 대상으로 하는 교육으로 한국고용정보원에서 실시하는 취업지원프로그램이 있는데, 2007년 이후 중장년층 재직자의 미래 퇴직 후 재취업을 돕는 생애경력설계 프로그램(Bravo Second Life)을 시행하고 있다. 주제는 일과 삶의 균형잡기, 일의 선택을 위한 관련 특성 알기, 나의 직업경력 이해하기, 경력목표 및 실천계획 수립으로 2일 14시간 동안 교육이 이루어졌지만, 실제 고령자 재취업은 그리 많지 않다는 한계점을 가지고 있다. 그리고 국방 취업지원센터에서 주관하는 제대군인 취업지원 프로그램 등이 제공되어 왔다.

따라서 고령자의 재취업을 활성화하기 위해서는 정부의 실효성 있는 정책과 구체적인 실천지침을 준수하는 법과 제도가 정비되어야 한다는 필요성이 제기되었다. 그 당시 정부에서 실시한 고령자 취업활동 지원은 크게 「노인복지법」에 의한 보건복지부 주관 지원과 「고령자고용촉진법」에 의거한 노동부 주관으로 시행되는 지원 등 2가지였다. 그 이후에도 퇴직자 및 고령 근로자의 노동시장 환경을 개선하기 위한 다양한 정책방안들이 개발되었다.

2000년대에 들어오면서 「고령자고용촉진법」, 「고용보험법」, 「노인복지법」, 「고용정책기본법」, 「근로자직업훈련촉진법」 등을 입법하여 시행하고 있는데, 이러한 전직지원 정책에 따라 시・도별 평생교육 실행계획을 통해 학습・고용・복지 연계형 평생교육사업을 개발하고, 베이비붐 세대의 은퇴와 맞추어 4050세대들이 퇴직 후 재취업 혹은 창업을 할 수 있도록 역량을 개발하는 직업교육사업이 활성화되고 있다. 이처럼 시·도 및 시·군·구 등 지방자치단체에서도 대상별, 영역별 다양한 전직지원서비스를 추진하고 있다.

전직지원프로그램은 기업의 인력조정에 따른 부작용을 최소화하는 방안으로 도입되었으며, 목적은 퇴직자에게 일터를 떠나야 하는 충격으로부터 심리적 안정감을 얻도록 하고 신속한 대안탐색을 위한 다양한 정보를 제공하는 것이다. 또한 잔류구성원에게는 충격과 불안을 최소화하여 조직충성과 직무몰입이 가능하게 한다. 그리고 정부는 상시로 발생하는 기업의 인원 감축에 대한 노동시장의 유연성 확보와 퇴직자의 재취업 활성화 방안으로 재정적 부담을 완화할 수 있다는 이점을 지닌다. 재취업지원프로그램의 주요 내용은 **표 9-6**과 같다(배상명, 2021).

표 9-6. 재취업지원프로그램의 주요 내용

구분	내용
고령자 고용촉진 장려금	고령자 고용촉진 장려금 제도는 「고령자고용촉진법」과 「고용보험법」에 의하여 고용주에게 보조금을 지급한다. 고령자 다수 고용장려금, 고령자 신규 고용 장려금, 고령자 재고용장려금 등의 3가지 종류의 장려금제도가 있다.
고령자 계속 고용프로그램	고령자 계속 고용프로그램은 「고령자고용촉진법」에 의거 근로자의 정년을 60세 이상이 되도록 권고하고 있다.
고령자 인재은행과 고급인력 정보센터	고령자 인재은행은 1992년 7월부터 시행된 「고령자고용촉진법」에 의해서 노동부가 1993년 설치, 운영하기 시작한 사업이다. 고령자 인재은행은 취업알선센터프로그램을 정부로부터 허가받아 무료로 직업을 소개하는 비영리법인 및 공인단체이다. 고급인력정보센터는 사회 각 분야에서 전문지식 경험을 축적하고 퇴직하는 고급인력 및 중견 인력의 분야별 고급인력 Pool을 형성하여 취업을 알선해 주는 프로그램이다.
직업능력배양프로그램	직업능력배양프로그램은 「고령자고용촉진법」과 「고용보험법」에 의하여 고령자 적합 직종을 중심으로 고령자들의 취업기회 확대에 도움을 주기 위하여 1~4주간씩 직업생활의 기본소양과 산업재해 예방 그리고 안전관리 요령과 직종별 작업수행능력 훈련 등의 취업준비교육을 받게 하고 있다.

구분	내용
고령자 적합 직종 선정 및 채용 권고	1991년 제정된 「고령자고용촉진법」 제15조에 의하여 고령자와 준고령자의 취업에 적합한 직종을 선정하고, 300인 이상 대규모의 사업장의 경우 고령자 취업을 3% 이상의 고용을 장려하고 있다.

우리나라가 노인취업 문제를 본격적으로 다루기 시작한 것은 IMF 이후부터이다. 실제로는 구조조정에 의한 강제퇴직자를 주 대상으로 하였다. 그 이후 2004년부터는 사회안전망 확보 차원에서 국민연금관리공단에 노인인력운영센터를 운영하였고, 2005년 한국노인인력개발원을 설립하여 정부가 주도하는 노인일자리사업을 시행하고 있다. 이 노인일자리사업은 보건복지부가 전담하고 있다.

그 외에도 전직지원서비스를 강화하기 위해 2001년에는 전직지원장려금제도를 도입하고 2008년에 확대하였고, 2014년에는 장년고용종합대책을 2015년에는 특별고용지원업종을 지정하는 등 다양한 정책을 도입·추진하고 있다. 이러한 정책은 구조조정에 따른 비자발적인 실직과 명예퇴직 등으로 인한 중장년층의 퇴직 후 문제를 해결하기 위한 정책이며, 2020년에 와서는 정년퇴직자를 위한 지원제도를 시행하고 있다.

2) 생애설계기반 재취업지원 서비스

퇴직자의 재취업지원을 위하여 2012년부터 베이비부머세대 퇴직예정자를 위한 생산직 베이비부머 퇴직설계프로그램을 개발하여 시행하고 있으며, 2013년에는 앞의 생산직 퇴직설계와 비슷한 편성으로 사무직 베이비부머 퇴직설계프로그램을 실시하고 있다. 그리고 2014년에는 구직자의 재취업을 효과적으로 돕고 고용의 안정성을 높여 주기 위한 프로그램을 개발하였는데, 이들 퇴직설계프로그램은 생애설계를 기반으로 하고 있다.

생애설계란 생활의 다양한 영역에서 현재 이후 생애주기 각 단계를 거쳐 이루고자 하는 것을 체계적으로 계획하는 것과 실천하도록 돕는 것이다. 구체적으로 생활영역별로 생애사명을 확립하고 생애사명의 실현과 생애주기 단계별 발달과업을 위한 목표를 설정하고 그 목표달성을 위한 시간관리 계획을 수립하는 것과 실천하는 것을 말한다. 또한 생애설계는 인생주기를 이해하고, 해당 기간에 대한 준비의 필요성을 설명하기 위한 방법이기도 하다. 생애설계는 주로 재무설계와 연관하여 설명하는데, 가장으로써의 책임기간과 노후생활기간으로 구분한다. 퇴직 후 생애설계는 중년기 이후 생애주기에 대한 계획이며, 그림으로 요약하여 나타내면 **그림 9-3**과 같다.

	제1단계		제2단계		제3단계		제4단계	
생애설계	생애사명확립 (사명서 작성)		생애목표 설정		생애목표달성 위한 시간관리 계획 수립		생애설계실천 점검 평가	
생활영역	경력	학습 자기 개발	건강	가족 사회 관계	재무	주거	사회 참여 봉사	여가 영적 활동

생애설계: 생활영역별 생애사명을 확립하고 생애사명 실현과 생애주기 단계별 과업수행을 위한 목표를 설정하고 목표달성을 위한 시간관리 계획을 수립하여 실천하는 것

그림 9-3. 생애설계 개념도

오늘날 퇴직자 또는 퇴직예정자에게 제공되는 재취업지원서비스는 일반적으로 현 직장에서 현재까지 근무하던 근로자가 여러 가지 이유로 이직 및 퇴직을 하게 된 이후 다시(계속) 취업하거나 창업할 수 있도록 지원해 주는 서비스를 의미한다. 「고령자고용촉진법」 및 동시행령에서 정의하고 있는 재취업지원서비스는, 첫째, 경력 · 적성 등의 진단 및 향후 진로설계, 둘째, 취업알선, 셋째, 재취업 또는 창업에 관한 교육, 넷째,

그 밖의 고용노동부 장관이 재취업에 필요하다고 인정하는 서비스를 의미한다. 재취업지원서비스에 대한 구체적인 내용을 살펴보면 **표 9-7**과 같다(배상명, 2021).

표 9-7. 재취업지원서비스의 구체적인 내용

구분	내용
진로설계	진로설계에 대한 명확한 학술적, 일반적 정의는 없다. 최근 일부 생애주기, 생활영역 관련 교육, 훈련 서비스 현장에서 활용하고 있지만 명확히 정의하지 못하고 있다. 원래 진로설계는 주로 청소년기와 청년기 초기 직업 · 경력과 연관되는 교육현장에서 향후 직업 · 경력(학습 · 자기개발 포함) 영역의 계획(단기 및 중 · 장기 계획)을 수립하는 것으로 사용되어 왔다. 최근에 들면서 중년기 이후 경력 · 자기개발, 사회봉사활동의 설계 등을 의미하는 경우, 폭넓게 생애설계와 같은 의미로 사용하는 경우도 있다. 「고령자고용촉진법」에서도 진로설계에 대한 정확한 정의는 없다. 따라서 법률이나 교육의 효과적 시행을 위한 명확한 정의가 필요하다. 대체로 진로설계는 생활영역 중에서 직업경력, 자기개발, 사회봉사의 3가지 영역에 대한 설계를 의미한다.
취업알선	취업알선이란 성격 · 적성검사를 기반으로 보유하고 있는 직무수행지식, 기술 및 경험에 적합한 직업 · 직무에 관한 정보를 제공하고, 취업신청 서류준비 및 면접기술 등을 습득하여 특정 사업장에 취업할 수 있도록 지원하는 것이다.
재취업에 관한 교육	재취업에 관한 교육은 성격 · 적성검사를 기반으로 취업에 관한 일반적 절차, 직업 · 직무수행 기초능력 향상을 위한 교육 · 훈련 및 전문적 직업능력 향상을 위한 심화교육 · 훈련을 의미한다. 필요한 경우 취업교육 · 훈련 관련 상담 · 컨설팅 제공까지 포함할 수 있다.
창업에 관한 교육	창업지원에 관한 교육은 성격 · 적성검사를 기반으로 현재 및 미래의 사회 · 경제 · 기술적 여건에 적합한 사업 아이템 선정 · 개발, 사업체(개인 · 법인) 창립 · 운영절차 및 사업 관련 지식과 기술을 제공하는 교육 · 훈련을 의미하며 필요한 경우 창업교육 및 훈련 상담과 창업 설계까지도 제공할 수 있다.

3. 재취업지원교육

재취업지원서비스의 중요한 한 축으로 재취업지원교육이 있다. 취업지원교육은 구직자들이 본인의 적성과 능력에 알맞는 직업을 고르고, 진로 및 취업계획을 준비하여 효율적으로 구직활동을 전개해 나갈 수 있도록 역량제고를 지원하는 교육이다. 통상 구직기술교육에서 주로 다루는 내용은 이력서 작성법, 이미지메이킹, 면접법, 직업정보 탐색기술 등으로 큰 차이가 없다. 또한 자기파악(자신의 강점, 약점, 경력목표, 전략 등)을 위한 내용을 많이 포함하고 있으며, 일반적으로 전문 인사를 활용하거나 기존에 나와 있는 진단도구를 활용하여 구체적이고 실용적인 자기 파악을 위한 정보를 효과적으로 제공하고 있다. 프로그램 특성에 따라 구직기술교육이 강조되기도 하고, 직업기초능력 및 직업소양교육이 상당한 비중을 차지하는 경우도 있으며, 취업알선서비스가 매우 강조되는 프로그램도 있다.

재취업교육은 대체로 구직교육의 연장선에서 실시하고 있는데, 주요 내용으로는 직업기초능력 또는 직업소양능력 등 직업생활을 성공적으로 영위하는 데 필요한 기초소양교육을 포함하고 있다. 그 외에 참여집단의 성격에 맞춰 제공되거나 혹은 다수의 프로그램이 참여자 특성에 따라 선택적으로 내용을 제공하기도 한다. 재취업을 희망하는 수요자 중심교육이지만, 개인별 환경과 여건이 다양하기 때문에 프로그램은 융통성이 많다.

1) 재취업지원교육의 필요성

노년기 일자리 확보를 위해서는 퇴직 전 재취업교육이 필요하다. 즉, 고령사회에 대비해서 중고령자의 경제활동 참여를 촉진하기 위한 정책 과제들은 그 효과가 당장 나타나지 않더라도 장기적인 안목을 갖고 추진해야 할 필요성이 있다. 왜냐하면 퇴직자는 퇴직을 사회로부터 퇴출이라고 인식하여 적대감, 불안감, 소외감, 낮은 자신감과 자아존중감, 우울 등의 심리적 변화를 경험하게 되고, 가족관계에서도 실직으로 인해 부부의 역할이 바뀌면서 가정불화나 이혼이 발생할 수 있기 때문이다. 그리고 기업조직의 갑작스러운 인력 감원이나 구조조정은 퇴직(예정)자들에게 심리적 · 생리적 변화는 물론 가족관계 등에까지 부정적 영향을 미친다. 그러므로 퇴직예정자와 해당 작업장 모두가 충격 없이 퇴직을 받아들일 수 있는 심리적 혹은 현실적인 대안이 필요하다.

이러한 필요를 충족시키는 것이 재취업지원 교육이다. 이 교육은 퇴직 전 퇴직 연한을 몇 년 앞둔 직장인을 대상으로 실시하며, 그 내용은 퇴직 후에 나타날 것으로 예상되는 문제에 능동적으로 대처해 나갈 방법과 요령 등에 대한 것으로 크게는 퇴직을 준비하는 교육 프로그램과 퇴직 후의 재취업, 또는 사회참여에 대한 교육을 포함한다. 재취업지원교육은 정년퇴직예정근로자들 전체가 참여하도록 구성하는 것이 좋으며, 프로그램의 목적은 퇴직예정근로자가 희망하는 취업처에 재취업지원교육을 통하여 취업에 필요한 기술을 습득하여 재취업 성공률을 높이는 것에 있다.

2) 정년퇴직예정자 재취업지원교육 관련 근거

우리나라의 재취업지원과 관련된 법적 근거는 「고용정책기본법」, 「고용보험법」, 「근로자직업능력개발법」에 마련되어 있다(고용노동부, 2014). 고령자를 취업취약계층으로 하여 지원을 하는 「노인복지법」, 여성을 대상으로 하는 「저출산 · 고령사회기본법」에도 일자리에 대한 조항이 있다. 재취업지원과 관련된 법적 근거 살펴보면 **표 9-8**과 같다.

표 9-8. 재취업지원과 관련된 법적 근거

구분	내용
고령자고용 촉진법[7]	퇴직예정근로자의 재취업을 지원하기 위한 관련 근거이다. 이 법은 2020년 5월 시행되었고, 정식 이름은 「고용상 연령차별금지 및 고령자 고용촉진에 관한 법률」이다. 이 법은 은퇴를 앞둔 50, 60대가 능력에 맞는 직업을 가질 수 있도록 지원하고 촉진함으로써 중년 퇴직자들의 고용안정과 국민경제 발전을 위해 제정되었다. 법률은 2020년의 경우 대상 기업은 1,000명 이상의 노동자를 고용한 기업이다. 대상은 1년 이상 재직한 50세 이상 노동자가 정년이나 희망퇴직 등 비자발적인 사유로 이직을 하는 경우이고, 서비스 시점은 이직일 직전 3년 이내로 하고 있다. 서비스 내용은 진로상담 및 설계, 직업 및 재취업지원교육, 취업알선 등으로 서비스 내용의 한 부분으로 재취업지원교육을 제공하고 있다.
고용보험법	「고용보험법」은 근로자들의 실업예방 및 고용의 촉진을 도모하고, 실업한 경우에 생활에 필요한 급여를 실시함으로써 근로자의 생활의 안정과 구직활동을 촉진하는 법률이다. 고용보험은 퇴직 후 삶의 안정을 위한 사회보험이지만, 법에는 재취업 기회 제공과 및 재교육을 포함하고 있다.
노인복지법	「노인복지법」은 노인의 생활안정을 위하여 필요한 조치를 강구함으로써의 노인의 복지증진을 위한 법이다. 노인은 국가 및 사회에 기여한 자로서 존경받으며 건전하고 안정된 생활을 보장받을 수 있도록 규정되어 있다.
고용정책 기본법	「고용정책 기본법」은 근로자의 직업 선택의 자유 및 근로의 권리가 확보되도록 하여야 하는 기본원칙을 명시하고 있다. 취업기회의 균등한 보장에 있어 차별하지 않고 균등한 취업기회를 보장받아야 한다는 법이다.
근로자직업훈련 촉진법	「근로자직업훈련촉진법」은 「근로자직업능력개발법」에서 위임된 사항으로 근로자에게 작업에 필요한 기초직무수행능력을 습득시키기 위하여 실시하는 직업능력개발훈련에 관한 법이다. 훈련의 구분 중 전직훈련은 근로자에게 종전의 직업과 유사하거나 새로운 직업에 필요한 직무능력을 습득시키기 위하여 실시하는 직업능력개발 훈련도 포함한다.

7) 제8조(사업주의 고령자 교육·훈련 및 작업환경 개선에 대한 지원)

① 고용노동부장관은 사업주가 고령자의 고용촉진을 위하여 필요한 교육이나 직업훈련 등을 실시할 경우 그 비용의 전부 또는 일부를 지원할 수 있다.

② 고용노동부장관은 사업주가 고령자의 취업에 적합하도록 시설을 개선할 경우 그 비용의 전부 또는 일부를 지원할 수 있다.

③ 제1항과 제2항에 따른 지원금은 예산(「고용보험법」에 따른 고용보험기금을 포함한다. 이하 같다)에서 지급하되, 그 지급기준 등에 관한 사항은 고용노동부장관이 정한다.

제21조의3(퇴직예정자 등에 대한 재취업지원서비스 지원)

① 사업주는 정년퇴직 등의 사유로 이직예정인 근로자에게 경력·적성 등의 진단 및 향후 진로설계, 취업알선, 재취업 또는 창업에 관한 교육 등 재취업에 필요한 서비스(이하 "재취업지원서비스"라 한다)를 제공하도록 노력하여야 한다.

3) 정년퇴직예정근로자 재취업교육 프로그램

퇴직예정근로자 재취업교육 프로그램은 퇴직예정근로자를 대상으로 하는 교육 프로그램이다. 퇴직으로 인한 충격을 극복하도록 심리적 안정을 도모하고, 급격하게 진행되는 환경의 변화를 인지하게 하며, 계획적이고 전략적인 구직활동을 통해 신속하게 경력목표를 달성할 수 있도록 하고, 새로운 직무나 경력 또는 라이프스타일 등에 대한 체계적인 서비스를 제공하는 프로그램이다. 재취업교육 프로그램은 결과적으로 기업에서 다양한 이유로 퇴직하는 근로자를 지원하는 대표적인 지원체계라고 할 수 있다.

현재 우리나라의 재취업교육훈련 프로그램은 선진국에 비해 열악하다. 일본은 우리보다 앞서 고령사회로 진입하였고 단기간에 초고령사회로의 진입을 눈앞에 두고 있다. 많은 고령인구를 보유하고 있지만, 정년퇴직제도와 단축근무제도, 고령자 전용 일자리 정책 등 제도와 정책에 사회적 합의를 이루고 있다. 한국 역시 인구의 고령화, 평균수명의 연장 및 고용의 불안정성 심화 경향에 따라, 고령층의 고용안정을 위한 환경조성과 이에 따른 정책이 요구되고 있다.

기업의 중·고령근로자가 퇴직과 관련하여 경력을 전환하는 유형은 현 직장 내에서의 재배치, 직장 간 이동을 의미하는 재취업, 근로자가 아닌 경영자로서의 창업, 직업생활에서의 은퇴 등으로 구분할 수 있다. 기업 중·고령근로자의 경력전환 지원과 관련된

---

② 제1항에도 불구하고 대통령령으로 정하는 수 이상의 근로자를 사용하는 사업주는 정년 등 대통령령으로 정하는 비자발적인 사유로 이직예정인 준고령자 및 고령자에게 재취업지원서비스를 제공하여야 한다.

③ 사업주는 재취업지원서비스를 대통령령으로 정하는 바에 따라 다음 각 호의 어느 하나에 해당하는 단체 또는 기관에 위탁하여 실시할 수 있다.

1. 「직업안정법」 제18조에 따라 무료직업소개사업을 하는 비영리법인이나 공익단체
2. 「직업안정법」 제19조에 따라 유료직업소개사업을 하는 법인
3. 「국민 평생 직업능력 개발법」 제16조제1항에 따라 직업능력개발훈련을 위탁받을 수 있는 대상이 되는 기관

④ 고용노동부장관은 사업주가 소속 근로자에게 재취업지원서비스를 제공하는 경우에 예산의 범위에서 필요한 지원을 할 수 있다.

⑤ 제1항 및 제2항에 따른 재취업지원서비스의 대상, 내용 및 방법 등에 필요한 사항은 대통령령으로 정한다.

기업 내 프로그램을 재취업교육 프로그램이라고 명명할 수 있다. 퇴직 후의 생활에 대한 준비는 노년기 삶의 질을 좌우한다. 준비가 잘 된 경우 오히려 퇴직에 대한 태도가 긍정적으로 나타나기도 한다. 그만큼 퇴직준비교육의 하나로 퇴직 후 재취업의 준비는 필요하다.

퇴직 후 교육으로 재취업교육이 이루어진다. 퇴직준비교육은 퇴직 후 환경의 변화, 개인의 변화에 대한 상식을 바탕으로 해야 한다. 퇴직 후 겪을 수 있는 정체성 혼란이나 무력감에서 벗어나도록 하는 것도 중요하다. 미리 계획하는 것의 중요성도 일깨워야 한다. 생활설계를 바탕으로 경력개발과 새 일자리 찾기 등 다양한 정보를 제공해야 한다. 취업처에 대한 정보를 제공받고 취업준비에 필요한 기술을 겸비토록 하고 지원하고자 하는 취업처의 기업문화와 노동시장의 정보 등을 제공하여 퇴직예정근로자가 원하는 취업처에 채용될 수 있도록 지원한다.

재취업지원교육은 기업에서 퇴직예정자를 대상으로 취업, 창업에 필요한 서비스를 제공하는 것을 주목적으로 한다. 퇴직예정자는 재취업(전직)지원제도에 대해 이해하고 스스로 체계적인 생애설계를 할 수 있도록 돕는 내용이다.

퇴직예정근로자의 경력단절을 최소화하고, 삶의 안정성 유지 및 인생 이모작의 기회를 찾도록 해 주는 것을 목표로 한다. 현재 고용노동부에서 제시한 표준 프로그램과 교육 위탁업체의 프로그램의 사례를 살펴보면 **표 9-9, 표 9-10**과 같다(배상명, 2021).

표 9-9. 표준 프로그램의 구성과 내용

모듈	주요학습과제	세부학습과제
인생들여다보기 (1.5~5H)	베이비부머 세대와 호모헌드레드시대 이해	인생 2막 준비현황과 필요성
	중장년 노동시장 이해	중장년 노동시장 개요
		다양한 일자리의 이해
		재취업

모듈	주요학습과제	세부학습과제
		창업
		창직
		귀농 · 귀촌
		사회공헌
인생되돌아보기 (1.5~6H)	인생회고	나의 인생 정리하기
	진로 · 경력 회고	진로 · 경력 회고
제2인생 계획하기 (1.5~3H)	생애계획 수립: 인생전체 계획	생애설계 실습
	경력설계: 직업적 계획	경력설계 실습
	구직설계수립: 구직계획	구직계획 수립
제2인생 실행하기 (1.5~6H)	구직준비	구직서류 준비
		면접 준비
	라이프 리밸런싱	라이프 리밸런싱 실습

출처: 배상명(2021). 정년퇴직예정근로자의 재취업지원교육 개선방안 연구. 대구대학교 디자인 · 산업행정대학원 석사학위 논문.

표 9-10. 퇴직예정자 전직지원서비스 프로그램(업체)

M1.	전직지원서비스 가이드의 역할과 책임	
상세내용	1. 전직지원서비스란? – 전직의 개념 및 전직지원서비스의 이해 – 전직지원서비스의 실시 배경 – 국내 전직지원서비스가 갖는 의미 2. 전직지원서비스 가이드의 역할인식하기 – 변화에 대한 인식(사회 → 기업 → 조직) – 전직지원서비스 가이드의 책임 인식 – 전직지원은 생애 설계 전반에 영향을 준다	1H
M2.	전직지원서비스 1단계 Preparation(사전 준비)	
상세내용	1. 고용환경 분석하기 – 재무 점검 및 사회보장제도 활용법 2. 조직현황자료 수집하기 – 사례관리를 통해 조직의 경력개발체계 이해 3. 전직지원 프로그램설계	1H

M3.	전직지원서비스 2단계 Psychological relaxation(심리적 안정)	
상세내용	1. 전직대상의 심리상태 체크하기 – 경제력 상실 및 급격한 변화에 따른 불안감 체크 2. 재취업 의지 및 욕구도 체크하기 – 구직활동 역량 파악하기 3. 라포 형성을 위한 의도 경청 익히기	2H
M4.	전직지원서비스 3단계 Perception(알아채기, 자기인식, 통찰)	
상세내용	1. 경력진단하기 – 경력기술서 작성을 통한 경력 점검하기 2. 재취업 시 필수 역량 진단하기 – 취업기술 및 직장 적응도 체크 3. 전직가능성 및 대상분야 분석	2H
M5.	전직지원서비스 4단계 Purpose(목표설정)	
상세내용	1. 전직관련 정보탐색하기 – 1) 전직 2) 창업 3) 창직 4) 귀농, 귀촌 2. 목표설정하기 – 전직: 전직목표설정 → 전직전략계획서 작성 – 창업: 창업역량분석 → 업종별 트렌드 분석제공 → 유사사례 정보제공 – 창직: 아이템 발굴 → 창업역량분석 → 정부지원제도 및 현 시장 트렌드 분석 → 사업계획서 작성 – 귀농, 귀촌: 아이템 발굴 → 지원기관 정보 → 준비사항 점검 3. 대안 제시하기 – 합리적 실행 가능성 목표 설정 후 체계화	3H
M6.	전직지원서비스 5단계 Prepare for execution(실행준비)	
상세내용	1. 전직지원프로그램 계획 및 운영 시뮬레이션 – 대상자 요구분석 → 경력기술서 → 상담 → 사후관리 2. 전직지원프로그램의 평가 – 운영평가 보고서 작성법 – 활용 가능한 전직지원 네트워크 구성	2H
M7.	전직지원서비스 실무	
상세내용	1. 전직지원서비스 사후 관리하기 – 전직지원 행정실무이해 및 지원 – 전직지원자의 계획 실행 지원 – 적절한 피드백 제공 2. 각 연령별 상담 포인트 알기 3. 과정을 마무리하며 – 주요사항 나누기	1H

출처: 배상명(2021). 정년퇴직예정근로자의 재취업지원교육 개선방안 연구. 대구대학교 디자인 · 산업행정대학원 석사학위논문.

4. 사회적 노인일자리 사업

우리나라는 2004년부터 근로를 희망하는 고령자에게 적합한 일자리를 창출 · 제공하는 노인일자리 사업 및 사회활동지원 사업[8)]을 진행하고 있는데, 이에 대해 구체적으로 살펴보면 다음과 같다(박귀영 외, 2023).

1) 노인일자리 및 사회활동지원 사업의 개요

노인일자리 사업은 「노인복지법」 제23조와 24조, 「저출산 · 고령사회 기본법」 제11조와 제14조를 근거로 하고 있다. 구체적으로 「노인복지법」 제23조에서는 "국가 또는 지방자치단체는 노인의 사회참여 확대를 위하여 노인의 지역봉사활동 기회를 넓히고 노인에게 적합한 직종의 개발과 그 보급을 위한 시책을 강구하며 근로능력이 있는 노인에게 일할 기회를 우선적으로 제공하도록 노력하여야 한다"고 규정하고 있으며, 제24조에서는 "국가 또는 지방자치단체는 사회적 신망과 경험이 있는 노인으로서 지역봉사를 희망하는 경우에는 이를 지역봉사지도원으로 위촉할 수 있다"고 규정하고 있다.

그리고 「저출산 · 고령사회 기본법」 제11조에서는 "국가 및 지방자치단체는 일할 의욕과 능력이 있는 고령자가 최대한 일할 수 있는 환경을 조성하여야 한다"와 "국가 및 지방자치단체는 연금제도 등 노후소득보장체계를 구축하고 노인에게 적합한 일자리를 창출하는 등 국민이 경제적으로 안정된 노후생활을 할 수 있도록 필요한 조치를 강구하여야 한다"고 규정하고 있으며, 14조에서는 "국가 및 지방자치단체는 노후의 여가와

8) 사업의 명칭은 2004년 '노인일자리 사업'으로 시작하여, 2015년 '노인사회활동 지원 사업'을 거쳐 2016년 '노인일자리 및 사회활동지원 사업'으로 전환되었다.

문화활동을 장려하고 이를 위한 기반을 조성하여야 한다"와 "국가 및 지방자치단체는 자원봉사 등 노인의 사회활동 참여를 촉진하는 사회적 기반을 조성하여야 한다"고 규정하고 있다.

사업은 시행당시 '고령자의 취업증진'을 목표로 하였으나 중점사업영역과 목표에 다소의 변화를 거치면서, 현재의 사업 비전은 '노인일자리의 활성화를 통해 활기찬 고령사회를 구현하는 것'으로 그 정책목적이 변화하였다. 이처럼 노인일자리 사업은 고령자들에게 사회참여와 자활, 자립의 기회를 제공하기 위한 고용지원정책으로 고령자들의 소득창출 및 사회참여 기회를 제공하기 위해 보건복지부와 한국노인인력개발원, 광역 및 기초지자체, 노인복지관, 시니어클럽 등에 의해 추진[9]되고 있다.

보건복지부(2020)에서 명시하고 있는 사업의 의의는 일할 의욕과 근로능력이 있는 고령자에게 능력과 적성에 맞는 일자리를 개발하고 사회활동을 지원하여 고령자들이 활기차고 건강한 노후생활을 영위할 수 있도록 고령자의 복지 향상에 기여하는 것이다. 또한 한국노인인력개발원(2019)에서는 '노인일자리 활성화를 통한 활기찬 고령사회 구현'을 사업의 미션으로 규정하고, 사업 경영의 목표를 활기찬 노년, 준비된 일자리, 지속가능한 성장으로 규정하고 사업을 추진하고 있다.

따라서 노인일자리 및 사회활동지원 사업의 핵심 정책목표는 '소득보장과 사회참여를 통해 활기찬 노년을 구현'하는 것이며, 생계 중심의 경제적 욕구와 사회참여활동, 공공분야 활동을 연계하고자 하는 것에 초점을 두고 있는 사업이라고 할 수 있다(박귀영 외, 2023).

지금까지 내용을 종합해 보면, 노인일자리 및 사회활동지원 사업은 고령 국민들이 사회구성원으로서 지속적으로 일하거나 사회참여를 지원하기 위한 적극적인 정책이라

9) 보건복지부가 노인일자리 및 사회활동지원 사업의 총괄 조정을 담당하며, 지자체가 재정과 행정의 감독을 맡고 있으며, 한국노인인력개발원에서 실적 관리 및 평가 분석, 수행기관에 대한 교육과 연계, 지원, 평가 기능을 담당하고, 각 수행기관(지자체, 복지관, 대한노인회, 시니어클럽)에서 노인일자리를 맡아 수행하고, 사업단이 이를 운영 · 관리한다.

고 할 수 있다(변금선, 2018).

2) 노인일자리 및 사회활동지원 사업의 유형

노인일자리 및 사회활동지원 사업은 사업의 성격에 따라 봉사부문(공공형)과 근로부문(사회서비스형, 민간형)의 두 가지 유형으로 구분할 수 있다. 노인일자리 및 사회활동지원 사업의 유형과 내용 및 예산지원 기준은 **표 9-11, 표 9-12**, 노인일자리 및 사회활동지원 사업 실적 현황은 **표 9-13**과 같다.

표 9-11. 노인일자리 및 사회활동지원 사업 내용

<table>
<tr><th>사업구분</th><th>사업 유형</th><th>주요내용</th><th>예산지원 형태</th><th>활동의 성격</th></tr>
<tr><td rowspan="2">공공형 사업</td><td>공익활동</td><td>고령자가 자기만족, 성취감 향상, 지역사회의 공익증진을 위하여 참여하는 활동</td><td>지자체 경상보조</td><td rowspan="2">봉사
(사회공헌)</td></tr>
<tr><td>재능나눔활동</td><td>재능 보유 고령자가 자기만족, 성취감 향상, 지역사회 공익 증진을 위해 자발적으로 참여하는 봉사활동 성격의 활동</td><td>민간 경상보조</td></tr>
<tr><td colspan="2">사회서비스형</td><td>고령자의 경력 및 활동역량의 활용으로 사회적 도움이 필요한 분야(지역사회 돌봄영역, 안전 관련 영역 등)에 서비스 제공</td><td>지자체 경상보조</td><td rowspan="5">근로</td></tr>
<tr><td rowspan="4">민간형 사업</td><td>시장형사업단</td><td>사업 참여자의 인건비를 일부 보충지원하며, 추가 사업 수익을 통해 연중 운영</td><td>지자체 경상보조</td></tr>
<tr><td>취업알선형</td><td>수요처의 요구에 의해서 일정 교육을 수료하거나 관련된 업무능력이 있는 자를 해당 수요처로 연계하여 근무기간에 대한 일정 임금을 지급받을 수 있는 일자리</td><td>지자체 &
민간 경상보조</td></tr>
<tr><td>시니어인턴십</td><td>만 60세 이상 고령자의 고용촉진을 위하여 기업에 인건비를 지원, 계속고용을 유도</td><td>민간 경상보조</td></tr>
<tr><td>고령자친화기업</td><td>고령자 적합 직종에서 다수의 고령자를 고용하도록 고령친화기업 설립을 지원</td><td>민간 경상보조</td></tr>
</table>

출처: 보건복지부(2020). 2020 노인일자리 및 사회활동지원 사업 운영안내.

표 9-12. 노인일자리 및 사회활동지원 사업 예산지원 기준

구분		활동비(월)	부대경비(연)	참여기간	합계(연)
공공형(공익활동)		270천 원	180천 원	평균 11개월	3,150천 원
사회서비스형		594천 원	489천 원	10개월	7,887천 원
민간형	시장형사업단	2,670천 원		연중	2,670천 원
	취업알선형	–	(지자체보조)150천 원 (민간보조)사업비지원	연중	150천 원, 사업비

* 시장형사업단, 취업알선형의 경우 사업비로 활용
** 주휴 및 연차 수당으로 연 1,458천 원 포함
※ 각 사업별 국고보조율은 50%(서울의 경우 30%)
※ 수행기관 노인일자리 담당자의 경우, 월 1,850천 원(퇴직적립금 포함 13개월)
출처: 보건복지부(2020). 2020 노인일자리 및 사회활동지원 사업 운영안내.

표 9-13. 노인일자리 및 사회활동지원 사업 실적 현황 (기준: 2018.12.31., 단위: 개, 명, %)

구분		확정내시 목표사업량 (A)	배정 사업량	사업단	누적 참여자수 (명)	중도 포기자수 (명)	추진실적 (B)	추진율 (B/A*100) (%)
2018년 전체		513,121	533,434	8,772	590,262	56,106	543,926	106.0
사회활동	공익활동	375,288	398,239	5,656	449,359	44,225	405,134	108.0
	노노케어	80,000	81,613	1,204	93,638	8,108	85,530	106.9
	취약계층지원	295,288	12,129	260	13,498	1,415	12,083	108.2
	공공시설봉사		290,967	3,608	327,688	33,624	294,064	
	경륜전수활동		13,530	584	14,535	1,078	13,457	
	재능나눔	51,900	51,900	804	54,264	2,111	52,153	100.5
취업·창업일자리	시장형사업단	49,377	47,693	1,758	54,585	9,135	54,585	110.5
	공동작업형		13,133	379	15,445	2,830	15,445	
	제조판매형		17,362	1,023	19,397	3,576	19,397	
	서비스제공형		17,198	365	19,743	2,729	19,743	
	인력파견형	22,907	21,952	165	20,067	–	20,067	87.6
	시니어인턴십	7,900	7,900	94	5,686	188	5,686	72.0
	고령자친화기업	1,750	1,750	59	1,708	–	1,708	97.6
	고령자친화기업	1,750	1,750	51	1,468	–	1,468	83.9
	시니어직능클럽	–	–	8	240	–	240	–
	기업연계형	4,000	4,000	236	4,539	447	4,593	114.8

출처: 한국노인인력개발원(2019). 2018 노인일자리 및 사회활동 통계 동향.

사업유형별 비중을 살펴보면, 전체 승인된 사업의 총량을 100으로 보았을 때, 공익활동과 재능나눔의 공공형사업이 전체의 84.4%, 민간형사업이 15.6%를 차지하고 있다. 노인일자리 및 사회활동지원 사업은 2004년 이후 사업 명칭의 변화는 물론 사업유형의 변화가 나타났는데, 즉 사업의 성격을 복지성, 근로성, 지역 혁신성 등으로 분류하여 성격에 따라 사업의 신설, 통합이나 사업분류의 변경 등을 거치며 현재에 이르렀다.

현재 공공형사업은 복지의 성격이 강하고 민간형은 주로 근로 성격의 사업으로 분류된다. 두 사업은 성격뿐 아니라 참여 고령자의 기초통계에서도 차이를 보인다. 2018년 기준 공공형 사업 중 공익활동에 참여한 고령자의 평균 연령은 76.1세, 재능나눔 활동 참여자의 평균연령은 74.7세였으며, 민간형 사업의 시장형 사업단의 경우는 72.2세, 인력 파견 사업은 67.7세, 시니어인턴십은 65.5세, 고령자친화기업은 68.1세로 나타났다(한국노인인력개발원, 2019).

(1) 공공형

공공형 일자리 사업은 봉사의 활동성격을 가지고 있는 공익활동과 재능나눔 활동의 두 가지 유형의 사업을 의미한다. 구체적으로 첫째, 공익활동사업의 정의는 '고령자가 자기만족, 성취감 향상, 지역사회의 공익증진을 위하여 참여하는 봉사활동으로, 그 목적은 저소득 고령자에 대한 지속적인 사회참여 활동지원이며, 이를 통해 건강개선과 사회적 관계 증진, 소득 보충 등을 이루어 건강하고 활기찬 노후생활에 기여한다'고 명시되어 있다. 따라서 참여대상은 만 65세 이상 기초연금수급자와 만 60~64세 차상위계층이다. 지자체 경상보조사업으로 지역 내 노인복지관, 시니어클럽, 대한노인회 등에서 사업을 수행하고 있으며, 독거노인과 조손가정 노인, 거동불편노인 등 취약고령자를 대상으로 서비스를 제공하는 노노케어 활동, 장애인, 다문화가정 등 취약계층 지원사업 활동, 지역 내 공익서비스 제공을 위한 공공시설봉사활동, 고령자의 경험과 지혜를 지자체 구성원들과 공유하는 경륜전수 활동이 이에 속한다. 참여자의 활동비는 1인당 27만 원 이내로, 교통비와 간식비가 각 3천 원, 식비 6천 원, 시간당 6천 원인 활동실비로 구성되어 있으며, 일 활동 시간은 3시간 이내로 되어 있다.

둘째, 재능나눔 활동사업은 '재능을 보유한 고령자가 자기만족과 성취감 향상과 지역사회 공익증진을 위하여 자발적으로 참여'하는 봉사활동 성격의 활동으로, 민간 경상보조사업으로 추진되고 있으며, 사업대상은 만 60세 이상 대한민국 고령자이다. 사업내용은 안전예방활동, 상담안내, 학습지도, 문화예술, 기타 재능나눔 활동이다.

(2) 사회서비스형

사회서비스형은 고령자의 경력 및 활동역량을 활용하여 사회적으로 도움이 필요한 영역(지역사회 돌봄 영역, 안전 관련 영역 등)의 서비스를 제공하는 일자리로, '근로능력이 있는 고령자에게 적합한 일자리 활동을 지원함으로써 소득 보충과 건강개선, 사회적 관계증진 등 안정적 노후 생활 유지를 보장하는 것'을 그 사업의 목표로 한다. 사업대상은 만 65세 고령자로 정하여 두었으나, 각 유형별 연령기준이 상이하며, 만 60세 이상자부터 참여가 가능하다. 운영기간은 연 10개월이며, 근무시간은 주 15시간, 월 60시간 이상으로 인건비는 월 최대 712,800원이며, 연차수당은 별도로 지급한다. 이 외 참여자 1인당 연간 48.9만 원의 부대경비를 지원한다. 사업 추진방식은 지자체 경상보조사업으로 지역 내 노인복지관, 시니어클럽, 대한노인회 등에서 사업을 수행하며, 아동·청소년 서비스 지원 사업, 한부모가족과 북한이탈주민 등을 위한 가정서비스 지원 사업, 장애인서비스 지원 사업, 시설이용 노인서비스 지원과 환경정비 지원 사업, 시니어 취업상담 동행면접, 시니어 일자리 발굴 등 상담 및 컨설팅 지원 사업 등이 있다.

(3) 민간형

민간형 사업에는 시장형사업단, 취업알선형, 시니어인턴십, 고령자 친화기업의 4가지 유형의 사업이 이에 속한다(보건복지부, 2020).

첫째, 시장형사업단은 '고령자 적합 업종 중 소규모 매장이나 전문 직종 사업단 등을 공동으로 운영함으로써 일자리를 창출하는 활동'으로 되어 있으며, 일정 기간의 사업비 또는 사업 참여자의 인건비 일부를 보조하고 추가 사업소득으로 연중 운영하는 고령자형 일자리이다. 사업의 추진 방식은 지자체 경상보조이며, 노인복지관, 시니어클럽, 대한노인회 등에서 사업을 수행한다. 반제품의 제조 및 납품, 공산품 제작 및 판매, 식품의 제조 및 판매, 매장 운영, 지역 영농업, 아파트 택배업, 세차 및 세탁업 등이 속한다. 사업의 대상자는 만 60세 이상 사업 특성 적합자로 명시하고 있다.

둘째, 취업알선형 사업은 '수요처의 요구에 맞추어 일정한 교육을 수료한 자이거나 관련한 업무능력을 갖춘 자'를 해당 수요처로 연계하는 일자리로, 사업대상은 만 60세 이상의 고령자이며, 수행기관에 사업비를 지원하는 형식으로 운영되고 있다. 과거 인력파견형과 대한노인회 취업지원 사업으로 나뉘어 있던 것을 취업알선형으로 통합하였으며, 향후 취업지원센터로 일원화할 예정이다.

셋째, 시니어인턴십은 만 60세 이상인 고령자 고용촉진을 위하여, 시니어인턴을 고용하는 해당 기업에 인건비를 지원하며 계속고용을 유도하는 사업이다. 사업대상은 4대보험 가업 사업장 및 비영리 민간단체 등이다. 민간 경상보조 100% 국비로 사업이 추진되고 있다. 지원내용은 참여기업에 인건비를 지원하고, 수행기관에는 사업비를 지원하는 형식이다.

넷째, 고령자 친화기업은 고령자가 경쟁력을 가질 수 있는 적합 직종에서 다수의 고령자를 고용하여 운영하는 기업을 지원하는 것으로, 개소당 1~3억 원을 지원하고 있으며, 사업에서 규정하는 고령자는 만 60세 이상자이다.

10
Chapter

노인여가교육

배울 내용

1. 노인여가활동의 이해
2. 노인여가교육

학습목표

1. 노년기 여가활동의 의미, 유형 및 시설을 설명하고 현황을 파악한다.
2. 노인여가교육의 개념 및 모형을 이해하고 여가교육 내용을 모색해 본다.

1. 노인여가활동의 이해

1) 노인여가활동의 의미

사람이 태어나서 일생을 살아가는 동안에 청소년기까지는 교육을 받는 것이 주된 일이었고, 청년기부터 중년기까지는 직업적인 활동과 가사 및 육아활동이 주된 일이었다. 즉, 중년기까지 대부분의 활동은 학업, 직업 및 가사와 관련된 의무적인 일(근로·노동)이었고 여가활동은 일에 비하여 상대적으로 훨씬 적은 편이었다. 따라서 중년까지 대부분의 사람들은 의무적이고 시간 제약적인 일에서 벗어나 즐거움과 자기실현을 위한 여가활동에 많이 참여하기를 향상 원하고 있다(권중돈, 2010).

여가(leisure)라고 하는 용어는 그리스어로 '스콜(Scole)'이라고 하는데, 이는 정지, 중지, 평화와 평온을 의미하며, 자기 교양을 높이기 위한 적극적인 행위를 뜻한다. 로마어로 여가는 오티움(Otium)인데, 소극적인 무위 활동을 뜻한다. 따라서 여가란 일로부터 해방되어 자유, 휴식, 즐거움 등을 누릴 수 있는 여유시간을 의미하며 자기분야 개발을 위한 시간이라는 의미도 포함하고 있는 개념이다(오병철, 2012).

다시 말해 여가란 노동에서의 신체적 해방과 자신에게 부과된 의무감에서 해방되어 자유롭게 휴식을 갖는 것을 의미하는데, 이런 의미에서 본다면 노년기는 의무적인 일에서 벗어난 시기로 노인의 대부분의 시간과 활동은 여가활동인 것이다. 즉, 노년기는 여가의 시기로서 극단적으로는 노인의 하루 잠자는 시간을 제외한 24시간 전부가 여가시간일 수 있다. 그러므로 풍부하게 주어져 있는 자유시간을 무엇을 하며, 어떻게 보내야 할 것인가는 노인에게 큰 과제가 되고 있다.

그리고 여가문제는 노인이 되기 전에 얼마나 노후준비를 잘 준비하느냐 못하느냐에 따라 노년기의 삶의 성공적으로 영위할 수 있느냐 없느냐의 주요한 결정요인이 된다(장인협, 최성재, 2006). 따라서 노인에게 있어서의 여가개념은 재생산의 수단 또는 심신의 피로회복 등을 목적으로 하는 젊은이들의 여가개념과는 달리 노인의 경우에는 언제 어디서나 여가생활을 할 수 있기에 여가 자체가 즐거움이라기보다는 무료함과 함께 정신적·정서적 고통을 안겨 주는 결과를 초래할 수 있다. 따라서 노인에게 여가로 인해서 제기되는 고통을 감소시키고 여가를 유용하게 보낼 수 있도록 다양한 여가활동 개발이 필요하다.

노년기에 여가활동에 적극적으로 참여하게 될 경우 노후생활의 적응에 많은 긍정적 효과를 기대할 수 있는데, 구체적인 여가활동의 효과는 **표 10-1**과 같다(권중돈, 2010; 모선희, 2004; 신경안 외, 2023; 오병철, 2012).

표 10-1. 노년기 여가활동의 효과

- 여가활동에 참여하게 됨으로써 직장동료관계, 가족관계 등의 위축된 사회적 관계망을 보완·유지 또는 확대할 수 있는 기회를 갖게 되므로, 고독과 소외감을 해소할 수 있다.
- 여가활동을 통해서 무엇이든 의미 있는 활동을 마련하게 되므로, 무위 상태에서 벗어나고 자기유용감과 자아개념이 긍정적으로 변화된다.
- 직장이나 가정에 대한 책임으로 인하여 지금까지 발휘하지 못했던 자신의 잠재적 재능을 확인하고 이를 표현함으로써 자아실현의 기회를 가질 수 있다.
- 여가활동의 참여를 통하여 신체 및 정신건강을 유지 또는 향상시킬 수 있다.
- 후세대의 삶의 지혜와 문화를 전수하고, 더 나아가서는 사회발전에 기여할 수 있는 기회를 갖게 된다.
- 여가활동을 통하여 삶의 활력을 되찾을 수 있으며, 사기(moral)와 삶의 만족도가 높아진다.
- 여가활동에 참여하는 과정에서 자신의 삶을 자율적으로 결정할 수 있는 기술과 능력이 증진되어, 삶에 대한 통제력이 높아지게 된다.

노인의 여가는 중년기와는 그 의미가 다르게 해석된다. 중년기에는 일하는 시간 외의 시간을 여가로 보지만 노년기에 여가는 일 이외의 시간이 아니고 하루의 무언가를 해야 할 생활 자체가 여가라고 할 수 있다. 따라서 긴 노년기 시간을 보내기 위해서 여가활동은 매우 중요하다. 노년기의 여가활동을 통해서 노동력을 재생산하고 역할상실로 인한 고독감을 해결할 수 있으며, 자아실현의 기회를 제공함으로써 생활만족 및 자아존중감을 추구할 수 있게 되므로 여가시간을 어떻게 보내느냐에 따라 노인의 성공적인 삶이 결정될 수 있다. 또한 노년기 여가활동을 통하여 노인은 고독감과 허탈감, 소외감을 극복할 수 있고, 사회의 한 구성원으로 역할을 책임짐으로써 자아를 개발하고 잠재력을 발휘하여 사회발전에 기여할 수 있고, 위축된 사회관계망을 보완하고 능동적인 여가활동으로 자아실현을 할 수 있으며, 신체적, 정신적 건강을 유지·향상시킬 수 있다. 또한 노인문제를 해소하거나 완화시키고 자아존중감을 유지, 향상시킬 수 있고 생활만족도도 높일 수 있다(오병철, 2012).

이러한 노인들의 여가활동에 영향을 미치는 요인으로는 경제적 사정이 좋고 건강상태가 양호할수록, 생활환경으로 가까이에 친족이 있거나 이웃에 노인이 많거나, 노인복지시설이 잘 갖추어져 있을수록, 개인이 추구하는 생활목표가 다양하고 많을수록 여가활동에 긍정적인 영향을 미치게 된다.

2) 노인의 여가활동 유형

노인여가란 새로운 노동을 준비하기 위한 충전수단이 아닌 순수한 여가활동과 노인 스스로 일상생활에서 자유롭게 누릴 수 있는 모든 시간이다. 노인여가의 일반적 본질은 취미나 오락, 놀이 등을 의미하는 것이 아니다. 여가는 여러 가지 기능을 가진다. 사람을 사귀고 만나는 계기가 된다. 대인관계를 통해 사회생활을 유지시켜 준다. 그를 통하여 인정받고, 쓸모 있는 사람임을 확인하며, 삶의 활력을 얻고, 자기존중과 자아정체성을 유지하며 삶을 더욱 만족스럽게 만들고, 특히 여가가 봉사로까지 이어지는 경우 정신적, 정서적 만족을 얻을 수도 있다(정순태, 2020). 그리고 활동의 개념으로 여가는 자유 시간에 행해지는 자발적인 활동으로 노인의 여가활동은 은퇴 이후의 삶을 건전하게 영위하기 위한 시간과 활동의 총체로서 자기발전을 위한 노후생활이다.

이러한 노인여가의 종류는 건강상태와 경제적 사정, 그리고 관심과 흥미로 결정된다. 취미생활, 봉사활동, 학습활동, 신앙생활 등 소득과 상관없는 모든 활동을 여가활동이라고 할 수 있는데, 구체적인 여가활동의 종류는 **표 10-2**와 같다.

표 10-2. 여가활동의 종류

구분	세부 활동
신체적 활동	스포츠, 여행, 운동
미적 활동	감상, 그림 그리기, 글쓰기, 유적지 탐방
실용적 활동	텃밭, 원예, 공예
지적 활동	독서, 연구모임, 공부모임
사교적 활동	노인대학, 취미서클

최근 노인들은 예전보다 신체적으로나 정신적으로 건강한 상태에서 노인 스스로 사회적, 경제적 활동에 대한 기대가 커지고 있다. 교육 수준이 향상됨에 따라 노년층의 생활양식 변화와 노인의 여가문화적인 욕구도 **표 10-3**과 같이 다양해지고 있다(차동숙, 2021; 최용구, 2012; 홍숙정, 2007).

표 10-3. 노년층의 생활양식 변화와 여가문화적 욕구

구분	과거	현재
생활양식	보수, 비관적 인생관	합리적 미래지향적
노년기 의식	인생의 종말기	자기실현의 기회, 제3의 인생
삶의 태도	검약, 소비, 무취미	여유, 즐김, 여러 가지 취미
독립성	자녀 등에 의지, 의존적	강한 독립심, 사회시스템에 의지
여가관	일하는 재미, 여가는 수단	여가 자체에 가치, 목적화
자산처분	자녀에게 상속	자기를 위한 처분

구분	과거	현재
여행형태	친목단체 등 단체여행	여유 있는 부부 여행
취미생활	노인끼리의 교우	다양한 취미, 다른 세대와 교류
노후설계	자녀세대에 의존	계획적인 노후 설계
가치관	노인은 노인답게	나이와 젊음은 별개

이처럼 현대사회에서 여가의 중요성은 모든 연령층의 공통된 현상이지만 두드러지게 나타나는 연령층은 노년층이며, 생활이 향상되고 문화환경이 발전될수록 여가는 다양해지고 또한 연령계층에 따라 여가의 유형이 구분되어질 수 있다.

일반적으로 노인의 여가활동 유형을 학자 중심으로 분류해 보면, 매케치(Mckechnnie, 1976)는 여가활동 유형으로 조작적 활동, 공작적 활동, 지적 활동, 일상적 활동 및 스포츠 활동으로 구분하였고, 고든 등(Gordon et al., 1976)은 여가활동 관여 정도에 따라 창의적 활동, 반전적 활동, 기분전환 및 긴장해소 활동으로 구분하였다. 에퍼슨(Epperson, 1977)은 여가참여 유형에 따라 관람활동, 야외 레크리에이션 활동, 개인 소집단 활동, 기계적 스포츠 활동, 리조트 별장 활동으로 구분하였고, 라겝(Ragheb, 1980)은 문화활동, 취미활동, 대중매체 활동 및 스포츠 활동으로 구분하였고, 이소 아홀라(Iso-Ahola, 1980)는 사교활동, 공작활동, 스포츠와 건강활동, 취미와 교양활동 등으로 분류하고 있다. 또한 다카하시모지(1984)는 단독충실형, 가족충실형, 우인교류형, 독서형 및 사회참여형으로 분류하였다(이유진, 2011; 임원숙, 2009; 하란희, 2010).

표 10-4. **여가활동의 유형**

<table>
<tr><th>학자</th><th>분류</th><th>여가활동유형</th><th>세부종목</th></tr>
<tr><td rowspan="5">Mckechnnie (1974)</td><td rowspan="5">여가활동 수단</td><td>조작적 활동</td><td>자전거, 스케이트, 골프 등</td></tr>
<tr><td>공작적 활동</td><td>목공예, 도예, 요리 등</td></tr>
<tr><td>지적 활동</td><td>독서, 창작 등</td></tr>
<tr><td>일상적 활동</td><td>TV시청, 수집, 음악 감상, 요리 등</td></tr>
<tr><td>스포츠 활동</td><td>스포츠 활동</td></tr>
<tr><td rowspan="4">Gordon Gaits & Scott (1976)</td><td rowspan="4">표현적 관여 정도</td><td>창의적 활동</td><td>창작, 양육활동, 악기연주</td></tr>
<tr><td>발전적 활동</td><td>YMCA 또는 스카우트 활동</td></tr>
<tr><td>기분전환</td><td>사교, 취미활동, 관람, 게임, 대화 등</td></tr>
<tr><td>긴장해소</td><td>혼자 있는 것 휴식</td></tr>
<tr><td rowspan="5">Epperson (1977)</td><td rowspan="5">참여유형</td><td>관람</td><td>스포츠, 영화, 전시회 등</td></tr>
<tr><td>야외 레크리에이션</td><td>전람회, 위락공원, 명승지 등</td></tr>
<tr><td>개인소집단활동</td><td>자전거, 스케이트, 골프 등</td></tr>
<tr><td>기계적 스포츠 활동</td><td>보트 타기, 모터사이클 등</td></tr>
<tr><td>리조트 별장활동</td><td>컨트리클럽, 건강 스포츠 등</td></tr>
<tr><td rowspan="4">Ragheb (1980)</td><td rowspan="4">참여의 타입과 구성</td><td>문화 활동</td><td>무용, 연주회, 연극, 박물관 방문</td></tr>
<tr><td>취미 활동</td><td>수집, 서예, 정원 가꾸기, 평생교육</td></tr>
<tr><td>대중매체 활동</td><td>TV, 영화, 신문구독, 비디오게임</td></tr>
<tr><td>스포츠 활동</td><td>보트, 볼링, 조깅, 테니스, 스키 등</td></tr>
<tr><td rowspan="4">Iso-Ahola (1980)</td><td rowspan="4">활동내용</td><td>사교활동</td><td>영화, 음악, 종교 활동, 신문, 일광욕</td></tr>
<tr><td>공작활동</td><td>목공예, 요리, 바느질, 카드, 게임</td></tr>
<tr><td>스포츠와 건강 활동</td><td>신체발달과 보양목적의 활동</td></tr>
<tr><td>취미와 교양활동</td><td>지식확대와 견문 넓히기 등</td></tr>
<tr><td rowspan="5">다카하시모지 (1984)</td><td rowspan="2">가족활동 중심</td><td>단독충실형</td><td>미술, 음악 감상, 서예, 다도, 사진촬영, 수집</td></tr>
<tr><td>가족충실형</td><td>정원 가꾸기, 미화, 자녀 집 방문</td></tr>
<tr><td rowspan="3">가족 외 활동중심</td><td>우인교류형</td><td>친구와의 회식, 대화, 화투, 장기, 바둑, 관혼상제 등</td></tr>
<tr><td>독서형</td><td>독서, 문헌수집</td></tr>
<tr><td>사회참여형</td><td>친목회, 사회봉사활동, 종교활동 등</td></tr>
</table>

이러한 여가활동 유형은 자녀들의 성장 또는 독립한 상태, 퇴직, 경제적 사정, 건강상태, 활동의 사회화 정도, 개인생활목표의 다양성, 주거환경의 변화 등 사회 · 경제 · 환경적인 요인들에 의해 변화하게 된다.

3) 노인여가복지시설

우리나라 노인복지시설의 종류에는 「노인복지법」의 의한 노인주거복지시설, 노인의료복지시설, 노인여가복지시설, 재가노인복지시설, 노인보호전문기관, 「노인 일자리 및 사회활동 지원에 관한 법률」 제9조 제1항 제2호에 따른 노인일자리지원기관 및 제39조의 19에 따른 학대피해노인 전용쉼터 등이 있다. 그리고 「노인복지법」에 규정되어 있는 노인여가복지시설의 종류로는 노인복지관, 경로당 및 노인교실의 세 가지 유형이 있다(「노인복지법」 제36조).

첫째, 노인복지관은 노인의 교양 · 취미생활 및 사회참여활동 등에 대한 각종 정보와 서비스를 제공하고, 건강증진 및 질병예방과 소득보장 · 재가복지, 그 밖에 노인의 복지증진에 필요한 서비스를 제공함을 목적으로 하는 시설이며, 둘째, 경로당은 지역노인들이 자율적으로 친목도모 · 취미활동 · 공동작업장 운영 및 각종 정보교환과 기타 여가활동을 할 수 있도록 하는 장소를 제공함을 목적으로 하는 시설이며, 마지막으로 노인교실은 노인들에 대하여 사회활동 참여욕구를 충족시키기 위하여 건전한 취미생활 · 노인건강유지 · 소득보장 기타 일상생활과 관련한 학습프로그램을 제공함을 목적으로 하는 시설이다. 노인여가복지시설의 구체적인 설치목적, 입소대상자 및 서비스를 살펴보면 **표 10-5**와 같다(이유진, 2011).

표 10-5. 노인여가복지시설의 구체적인 설치목적, 입소대상자 및 서비스

시설	설치목적	입소(이용)대상자	서비스
노인복지관	노인의 교양·취미생활 및 사회참여활동 등에 대한 각종 정보와 서비스를 제공하고, 건강증진 및 질병예방과 소득보장·재가복지, 그 밖에 노인의 복지증진에 필요한 서비스를 제공	60세 이상의 자	상담, 건강증진, 교양 등 노인복지증진
경로당	지역노인들이 자율적으로 친목도모·취미생활·공동작업장 운영 및 각종 정보교환과 기타 여가활동을 할 수 있도록 하는 장소를 제공	65세 이상의 자	지역노인 친목도모, 취미활동, 공동작업장, 각종 정보교환, 기타 여가활동
노인교실	노인들에 대하여 사회활동 참여욕구를 충족시키기 위하여 건전한 취미생활·노인건강유지·소득보장 기타 일상생활과 관련한 학습프로그램을 제공	60세 이상의 자	취미, 건강유지, 소득보장, 기타 학습프로그램

4) 노년기 여가활동의 현황

노년기 여가활동의 현황에서 노인들의 주말(휴일 포함) 여가활동에 대한 조사결과는 **표 10-6**과 같다.

표 10-6. 주말(휴일 포함) 여가활동, 복수응답 (단위: %)

구분	동영상 시청	문화예술 관람	문화예술 활동	스포츠 관람	스포츠 활동	관광	인터넷·게임	취미 자기개발	휴식	사회활동	기타
2015	83.1	3.0	1.0	1.1	6.4	3.7	2.0	7.1	51.3	15.4	2.3
2017	86.2	4.5	1.2	1.3	11.0	8.0	3.3	11.8	70.0	18.9	0.5
2019	87.3	4.1	1.3	1.9	9.7	6.8	4.6	12.1	74.8	23.5	0.3
2021	88.3	2.4	1.8	1.1	12.7	2.5	7.5	15.0	77.5	14.2	0.7

출처: 통계청(2022). 2022 고령자 통계.

2021년 고령자의 주말(휴일) 여가활동은 주로 동영상 시청이 88.3%, 휴식 77.5% 순이었고, 지난 6년간 동영상 시청은 5.2%, 휴식은 26.2% 증가한 것으로 나타났다. 여가활용 만족도에 대한 조사결과는 **표 10-7**과 같다.

표 10-7. 여가 활용 만족도

(단위: %)

구분	계	만족[1]	보통	불만족[2]	경제적 부담	시간 부족	교통 혼잡	여가 시설 부족	여가 정보 부족	프로그램 부족[3]	취미 없음	건강, 체력 문제	함께할 사람 없음	기타[4]
2011	100.0	12.9	53.9	33.1	60.1	3.6	0.7	0.9	0.4	–	2.5	29.6	2.2	0.1
2013	100.0	16.7	52.2	31.1	52.6	4.4	1.0	0.6	0.6	–	2.9	34.5	3.4	–
2015	100.0	16.6	54.3	29.1	52.1	5.4	0.7	0.7	0.6	–	3.6	34.3	2.2	0.3
2017	100.0	17.8	49.7	32.5	53.0	4.7	1.6	0.9	1.0	–	3.7	33.0	2.0	0.0
2019	100.0	19.2	50.4	30.5	45.5	5.6	0.8	0.8	1.0	–	4.3	40.0	2.1	0.0
2021	100.0	17.2	55.3	27.5	43.8	4.9	1.1	2.4	1.1	1.6	5.0	33.3	2.4	4.5

주: 1) '매우 만족'과 '약간 만족'을 합한 수치임.
2) '매우 불만족'과 '약간 불만족'을 합한 수치임.
3) 2021년 신설.
4) 2021년의 경우 코로나19 사유로 불만족한 경우 '기타'에 포함.
출처: 통계청(2022). 2022 고령자 통계.

2021년 고령자의 여가 활용 만족도는 보통 55.3%, 불만족 27.5%, 만족 17.2% 순으로 나타났으며, 지난 10년간 만족은 4.3% 증가한 반면, 불만족은 5.6% 감소한 것으로 나타났다. 그리고 2021년 여가생활에 불만족 하는 사유는 경제적 부담이 43.8%, 건강 · 체력 문제 33.3% 순이었다. 여가활동을 함께하는 사람에 대한 조사결과는 **그림 10-1, 표 10-8**과 같다.

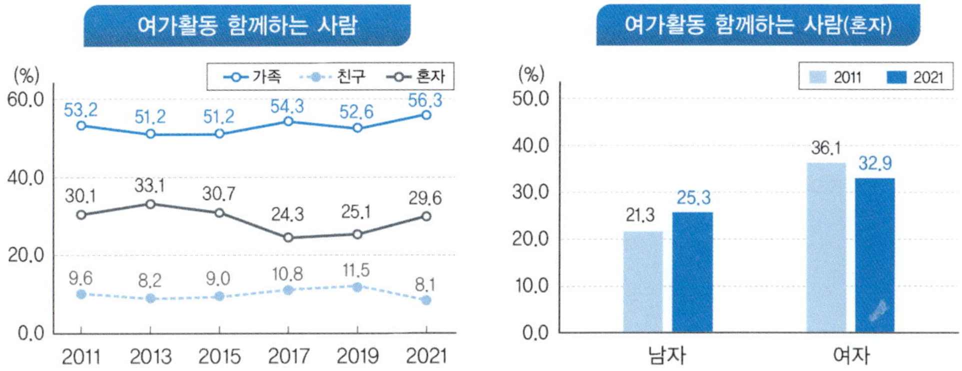

그림 10-1. 여가활동 함께하는 사람

출처: 통계청(2022). 2022 고령자 통계.

표 10-8. 여가활동을 함께하는 사람(주말 · 휴일) (단위: %)

구분		계	가족	친구	동호회 활동	혼자	직장동료[1]	기타
전체	2011	100.0	53.2	9.6	7.0	30.1	–	0.2
	2013	100.0	51.2	8.2	7.4	33.1	–	0.2
	2015	100.0	51.2	9.0	8.9	30.7	–	0.2
	2017	100.0	54.3	10.8	10.2	24.3	0.4	0.1
	2019	100.0	52.6	11.5	10.2	25.1	0.6	0
	2021	100.0	56.3	8.1	5.7	29.6	0.3	0.1
남자	2011	100.0	62.7	9.9	6.0	21.3	–	0.1
	2021	100.0	61.1	8.5	4.7	25.3	0.4	0
여자	2011	100.0	46.6	9.3	7.7	36.1	–	0.3
	2021	100.0	52.6	7.8	6.4	32.9	0.2	0.1

주: 1) 2017년 신설 항목
출처: 통계청(2022). 2022 고령자 통계.

2021년 고령자의 주말(휴일) 여가활동을 함께하는 사람은 가족이 56.3%, 혼자 29.6%, 친구 8.1% 순이었고, 지난 10년간 가족은 3.1% 증가하였으나 친구는 1.5%로 감소한 것으로 나타났다. 그리고 지난 10년간 혼자 여가활동을 즐기는 비중은 0.5% 감소하였으며, 성별로 보면 남자는 4.0% 증가한 반면, 여자는 3.2% 감소한 것으로 나타났다. 노인들이 여가문화활동을 하지 않는 이유에 대한 조사결과는 **표 10-9**와 같다.

표 10-9. 여가문화활동을 하지 않는 이유[1] (단위: %, 명)

특성	시간이 없어서	경제적 여유가 없어서	무엇을 해야 할지 몰라서	어떻게 해야 하는지 몰라서	여가문화활동을 할 수 있는 기관이 멀어서	건강이 좋지 않아서	기타	계(명)
전체[1]	25.9	19.5	20.9	8.6	3.9	20.7	0.5	100.0(1,905)
성								
남자	32.3	19.0	18.1	7.2	4.7	18.3	0.4	100.0(849)
여자	20.8	19.9	23.1	9.8	3.3	22.7	0.5	100.0(1,056)
연령								
65~69세	46.6	18.6	17.9	7.1	4.0	5.4	0.4	100.0(481)
70~74세	27.4	24.1	23.3	7.8	2.9	13.4	1.0	100.0(400)
75~79세	20.2	20.4	19.5	7.0	5.5	27.2	0.2	100.0(476)
80~84세	13.8	20.6	23.2	11.8	2.4	28.1	0.0	100.0(369)
85세 이상	7.1	6.7	22.3	12.4	5.0	45.8	0.9	100.0(179)

주: 1) 본인응답자 중 지난 1년간 여가문화 활동을 하지 않는 1,905명을 대상으로 함.
출처: 보건복지부, 한국보건사회연구원(2020). 2020년도 노인실태조사.

여가문화활동에 참여하지 않는 이유는 시간이 없어서가 25.9%, 무엇을 해야 할지 몰라서 20.9%, 건강이 좋지 않아서 20.7%의 순으로 나타났다. 성별에 따라서는 남자 노인은 시간이 없어서가 32.3%로 가장 높은 반면, 여자 노인은 무엇을 해야 할지 몰라서 23.1%, 건강이 좋지 않아서 22.7%, 시간이 없어서 20.8% 등으로 성별에 따라 차이를 보이는 것으로 나타났다. 연령에 따라서는 연령이 낮은 집단에서는 시간이 없어서의 비율이 높은 반면, 연령이 높은 집단에서는 건강이 좋지 않아서의 비율이 높은 특성을 보이고 있는 것으로 나타났다. 노인들의 여가문화시설 이용 현황은 **그림 10-2**와 같다.

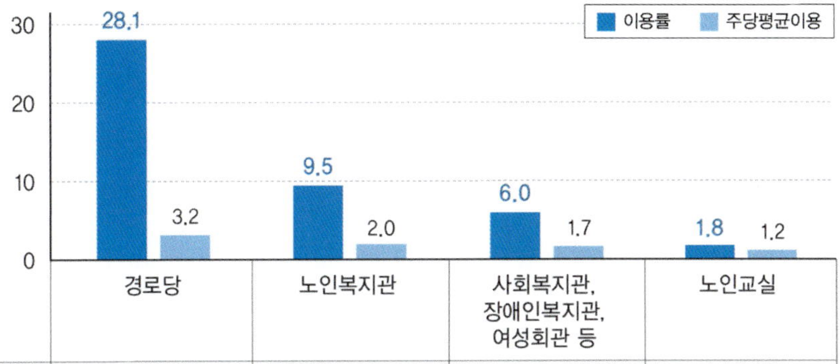

	경로당	노인복지관	사회복지관, 장애인복지관, 여성회관 등	노인교실
이용률	28.1	9.5	6.0	1.8
주당평균이용	3.2	2.0	1.7	1.2

그림 10-2. 여가문화시설의 이용현황

출처: 보건복지부, 한국보건사회연구원(2020). 2020년도 노인실태조사.

노인들의 여가문화시설의 이용현황에서 이용률은 경로당(28.1%), 노인복지관(9.5%), (종합)사회복지관, 장애인복지관, 여성회관 등(6%), 노인교실(1.8%) 순으로 나타났으며, 주당평균이용 횟수는 경로당(3.2회), 노인복지관(2회), (종합)사회복지관, 장애인복지관, 여성회관 등(1.7회), 노인교실(1.2회) 순으로 나타났다.

2. 노인여가교육

1) 여가교육의 개념

여가교육(leisure education)은 여가시간 활용에 대해 적절하게 인식하고 자원이나 정보, 기술을 사람들에게 개별 또는 집단으로 프로그램을 통하여 여가에 대한 지식과 기술을 습득하게 하는 것이며, 여가교육 서비스는 클라이언트에게 가장 적합한 여가인식과 관련된 지식이나 태도, 기술 등을 교육하는 서비스로 정의된다. 따라서 여가교육은 각 개인이 여가를 바르게 인지하고 독립적으로 여가생활을 누릴 수 있도록 도와주는 교육인 것이다.

노인교육은 크게 여가교육과 사회교육으로 나누어 볼 수 있는데(김진숙 외, 2018; 차동숙, 2021), 노인의 여가교육은 복지적인 차원에서 여가를 좀 더 생산적이고 효과적인 방향으로 선용할 수 있도록 지도, 감독하는 교육을 의미하며, 그리고 취미나 여가, 오락을 중시하는 교육으로, 여가시간 방치는 사회적으로나 개인적으로 해로운 현상을 유발시키므로 여가교육은 소질의 개발과 심신, 정신위생, 창의적인 생활이 되도록 도움을 주기 위해 다양한 교육기관과 사회조직들이 실행하고 있는 교육활동이라고 할 수 있다.

다시 말해 노인여가교육은 자칫 무료하기 쉬운 노년기의 삶에 있어 여가교육의 참여를 통하여 좀 더 능동적이고 적극적인 형태의 여가를 즐길 수 있도록 도우며, 다양한 교육의 기회를 통하여 노인 스스로 자신에게 적합한 역할을 찾아 수행할 수 있도록 하고, 노년기에 발생하는 많은 노인문제에 대한 올바른 대처능력을 키울 수 있도록 돕는다. 이러한 여가교육의 과정은 다양하고 구체적으로 구조화된 여가에 기초한 활동들로 구성되며, 프로그램 참여자들은 여가와 관련된 생활양식과 일상의 모든 생활에 포함되어 있는 여가에 대하여 학습하게 된다.

종합하면, 여가교육은 무료하기 쉬운 노년기의 삶의 질을 향상시키는 방법으로 효과적인 여가활동을 위해 여가에 대해 바르게 인식하고 독립적으로 여가생활을 할 수 있도록 도움을 주는 여가에 대한 체계적인 교육이라고 정의할 수 있다.

은퇴 이후 긴 노후생활에 여가활동을 잘하기 위해서는 여가활동에 필요한 지식습득을 위해 여가교육이 필요하다. 즉, 여가교육은 포괄적이고 광범위한 프로그램이라고 주장되고 있다. 여가교육은 하나의 과정으로, 첫째, 개인의 삶의 질을 올려 주고, 둘째, 여가에 대한 이해를 높여 주며, 셋째, 개인의 삶의 질과 사회의 삶의 질에 영향을 미치는 여가의 중요성에 대한 이해를 돕고, 넷째, 개인이 자신의 여가지식에 기초하여 독립적으로 여가를 선택할 수 있도록 도와주는 과정이다(전영숙, 2006; Mundy, 1998).

노인여가교육은 노년기 삶의 질을 높이는 방법이다. 여가교육은 여가기술과 지식을 습득하여 적용할 수 있도록 사람들을 훈련시키는 것이므로 여가교육에서 필요한 것은 여가의 교육으로 가치와 진가를 식별할 수 있게 하고 통찰력을 가지도록 하는 것이라고 할 수 있다.

2) 여가교육의 모형

1970년대부터 많은 형태의 여가교육 모형이 여러 학자들에 의해 제시되고 있다. 여가교육 모형 및 지식체계는 크게 여가교육을 위한 학습중심 혹은 커리큘럼 모형(curriculum or school-based model)과 체제적 접근을 사용하는 모형(system planning approach model)로 구분할 수 있다(노용구 외, 2008).

먼저 학교중심 혹은 커리큘럼 모형은 학교시스템 내에서 여가교육을 진행하기 위해 개발된 것으로, 먼디와 오둔(Mundy & Odumn, 1977)에 의해 개발된 범위와 계열모형(scope and sequence model), 콜드웰(Caldwell, 2004) 등의 Time Wise 모형과 Health Wise 모형 등이며, 2010년부터 시행(7차 교육과정 개정안)되고 있는 체육교과과정이 이에 해당된다.

둘째, 체제적 접근을 사용하는 각 프로그램들은 포함하고 있는 구성요소와 그 구성요소의 하위영역을 모두 나타내 주며, 구성요소는 투입, 과정 및 결과로 표현된다. 체제적 접근을 사용하는 여가교육 모형에는 먼디(1998)의 시스템 모형 그리고 피터슨과 건(Peterson & Gunn, 1998)의 여가능력모형(Leisure ability model)이 이에 해당된다. 여가교육 모형의 각 특징을 구체적으로 살펴보면 **표 10-10**과 같다(이유진, 2011).

표 10-10. 여가교육 모형

특성	모델	특성
학교중심 혹은 커리큘럼 모형 (과정)	범위와 계열 (Mundy & Odumn, 1979)	• 여가 정체성 확립 강조 → 삶의 질 향상 • 구성요소(자기인식, 여가인식, 의사결정, 사회적 상호작용, 여가활동 기술)에 따른 107개 목표
	Time Wise (Caldwelll, 2004)	• 여가교육의 당위성과 예방적 차원에서의 접근 • 동기, 자기결정, 적정각성과 권태, 제약, 예방이론에 근거
	7차 교육개정안 체육교과과정 지식체계	• 2007년 2월 28일 공시, 2010년 시행 • 체육교과내용 - 건강, 도전, 경쟁, 표현, 여가 • 초등(3, 4, 5, 6학년) - '신체활동 가치의 기초교육' : 활기찬 여가생활 태도 형성 • 중등(7, 8, 9, 10학년) - '신체활동 가치의 심화교육' : 건전한 여가문화 창조
체계적 접근을 사용한 모형 (내용)	시스템 접근 (Mundy & Odum, 1979)	• 시스템 디자인과 분석에 바탕을 둔 '내용' 모형 • 상호의존적 프로그램 구성 부분의 도식적 연결망 • 여가교육 프로그램 구성 요소(여가인식, 자기인식, 여가기술, 여가자원)
	여가능력모델 (Peterson & Stumbo, 2000)	• 기능적 개입, 여가교육, 레크리에이션 참여의 연속적 모델 • 여가교육은 교육모델에 근거 • 여가교육은 4가지 구성요소(여가인식, 사회적 상호작용기술, 여가자원, 여가활동기술)
	체계적 접근 (Dattilo & Murpy, 1991)	• 여가교육을 인간의 권리로 강조 • 7가지의 교육내용(자기결정, 여가인식, 자아인식, 의사결정, 사회적 상호작용, 여가자원 활용능력, 여가참여) • 여가교육을 통해 최적의 생활양식을 성취

여가교육은 개인과 사회적인 발달에 기여한다. 개인적 발달 차원에서의 여가교육은 개인의 여가참여에서 자유와 내적 동기에 대한 향상을 추구한다. 그리고 사회적 발달 차원에서의 여가교육은 사회적 안녕 추구에 기여한다. 따라서 여가의 혜택이 사회적인 용인하에서 이루어지도록 교육체제를 구성하는 것이 중요하다.

2000년대 이후 우리나라에서도 여가교육에 대한 관심이 증가하면서 한국적 여가교육 지식체계가 개발되었는데, 구체적인 내용은 **표 10-11**과 같다(이승민, 2008; 이유진, 2011).

표 10-11. 한국적 여가교육 지식체계

<table>
<tr><th colspan="3">영역</th><th rowspan="2">소영역 내용</th></tr>
<tr><th>대</th><th>중</th><th>소</th></tr>
<tr><td rowspan="4">여가수용능력</td><td rowspan="2">여가 인식</td><td>여가개념</td><td>• 여가정의
• 여가철학 및 역사
• 여가체험내용
• 여가참여와 삶의 질과의 관계
• 일과 여가의 상관관계
• 여가태도 형성과정의 인지적 이해
• 여가윤리</td></tr>
<tr><td>여가문화의 이해</td><td>• 여가문화 발달과정
• 현대 여가경향 분석
• 미래 여가환경 예측
• 한국사회 여가권리 이해(여가권리에 대한 법적, 제도적 영역 이해)</td></tr>
<tr><td rowspan="2">자기 이해</td><td>여가태도진단</td><td>• 개인성향 진단
• 과거와 현재 여가생활 진단
• 라이프스타일 진단
• 희망적 여가활동과 현실적 여가활동 이해
• 여가 정체성 발견과 이해</td></tr>
<tr><td>여가환경진단</td><td>• 여가시간 분석
• 활용 가능한 물적 여가자원의 이해
• 여가동반자 분석</td></tr>
<tr><td rowspan="4">여가활용능력</td><td rowspan="2">실천적 여가기술</td><td>여가기술</td><td>• 여가기술 달성을 위한 계획 작성
• 여가활동 실천기술</td></tr>
<tr><td>여가정보 탐색기술</td><td>• 여가활동 실천에서의 위험 요소 및 상황 탐색
• 여가기술 향상을 위한 정보탐색
• 여가 대안활동 정보탐색</td></tr>
<tr><td rowspan="2">연계적 여가기술</td><td>사회적 상호작용기술</td><td>• 여가활동을 통한 타인 그리고 환경의 상호작용 가능성 이해
• 여가활동을 통한 타인 그리고 환경과의 상호작용 내용 예측</td></tr>
<tr><td>여가제약과 대안활동</td><td>• 매체를 활용한 여가참여 방법</td></tr>
</table>

한국적 여가교육 지식체계는 여가는 사회 · 문화적 맥락 안에서 고려되어져야 하는 다양성과 다면성을 지니고 있기 때문에, 어떠한 사회 · 문화 · 역사의 생활양식을 받아들이냐에 따라 각기 다른 개인의 여가문화와 트렌드를 형성하게 된다는 점에 주목하여 우리나라 여가문화에 기반하여 만들어진 첫 한국적 모형이라고 할 수 있다. 본 여가교육 지식체계는 국내 여가교육의 발전에 관여하는 전문가들의 회의를 통해 제시되었다는 데 그 의의가 있다.

그리고 최근 여가교육의 연구가 활성화됨에 따라 치료적 목적으로서 여가교육의 가치가 재평가되고 있다. 즉, 다양한 형태의 여가교육이 개인의 여가생활양식을 개선시키고, 유지시키며 치료에 있어서도 중요한 영역으로 강조되고 있다.

11
Chapter

죽음준비교육

배울 내용

1. 죽음에 대한 이해
2. 죽음준비교육

학습목표

1. 죽음에 대한 정의, 관점 및 태도를 설명할 수 있다.
2. 죽음준비교육의 필요성, 요소를 이해하고 프로그램을 구성해 본다.

1. 죽음에 대한 이해

1) 죽음에 대한 정의

죽음에 대한 개념적 정의를 살펴보면, 세계보건기구(WHO)는 죽음에 대해 '소생할 수 없는 삶의 영원한 종말'이라고 하였고, 표준국어대사전(국립국어원, 2007)에서는 죽음을 '사(死), 끝장, 죽는 일, 생물의 생명이 없어지는 현상, 세포 내의 연속적인 생리적 변화가 불가역적으로 되어 정지하는 상태'라고 정의하고 있다. 그리고 브리태니커 세계대백과사전(1993)에서는 '죽음은 모든 생물이 겪는 생명과정의 완전한 정지 상태'라고 하였다. 또한 카스(Kass, 1971)는 '살아 있는 상태로부터 죽음 상태로 변화되는 것'이라고 하였으며, 코르(Corr, 2000)는 '죽음은 단순히 죽음의 상태나 상황을 의미하는 것이 아니라 죽어 감의 과정과 죽음이라는 사건이 가지는 영향 등을 모두 포함한다'고 하였다.

이처럼 죽음은 생명현상이 정지되어 비가역적이 된 상태로서 모든 생명체의 종말에 나타나는 객관적 현상이며, 사람은 개별적이고 주관적인 경험과정을 거쳐 죽음에 이르게 된다. 따라서 죽음을 인식하고 평가하는 기준과 사회적으로 이해되고 대응되는 양식도 다양하며, 그것이 부정적이든, 긍정적이든 죽음은 자연적인 현상으로 거부할 수 없는 것이다.

이상에서 정의된 바와 같이, 죽음은 신체적 기능이 정상적 활동을 할 수 없는 현상의 변화로서 생명의 종말을 의미하며, 이것은 곧 삶의 종말을 의미하기도 한다. 또한 죽음은 결국 삶에 속한 것으로서 삶의 지속적 과정의 하나라고 할 수 있다.

그러나 사회, 문화, 환경 및 개별적 특성에 따라 죽음에 대해 사고하는 기준이 다르며, 표현하는 방식 또한 다양하다. 구체적으로 생물학적 측면에서 죽음은 장기의 기능이 멈추는 것으로 생리적이고 의료적인 과정이며, 철학적 측면에서는 죽음 이후의 삶과 인간의 근본 상황은 현존재의 유한성에 근거한다고 본다. 또한 죽어 가는 사람의 생각, 느낌, 욕구 및 행동과 삶의 과정에서 죽음을 수용하기 위한 인간의 심리학적 측면과 인간이 사회환경에 더 이상 적응할 수 없는 상태인 사회학적 측면에서 죽음을 바라볼 수도 있다. 이 외에도 법적, 종교적 측면 등 다각적인 측면으로 죽음을 이해하고 있다.

따라서 죽음에 관하여 획일적으로 정의하거나 혹은 하나의 측면의 견해를 갖는 것은 어려운 일이지만 한국인들의 일반적 시각에서의 죽음이란 시간의 제약 또는 종말이며 현세에서의 존재의 소멸이라고 보고 있다. 또한 죽음은 영생을 통한 삶의 연장이며 소중한 것의 상실, 형벌 혹은 힘든 삶으로부터의 해방 또는 쉼으로 바라보기도 한다. 그리고 죽음은 섬뜩한 상 또는 부드러운 성령, 유쾌한 사기꾼으로 보기도 하며, 죽음은 차별성을 극복하고, 사람들 사이의 관계를 개선하는 계기가 되며 사랑했던 사람과의 재결합 또는 자연스러운 현상으로 보기도 한다(박지은, 2009).

2) 죽음에 대한 관점

죽음에 대한 관점은 다양한데, 죽음의 관점을 의학적 관점, 심리학적 관점, 사회복지학적 관점 및 종교적 관점으로 구분하여 살펴보면 다음과 같다(이해숙, 2023).

(1) 의학적 관점

죽음은 일반적으로 임상적 죽음과 생물학적 죽음으로 구분된다. 임상적 죽음은 호흡이 없고 심장이 정지되며 뇌의 활동이 중지된 상태를 말한다. 세계보건기구(WHO)는 의학적으로 임상적 죽음이란 '심장의 박동과 호흡이 영구적으로 멈추고 혈액 순환의 전면적 정지, 호흡 및 맥박과 같은 생물학적인 생존 기능의 정지 등으로 의사에 의하여 죽음이 선고되는 것'으로 정의하고 있다. 즉, 심장과 폐, 뇌의 3개 장기가 모두 기능을 정지한 것을 죽음이라고 하는데, 이러한 장기들은 서로 연계되어 있어서 어느 하나가 정지하면 나머지도 정지되게 된다.

최초의 뇌사개념은 1800년 프랑스의 비샤(Bichat)가 「삶과 죽음에 관한 생리학적 연구」에서 "전체의 죽음은 뇌의 활동이 돌연 멈추고 조직에 산소를 공급하는 것이 방해되어 혈액순환이 비정상적으로 되어 호흡이 기계적으로 멈추는 과정"이라고 정의하면서 시작되었다. 즉, 뇌사란 모든 뇌 기능의 불가역적인 정지이며, 임상적으로 불가역적인 무의식(Coma)과 뇌간 기능의 소실을 근거로 진단된다. 따라서 뇌사자의 경우 인공호흡기로 호흡과 약물로 심장박동이 유지되더라도 대부분 뇌사판정 14일 이내에 심장 박동이 멈추게 되어 결국 심장사에 이르게 되는 것이다.

프랑스의 해부학자, 생리학자, 조직학의 창시자로, 신체의 조직을 21막(membrane)으로 분류하였다. 생명이란 죽음에 저항하는 힘의 총체라는 생기론(生氣論)적 입장을 취하였다. 인체조직을 체계적으로 연구하고 조직학의 기초를 세우는 데 공헌했다. 세포가 살아 있는 생명체의 기능적 단위라는 지식이 없었을 때, 그는 단순한 기능단위 혹은 기관의 전구체가 분화함으로써 신체기관이 형성된다고 주장한 사람 중의 하나이다.

마리 프랑수아 사비에르 비샤
(Marie François Xavier Bichat)

이러한 견해를 발전시켜 그는 「막에 관한 논문: Traité des membranes (1800)」을 펴냈다. 비샤는 현미경을 쓰지 않았음에도 불구하고 신체의 여러 기관을 형성하는 21가지의 조직들을 구별해 냈다.

뇌사의 원인에는 교통사고 또는 외상에 의한 뇌출혈, 고혈압, 뇌졸중 등으로 인한 뇌손상이 주 이유다. 그 밖에 뇌종양, 질식사 등이 원인이 되기도 한다. 뇌사는 보통 전체 죽음의 1% 정도를 차지한다. 뇌출혈에 의해 뇌사가 된 환자의 뇌의 단층 촬영 사진은 **그림 11-1**과 같다.

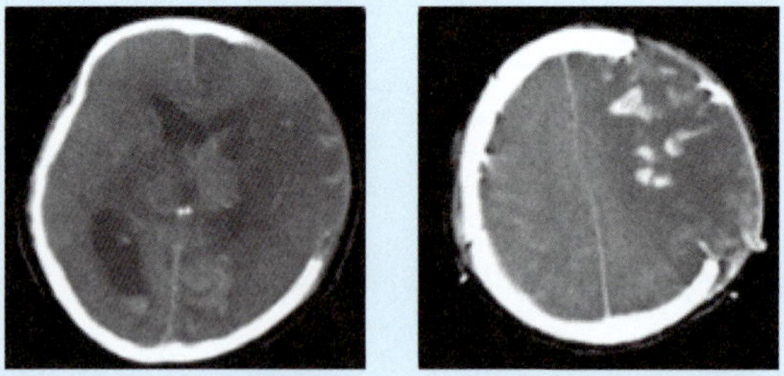

고혈압에 의한 뇌출혈 교통사고에 의한 뇌출혈

그림 11-1. 뇌출혈에 의해 뇌사가 된 환자의 뇌의 단층 촬영

출처: 권경희 외(2021). 생명윤리. 양성원.

이처럼 심장이 정지되면 뇌는 무산소상태로 정지되며 폐 역시 심장이나 뇌의 정지와 함께 기능을 멈추게 된다. 그러나 의학의 발달에 따라 뇌 기능이 회복될 전망이 전혀 없는 환자를 대상으로 인공호흡기를 삽관하여 인공적으로 생명을 유지하는 기술이 발전되면서 '뇌사'라는 죽음의 새로운 판정 기준이 생겨나게 되었다.

임상적 죽음은 심장의 박동과 호흡이 영구적으로 멈추었다는 확증이 있는 죽음으로 대학병원에서는 뇌사 판정위원회를 개최하여 뇌사 여부를 결정한다. 연명치료 기술의 발전으로 인해 뇌사나 식물인간 상태 환자의 여명(餘命)이 늘어나면서 장기 기증의 필요에 따라 뇌사를 죽음으로 인정하거나 인정하지 않는 모순된 상황이 발생하고 있다. 따라서 의학적으로 죽음을 정의하는 네 가지의 학설이 존재한다.

첫째, 죽음에 대한 전통적인 정의 중의 하나인 '심폐 기능설'은 호흡운동과 심장박동 그리고 인체의 여러 가지 반사기능이 영구적으로 멈춘 상태를 말한다. 실제 임상에서는 심폐기능이 정지된 시간으로부터 30분간 관찰한 후 소생술을 실시하여도 회복되지 않았을 때 30분을 소급하여 사망 시간으로 결정한다. 우리나라는 심장과 폐의 기능이 멈추어야 죽음으로 인정하는 심폐 기능설을 채택한다. 이런 경우 인공심폐 기술의 발달로 의식은 없으나 심폐의 기능은 연장할 수 있어서 식물인간 상태가 될 수 있고 장기이식술에 관한 사회적 논란이 발생하기도 한다.

둘째, 뇌 기능이 영구적으로 정지된 것을 인간 죽음의 최종적인 판단기준으로 보는 '뇌사설(brain death theory)'이다. 뇌에 어떤 질환이나 외상으로 뇌의 기능이 점차 상실되어 가면서 혼수상태에 빠지면 의식을 잃고 자발적으로 운동과 호흡을 못한다. 이런 경우 인공호흡기의 도움을 받아 생체 징후인 맥박과 혈압 그리고 호흡, 체온 등이 유지될 수도 있다. 이처럼 뇌의 모든 기능이 상실되어 그 상태가 회복되지 않은 상태가 되었을 때 '뇌사'라고 한다. 기능이 멈춘 심장 및 폐를 다시 작동시키는 인공심폐기술의 발달로 의식은 없어도 심폐기능을 연장할 수 있게 되면서 뇌 기능 전체가 완전히 정지되어 회복할 수 없는 상태를 진짜 죽음으로 보아야 한다는 주장인 '뇌사설'이 설득력을 얻게 되었다.

뇌 질환 또는 교통사고 등으로 인하여 대부분의 뇌 기능이 파괴되면서 뇌사 상태에 놓이면 호흡정지와 함께 혈액순환장애가 나타난다. 그러나 인공호흡기를 부착하고 산소를 공급하면 심장박동은 진행된다. 뇌사 상태에 빠진 환자는 인공호흡기와 같은 연명치료기에 의지해 일정 기간은 심폐기능을 유지할 수 있지만, 회복될 가능성이 전혀 없고 만일 연명치료 장치를 제거하면 반드시 심장사로 사망하게 된다.

의학적으로 육체적인 죽음을 "모든 생체 기능의 영구적 정지, 즉 전체 뇌 기능, 호흡계의 자발 기능, 순환계의 자발 기능이 비가역적으로 정지되었음을 말한다"라고 정의한다. 실제 임상에서는 뇌파의 활동을 점검하는 뇌파도(electroencephalogram: EEG) 검사, 뇌간의 생존을 측정하기 위해 사용하는 청각 유도 과정, 다시는 뇌로 피가 흘러가지 않는다는 것을 보여 주는 검사 등을 통해 모두 부정적인 결과가 나와야 죽음으로 판정한다. 뇌사를 죽음으로 인정하느냐 하는 것은 국가마다 다르지만 심장이식 등 장기이식 수술을 위해서는 뇌사 인정이 필요하기 때문에 뇌사를 죽음으로 인정하는 국가가 늘어나는 추세이다.

우리나라에서는 뇌사를 「장기 등 이식에 관한 법률 시행령」 제21조의 '뇌사 판정 기준과 뇌사 판정 절차'를 바탕으로 **표 11-1**과 정의하고 있다.

표 11-1. 뇌사의 정의

뇌의 질병이나 사고 등의 외상으로 인해 뇌의 전체 기능이 손상된 채 인공호흡기를 통해 맥박, 혈압, 호흡 등 일시적인 유지는 가능하지만 자발적인 호흡이 불가능하여 어떤 치료에도 2주 내로 사망하게 되는 경우이다.

1968년 8월 호주 시드니에서 '뇌사는 죽음이다'라는 의사들의 공식 선언과 함께 같은 해 미국 하바드 의대에서 뇌사 판정 기준을 공식화함으로 뇌사자 장기 기증이 시작되었

다. 우리나라는 대한의학협회의 '죽음의 정의위원회'에서 1983년 죽음을 "심장 기능 및 호흡 기능과 뇌 반사의 불가역적 정지 또는 소실"이라고 정의하였다가 1989년에 "심장, 폐 기능의 불가역적 정지 또는 뇌간을 포함한 전뇌 기능의 불가역적 소실"이라고 재정의하였고, 1993년 '뇌사에 관한 선언'에서 "사망은 심폐기능의 정지인 심폐사 또는 전뇌 기능의 소실인 뇌사로써 판단한다"라고 하여 뇌사를 죽음으로 인정한다는 견해를 밝혔다. 그러나 법률적으로 뇌사를 죽음으로 완전히 인정된 것은 아니다. 이러한 사실은 뇌사가 장기 기증을 하면 죽음으로 인정받지만 같은 뇌사자라도 장기를 기증하지 않으면 죽음으로 인정받지 못해 인공호흡기를 떼면 불법이 된다. 뇌사를 공식적인 죽음의 정의로 채택한 나라에 비하면, 한국은 뇌사 자체는 죽음으로 인정하지 않으면서도 장기 기증을 허용하는 모호한 견해를 밝히고 있다.

셋째, 생물체가 기능하는 데 필요한 모든 화학적, 물리적, 생리적 활동의 소실로 인체가 불가역적인 상태로 변화하는 것을 세포사설(cellar death theory)이라 하며, 이는 신체기능의 정지를 말하는 것이다. 생체를 구성하는 모든 세포의 기능이 완전히 상실될 때를 죽음으로 규정하는 세포사설은 인간의 몸이 완전히 썩은 후에나 가능하므로 현실적으로 적용하기 어렵다. 이러한 세포사설에 따라 내려진 죽음을 '개체의 죽음'이라고 한다.

넷째, 1980년대 이후 분자 생물학은 인체 구성단위인 세포 내에 생명을 유지하는 유전자가 있고, 그 끝에는 말단소립이 있어서 이것이 세포분열을 하면서 나이를 먹어간다는 사실을 규명하였다. 염색체 끝부분의 말단소립이 조금씩 닳아 없어지면 더 생명을 유지할 수 없게 된다는 것이 '말단소립사설(telomerase theory)'이다.

(2) 심리학적 관점

심리학은 인간이 살아가면서 가지게 되는 위기와 위협, 스트레스 등의 근본적인 원인으로 죽음을 이해하려고 한다. 특히 인간은 발달단계마다 삶의 위기인 죽음을 어떻게 받아들이고 수용하는가가 다르게 나타나는데, 이때 나타나는 죽음에 대한 불안과 공포, 죽음에 대한 태도 등을 주요 관심사로 연구하였다. 또한 죽음에 대한 관점을 다양한 시각으로 조명하면서 죽어 가는 것, 혹은 죽음이 갖는 생물학적 사건만이 아니라 심리적, 사회적 측면을 중요하게 고려하고 있다. 인간이 경험하는 일상의 사건과 삶 속에서 겪는 트라우마와 낙태, 실연, 강제퇴직, 사별, 질병 같은 것을 작은 죽음으로 보기도 한다.

프로이트(Freud)는 "인간은 본래부터 삶에 대한 본능과 더불어 죽음의 본능적 심리를 함께 가지고 있는데, 전자는 삶의 본능(Eros)이고 후자는 죽음의 본능(Thanatos)이다"라고 하였다. 그는 삶의 본능은 자아가 일으키는 긴장을 감소시키는 방향으로 작용하지만, 죽음의 본능은 본래의 상태로 돌아가려는 본능이 있다고 보았다. 그래서 모든 인간은 삶과 죽음의 본능 사이에서 갈등하면서 무의식적으로 죽음이라는 목표를 향해 살아가고 있다고 하였다. 융도 인간의 출생이 의미가 있듯 죽음도 의미가 있다고 하였다. 인생의 상승기를 거쳐 정상에 이르면 거기에 멈추어 서는 것이며, 자기실현이 이루어지면 그것이 바로 죽음이라는 것이다. 삶은 끊임없는 에너지의 과정인데 쉼의 상태인 죽음을 향해 가는 것이라고도 보았다.

죽음이 우리에게 주는 심리적 정서는 슬픔과 공포이다. 슬픔은 가족이나 친지, 그리고 정든 주변 사람들과 영원히 함께할 수 없다는 생각에서 오는 감정이다. 반면 공포는 죽음의 경험이 없기 때문에 누구나 처음 맞이하는 상황에 대한 불안 심리가 발동하여 나타나는 현상으로 볼 수 있다. 이러한 공포와 슬픔의 차이를 심리학자들은 그 정서들을 유발하는 상황이 갖는 불확실성의 유무에서 찾고 있다. 즉, 어떤 나쁜 일이 나에게 일어날 것 같은데 아직 일어나지 않고 있다면 나는 공포를 느낄 것이다. 반면 나의 나쁜 추측이 이미 발생하였거나 발생할 확률이 확실하다면 나는 슬픔을 느낄 것이다. 슬픔과 공포의 정서는 이들로 인해 나타나는 행위에도 영향을 미친다. 즉, 공포는 자신에게 다가오는 상황에 대하여 그 위협으로부터 도피하거나 아니면 위협이 사라지기를 바라면서 쥐 죽은 듯이 가만히 있는 행동을 취한다. 반면 슬픔은 어떤 행동을 취하기보다는 순응하는 경향이 강한 편이다. 이는 이미 엎어진 물과 같이 상황을 바꾸어 놓을 수 없기 때문이다.

(3) 사회복지학적 관점

현대사회는 죽음을 삶과 전혀 관련 없는 것으로 여기며, 누구나 맞이하는 것임에도 죽음과 관련한 것을 외부로 표현하기를 거부하고 가까운 주변의 죽음 순간에도 속히 처리해야 하는 과정으로만 여기는 것이 현실이다. 이렇게 사람들은 대체로 삶과 죽음을 전혀 다른 것으로 인식하고 있으며, 죽음에 대해 부정적인 사고를 가지고 있다. 그러나 죽음은 단순히 죽음을 맞는 개인에게만 영향을 주는 사적인 영역이 아니라 주변 사람들에게 영향을 주는 사회적 사건이다. 그럼에도 불구하고 우리사회는 죽음에 대해 금기시하고 외면하는 사회문화적 환경을 가지고 있고 그것은 모두가 경험하게 될 죽음에 대해 대응하기에 적절한 환경이 아니라는 것을 의미한다. 그러나 인간은 환경 속에서 체계를 이루며 살아가는 존재이기에 환경이 부적절하다면 이를 위해 사회복지적으로 접근하여 개선시켜 나가야 하며, 사회복지가 인간의 생활을 원조하는 활동이라면, 이에는 당연히 인간의 죽음준비를 돕는 일도 포함되어야 한다. 그래서 사회복지적 개입을 통해 죽음에 대해 보다 적극적으로 대응하기에 용이한 환경을 만들어야 할 것이며 대상자들과 가장 접근이 용이한 복지 분야에서 죽음준비교육을 보편적으로 파급시켜 나가야 한다.

사회복지학에서는 죽음을 적극적으로 대응해야 하는 것으로 보고 있으며 사회복지기관에서 죽음준비교육을 적극적으로 실시하고 있으므로 죽음준비는 사회복지의 한 영역으로 포함되어 있다. 사회복지사는 정서적으로 고통을 받는 사람에게 심리적, 정서적 긴장 상태를 완화해 주는 역할을 하고 있다. 여기에 죽음과 관련하여 공포와 슬픔,

비탄의 감정으로 임하는 임종자와 가족에게도 부정적 감정의 배출구를 제공하고자 노력한다.

(4) 종교적 관점

죽음에 대한 종교적 관점을 기독교적 생사관, 유교적 생사관 및 불교적 생사관으로 구분하여 살펴보면 다음과 같다(이해숙, 2023).

① 기독교의 생사관

기독교의 생명관은 "하나님이 인간 창조를 땅의 흙으로 사람을 지으시고 코에 생기를 불어넣어 사람이 생령(生靈)이 되었다(창세기 2:7)"에 잘 나타나고 있다. 즉, 인간의 혼 그리고 육체의 바탕인 하나님의 영(Holy Spirit)이 강조되는데, 인간은 영을 지니기 때문에 생명체로서 존재하며 인간이 된 것이다. 인간은 영을 지닌 존재이므로 하나님에 의해 생명체가 창조되고 지탱되며 하나님은 인간의 삶(생명)과 죽음, 영생의 근거가 된다. 그러므로 기독교는 죽음을 인간 생명의 자연스러운 정상상태가 아니라 죄 때문에 인간 생명 속에 들어온 비정상상태로 본다. 즉, 죽음은 인간의 죄성(罪性, Criminality)에 대한 신적 심판으로 죽음은 죄의 값이고, 죽음이 주는 아픔은 죄가 지닌 힘 때문이라고 보는 것이다. 기독교는 인간의 죽음을 종말이 아니라 영혼의 분리를 통한 새로운 시작으로 보기 때문에 끝이 아닌 부활과 영생을 뜻한다고 보았다.

② 유교의 생사관

유교에서는 인명은 재천(人命在天)이라고 하여 생(生)과 사(死)의 문제는 하늘에 달려 있다고 보았다. 즉, 인간의 의지대로 되는 것이 아니라는 것이다. 유교에서의 죽음은 의지적(意志的) 죽음과 비의지적(非意志的) 죽음으로 구분이 된다. 비의지적 죽음은 노화나 질병, 사고 등으로 인한 죽음으로 자의와 관계없는 죽음이며, 의지적 죽음은 자신의 의지로 죽음에 이르는 것을 말한다. 유가에서는 기본적으로 현세의 삶의 규범을 강조하기 때문에 자살에 대해서는 부정적이나 역사적 또는 사회 윤리적인 명분이 있는 경우 의지적 죽음을 용인하거나 적극적으로 지지하는 편이다. 이는 역사적으로 의사(義士), 열사(烈士)들에게 살신성인(殺身成仁)이라 하여, 이를 지지하고 있음을 알 수 있다.

③ 불교의 생사관

다양한 불교 전통 안에서도 삶과 죽음의 문제는 윤회(SaṃasāRa, 輪廻)와 열반(nirvāNa, 涅槃)이라는 두 개념을 축으로 설명되고 있다. 윤회사상은 한 인간이 죽게 되면 그 영혼은 계속 남아 다시 다른 몸을 받아 태어난다는 것이다. 즉, 깨달음을 얻지 못하면 탄생과 죽음의 과정을 계속 되풀이해야 한다. 그리고 개개인의 영혼이 전생에 한 행위가 얼마나 선하고 악하였는지에 따라 그다음 생에서는 여섯 가지의 다른 길(지옥, 축생, 아귀, 아수라, 인간, 천상) 가운데 한 가지를 택하게 된다.

죽음이란 인간이 겪어야 할 고통 중에서도 가장 중대한 것이다. 현(現世)의 업만으로 설명되지 않는 문제에 대해 전생과 내생의 윤회개념으로 설명한다. 윤회와 환생의 악순환에서 벗어나는 유일한 길은 존재의 실상을 자각하여 열반에 드는 것이다. 열반에 들면 윤회와 환생을 반복하지 않게 되며 생사를 초탈하는 상태가 되는데 이를 열반이라 한다. 번뇌의 불을 멸진(滅盡)해서 깨달음의 지혜인 보리를 완성하는 경지를 말한다.

이처럼 불교의 생사관의 특징은 삶과 죽음은 분리될 수 없다고 하여 '생사불이(生死不二)' 또는 '생사일여(生死一如)'라고 한다. 또한 죽음의 문제를 내세와 관련짓거나 영생불사의 길을 제시하는 것과 같은 해결책을 제시하고 있지는 않다. 육체적인 죽음은 어떤 존재도 피해 갈 수 없는 하나의 필연적 사건으로 인식한다.

3) 죽음에 대한 태도

태도는 사람들이 어떤 대상에 대해 지니고 있는 마음의 자세, 양태라고 할 수 있다. 올포트(Allport)는 태도를 태도대상과 상황에 관련되어 반응에 직접적이거나 역동적인 영향력을 주는 심적이고 생리적인 준비상태로서 경험을 통해 형성된 것으로 설명하고 있다. 올슨과 자나(Olson & Zanna, 1993)는 인간의 마음을 지(知), 정(情), 의(意)의 세 요소로 구성되었다는 견해를 밝혔으며, 더랙(Durlak, 1994)은 특정 감정과 관련된 정서, 생각과 믿음의 인지로 구성되어 있으며, 두 요소는 태도의 목적과 관련되어 취해진 행동과 관련이 있다고 주장하였다. 또한 맥과이어(McGuire, 1985)는 인간의 태도를 감정(affect), 인지(cognition) 그리고 행동(behavior)으로 구분하였다.

따라서 인간의 태도에 대해 앞서 제시한 학자들의 견해와 같이, 죽음에 대한 인간의 태도(death attitude)를 감정(affect), 인지(cognition), 행동(behavior)으로 나누고, 불안을 정서적 요소, 죽음에 대한 수용을 인지적 요소, 죽음에 대한 반응을 행동적인 요소로 정의할 수 있다. 죽음에 대한 태도인 정서적 불안, 인지적 수용 및 행동적 수용 태도에 대해 구체적으로 살펴보면 다음과 같다(박지은, 2009; 한규석, 2008).

(1) 정서적 불안

정서란 어떤 사물 또는 경우에 부딪혀 일어나는 갖가지 감정, 상념 또는 그러한 감정을 불러일으키는 기분 혹은 애락을 뜻한다. 또한 정서에 대한 사전적 정의는 갑자기 일시적으로 급격하게 일어나는 본능적이며 신체적 표출이 따르는 감정으로 정의된다.

죽음에 대한 불안이라는 정서적 감정은 인간의 심리적 반응으로서 예기치 않은 상황에 대한 직면과 존재의 유한성 인식을 의미하며, 죽음은 영원한 삶의 시작인 동시에 현실적으로는 최대의 상실이기에 불안의 감정을 갖게 된다는 것이다. 또한 인간은 죽어가는 과정을 통해 전체적, 심리적, 사회적 박탈감을 체험하게 되며 많은 두려움을 느끼고 희망을 잃게 되어 여러 가지 심리적 요구를 나타낸다. 인간이 죽음에 대해 본능적으로 부정적인 심리적 감정을 갖는 것은 앞으로 맞게 되는 죽음이 언제, 어디서, 어떻게 발생할지 알 수 없기 때문에 경험하는 보편적인 정서반응이다.

이러한 정서적인 죽음의 불안을 여러 학자들은 '죽음에 대한 혐오(aversion of death)', '죽음의 기피(death avoidance or reluctance)', '죽음의 수용(death of acceptance)', '죽음의 부정(denial of death)', '죽음의 분노(anger of death)' 등으로 표현하고 있다.

죽음에 대한 불안요인을 학자들에 따라 다차원적인 개념으로 설명하고 있는데, 구체적으로 마이클(Michael, 1979)은 죽음의 불안구성요소를 죽어 가는 과정에 대한 공포, 죽음에 대한 공포, 사후결과에 대한 공포, 타인의 죽음과 죽어 가는 과정에 대한 공포 4가지[10]로 분류하였다. 그리고 패티슨(Pattison, 1974)은 죽음을 직면하게 되었을 때의 죽음불안에 대해서 보다 세부적으로 구분하였는데 미지의 세계에 대한 두려움, 고독에 대한 두려움, 가족과 친지를 잃는다는 두려움, 신체를 잃는다는 두려움, 자제력을 상실하는 데 대한 두려움, 동통에 대한 두려움, 주체성 상실에 대한 두려움, 퇴행에 대한 두려움, 매장에 대한 두려움 등으로 분류하였다. 콜렛과 레스터(Collet & Lester, 1969)는 자신의 죽음에 대한 공포, 타인의 죽음에 대한 공포, 자신의 죽어 가는 과정에 대한 공포, 타인의 죽어 가는 과정에 대한 공포로 죽음불안의 요인을 구분하였다.

이처럼 죽음의 개념은 단일차원이 아니며 자신의 죽음, 타인의 죽음, 죽음자체의 공포와 죽어 가는 과정에 대한 공포로 인한 불안감정으로서 다차원적인 개념으로 설명하고 있다.

10) 마이클(1979)의 죽음의 불안구성요소는, 첫째, 자신이 죽어 가는 과정에 대한 공포(fear of dying)로서 신체적으로 경험하게 되는 고통, 사회로부터의 격리, 소외, 수치심, 신체적·정신적 기능상실, 의식과 자제력 상실, 타인에게 의존 혹은 버림받는 데에 대한 공포 등이 포함된다. 둘째, 죽음에 대한 공포(fear of dying)는 존재 여부에 대한 공포로서 자아의 상실, 정체감의 상실에 대한 공포이며, 셋째, 사후결과에 대한 공포(fear of the result of death)는 개인이 처리하지 못한 계획, 사업, 재산에 대한 염려, 아쉬움, 사후의 징벌, 사후세계에 대한 미지의 공포이며, 넷째, 타인의 죽음과 죽어 가는 과정에 대한 공포(fear of the death or dying of others)는 사랑하는 사람과의 이별, 임종을 지켜보아야 한다는 사실이 공포를 야기하게 되는 요소이다.

표 11-2. 죽음불안 척도

■ 다음을 읽어 보시고 귀하께서 자신에 대해 생각하고 계신 정도에 V표 해 주시기 바랍니다.

번호	문항내용	매우 아니다	대체로 아니다	보통 이다	대체로 그렇다	매우 그렇다
1	나는 어떠한 대가를 치르더라도 죽음을 피하고 오래 살고 싶다.					
2	가까운 친척이나 친구가 죽는다면 많은 슬픔을 느낄 것이다.					
3	아는 사람이 죽어 가고 있다면 죽음에 대해 불안을 느낄 것이다.					
4	병들고 아픈 친구를 만나러 가는 것이 싫다.					
5	만약 가까운 친구나 친척이 죽는다면 나는 슬픔을 쉽게 이겨 낼 수 있을 것이다.					
6	만약 친구가 곧 죽는다는 것을 안다면 그 사실을 친구에게 말할 것이다.					
7	만약 내가 죽으면 이승에서의 모든 고통으로부터 벗어날 수 있을 것이다.					
8	내가 죽은 후에 내가 가지고 있는 모든 것을 잃어버린다고 생각하면 두려워진다.					
9	죽음에 대해 모르는 것이 오히려 마음이 편하다.					
10	내가 불치의 병을 가지고 있다면 자식들이 그 사실을 나에게 알려 주었으면 한다.					
11	죽음을 앞둔 친구가 나에게 죽음에 대해 이야기한다면 나는 무서울 것이다.					
12	죽은 사람을 눈으로 들여다보는 것이 싫다.					
13	죽어 가는 친구가 육체적으로 쇠약해지는 모습을 안 보았으면 좋겠다.					
14	기억력이 자꾸 없어지고 건망증이 점점 심해지는 것이 두렵다.					
15	내가 죽으면 가족과 떨어진다는 것이 두렵다.					
16	내가 죽을 때 육체적으로 고통을 당하며 죽을까 겁이 난다.					

출처: 박지은(2009). 죽음준비교육이 노인의 죽음에 대한 정서 · 인지 · 행동에 미치는 효과. 서울여자대학교 사회복지 · 기독교 대학원 석사학위논문.

(2) 인지적 수용

인지라는 것은 현존하고 있는 환경의 사물이나 변화를 지각하는 것이라고 정의되고 있으며, 구체적으로 지식, 의식, 사고, 상상력 등과 같은 고등정신과정에 속하는 유형의 심리적 실체들을 의식 또는 무의식으로 지각하는 것이라고 정의할 수 있다. 그리고 이장호(1999)는 자신이나 주변에서 일어나는 일을 지각하고 거기에 의미를 부여하는 과정이라고 주장하였으며, 클럭과 신하(Klug & Sinha, 1987)는 "자신의 유한성에 대한 인지적 인식과 그 인식에 대한 긍정적인 정서적 동화"로 죽음에 대한 수용을 정의하고 있다.

또한 죽음의 수용은 각 단계를 통해 구체화될 수 있다. 로스(Ross, 1979)는 죽음을 앞두고 있는 환자들을 살펴본 결과, 죽음에 대한 부정으로부터 다섯 단계[11]에 거쳐 마지막 단계로 수용에 이르게 된다고 설명하고 있다. 인간은 죽음을 부정과 분노, 타협 그리고 우울의 단계를 거쳐 죽음수용의 단계에 도달한다고 말함으로써 각 개인은 단념이나 포기로써 죽음을 수용하게 된다고 제안하였다. 이에 디켄(Deeken, 2002)은 '기대와 희망'이라는 제6단계를 추가한 바 있는데 이는 '기대와 희망'의 단계로서 죽음을 수용하는 단계에서 머무르는 것이 아니라 영원한 미래를 적극적으로 희망하는 것으로 사랑

11) 로스(1979)는 죽음의 단계는, 첫째, 부정의 단계로 죽음에 자신을 내맡기기를 거부하고 부정하여 스스로 고립 상태에 빠지는 부인의 단계로 대부분의 사람은 죽어야 한다는 것을 부정하고 자신이 죽게 된다는 사실을 인정하고 싶지 않는다. 둘째, 분노의 단계로 죽음의 위협이 자기에게 닥쳤을 때 더 이상 자신의 죽음을 부정할 수 없게 되어 절망하는 단계로 죽고 싶지 않고 더 살고 싶다는 절실한 희망이 형태를 바꿔 표출된다. 셋째, 타협의 단계로 절박하게 다가온 죽음을 초인적인 능력이나 의학, 신과의 타협 단계로 다가오는 죽음을 조금이라도 연장하고자 하며, 고통스러운 연명치료도 이겨 내며 절실한 약속을 한다. 이 단계는 짧은 기간 유지되지만 가장 개방적이고 협조적이기 때문에 이성적인 대화가 가능하여 미해결된 문제를 정리하는 '인생의 재평가(Life review therapy)'를 하는 아주 좋은 기회이다. 이 시기에 인간관계상 불협화음을 해결하는 가장 중요한 단계로서 절망과 통합의 갈림길이기도 한다. 넷째, 우울의 단계로 죽음에 대해 체념과 절망이 섞이는 우울의 단계로 죽게 된다는 반응으로서의 우울현상이 나타나고 다음으로 가까운 시일 내에 전부 잃어버리게 된다는 자각에서 비롯되는 준비로서의 우울단계로 이행된다. 다섯째, 수용하는 단계로 자신의 죽음을 수용하는 단계로 더 이상 회피할 수 없는 자기 자신의 죽음을 운명으로 받아들인다.

하는 사람과의 재회를 크게 기대하는 단계로 제안하였다. 이 단계의 경우 죽어 가는 과정에서 겪게 되는 헤아리기 어려운 고뇌를 적극적으로 극복한 사람은, 인생의 마지막 단계에서 인격적으로 크게 성장한다는 사실을 알 수 있다고 말하고 있어 좀 더 적극적인 죽음의 인지적 수용의 면을 나타내는 단계라고 할 수 있다(Deeken, 2002).

웡(Wong, 1994) 등은 죽음에 대한 수용을 중립적 수용, 접근적 수용 및 도피적 수용의 세 요소[12]로 구분하였다. 또한 이지영(2004)은 죽음을 삶에 대한 해방, 즉 '힘든 삶에서의 쉼', '허무한 삶에서의 해방', '민망한 삶에서의 해방'으로서 탈출구로 인식하는 경향이 있다고 주장하였다. 삶으로부터의 해방으로 인식한 대상은 주로 사회경제적 수준이 낮거나 혼자 살고 있는 노인으로 자신들의 현재 삶을 부정적으로 인식하는 경우가 많았다. 그러나 오진탁(2007)은 죽음의 수용은 결코 삶의 포기를 뜻하지 않으며 삶을 보다 의미 있게, 죽음을 보다 인간답고 품위 있게 맞이하겠다는 강력한 의지의 표출이라고 주장하면서 삶의 포기와 죽음의 수용을 혼동해서는 안 된다고 주장하였다.

다시 말해 타인의 죽음을 보면서도 자신의 죽음을 인정하지 않으려는 죽음의 모순성에서 벗어나 죽음이 우리의 삶 속에 존재하는 것임을 인식하는 과정이 죽음의 인지적 수용이며, 삶으로부터 해방 혹은 포기, 단념의 개념으로 정의하지 않고 개인이 죽을 수밖에 없는 운명에 대해 편안할 수 있는 것을 죽음의 인지적 수용이라고 할 수 있다.

12) 웡(1994) 등의 죽음 수용의 3가지 요소는, 첫째, 중립적 수용(neutral acceptance)은 죽음이 삶에서 불가피한 요소라는 사실을 인정하고 죽음을 비교적 담담하게 수용하는 입장을 의미하고, 죽음에 대하여 이러한 관점을 가지는 사람들은 죽음을 삶의 한 영역으로 간주하고 큰 두려움 없이 수용한다. 둘째, 접근적 수용(approach acceptance)은 행복한 사후 세계와 관련된 신념과 관련된 것이다. 죽음 이후의 다른 삶은 현세의 삶보다 더 나을 것이라고 믿거나 영원한 삶에 대한 종교적 신념을 가지는 사람들은 자신이나 가족의 죽음에 대해 덜 불안해하고 죽음을 보다 긍정적으로 기술하는 것으로 보고되었다. 셋째, 도피적 수용(escape cceptance)은 삶이 고통과 비탄으로 가득 차 있을 경우라면 죽음이 환영할 만한 것이 될 수도 있다는 관점을 의미한다.

표 11-3. 인지적 반응(죽음수용) 척도

■ 다음을 읽어 보시고 귀하께서 자신에 대해 생각하고 계신 정도에 V표 해 주시기 바랍니다.

번호	문항내용	전혀 그렇지 않다	그렇지 않다	보통 이다	그렇다	매우 그렇다
1	나는 죽은 사람을 보는 것이 두렵지 않다.					
2	나는 죽는 것이 두렵고 원망스럽다.					
3	내세에 대한 문제가 몹시 나를 괴롭힌다.					

출처: 박지은(2009). 죽음준비교육이 노인의 죽음에 대한 정서·인지·행동에 미치는 효과. 서울여자대학교 사회복지·기독교 대학원 석사학위논문.

(3) 행동적 반응

죽음과 관련하여 대처해야 하는 노인의 행동적 반응의 대부분은 재산상속, 장지 마련과 수의 준비, 유언장 준비 정도로 나타나고 있지만 아무런 준비가 되어 있지 않다는 결과가 높은 비율을 차지하는 연구들이 대부분이다(김현주, 2003). 그러나 수의 마련 혹은 장지 마련 등으로 죽음준비정도가 나타나고 있는 경우는 죽음에 대한 인지적 수용으로 인한 태도의 변화라기보다는 우리나라의 전통적으로 인식하고 있는 것 중의 하나가 수의를 마련한다거나 묘 자리를 준비하게 되면 오래 산다는 믿음 때문으로 볼 수 있다(김선화, 2003).

이렇게 볼 때, 죽음에 대한 행동적 태도는 그다지 적극적이지 못함을 선행연구에서 살펴볼 수 있다. 죽음에 대한 행동적 반응의 동향을 크게 두 가지로 구분해 볼 수 있는데, 첫째, 실질적인 행동적 대처 반응으로는 장지 마련, 수의 준비, 유언장 작성, 재산상속 등이며, 둘째, 내면에서 바라는 임종, 임종 시 간호방법 및 죽음준비교육 등으로 나눌 수 있다. 죽음에 대해 행동적 준비가 적극적이지 못함은 기존에 죽음을 인식하고 준비해야 하는 것에 대한 교육적인 경험이 부족하고 죽음준비에 대한 의식이 낮기 때문으로 이해할 수 있다.

표 11-4. 행동적 반응(죽음수용) 척도

■ 다음을 읽어 보시고 귀하께서 자신에 대해 생각하고 계신 정도에 V표 해 주시기 바랍니다.

번호	문항내용	매우 아니다	대체로 아니다	보통 이다	대체로 그렇다	매우 그렇다
1	임종과정의 모든 변화는 본인에게만 알려 삶을 마무리하도록 하여야 한다.					
2	임종과정의 모든 변화는 의료진에 의하여 정직하게 가족에게 알려야 한다.					
3	불치의 병에 걸린 경우 본인에게 알리면 마음이 약해져서 삶을 포기할 것 같다.					
4	불치의 병에 걸린 경우 빨리 알려 투병의 의지가 일어나 기적적으로 회생할 수도 있다.					
5	불치의 병에 걸린 경우 가족에게는 장례 절차 등의 준비를 위하여 미리 통고하여야 한다.					
6	건강하게 80세까지 살다가 죽는 것이 가장 큰 복이다.					
7	행복의 절정에서 인생의 황금기에 돌연사하는 것이 가장 좋다.					
8	언제 죽던 심장마비로 순식간에 죽음을 맞는 것이 좋다.					
9	막내 아이 출가한 다음이면 언제 죽어도 좋다.					
10	정년퇴임 후 여유 있는 생활을 조금 하다가 죽는 것이 가장 좋다.					
11	경제력이 없어지면 죽기를 원한다.					
12	보통사람은 70세, 사회에 기여를 많이 한 사람은 80~90세, 사회에 누를 끼친 사람은 빨리 죽어야 한다.					
13	자신의 집에서 죽기를 바란다. 죄를 지으면 그 대가로 객사를 한다.					
14	한적한 곳에서 마지막 삶을 살다가 가족이 모인 가운데 죽고 싶다.					
15	전문적인 지식을 갖춘 의료진과 시설이 갖추어져 있는 병원에서 치료를 받다가 죽는 것이 가장 마음 편할 것 같다.					
16	가족에게 짐이 되지 않기 위하여 공공 기관에서 숨을 거두고 싶다.					
17	좁은 땅에 묘지를 구하기 어렵고 한식, 추석 때 성묘하기도 번거롭고 죽으면 완전히 없어지는 것이니 화장을 하는 것이 마땅하다.					

18	땅에 묻히면 답답할 것 같지만 불에 타 두 번 죽는 것보다는 매장을 택하겠다.					
19	죽은 다음 나의 심장, 간, 콩팥 등을 다른 사람을 위하여 주겠다.					
20	화장 후 납골당에 모셨으면 좋겠다.					
21	임종은 가족과 성직자(종교인)가 있는 가운데 맞이하고 싶다.					
22	만일 임종 프로그램이 있다면 참여하고 싶다.					

출처: 박지은(2009). 죽음준비교육이 노인의 죽음에 대한 정서 · 인지 · 행동에 미치는 효과. 서울여자대학교 사회복지 · 기독교 대학원 석사학위논문.

2. 죽음준비교육

1) 죽음준비교육의 필요성

인간은 태어나서 끊임없이 교육을 받으며 삶을 이루어 가기 위한 노력을 한다. 그러나 인류의 생명은 유한하다는 불변의 진리를 깨닫고 다가올 죽음에 대해 준비한다는 것은 우리사회에 낯설은 행위이다. 과거 전통사회에서는 여러 세대가 함께 살면서 가정에서 임종을 맞게 됨으로 죽음에 대한 교육이 삶 가운데 자연스럽게 습득되었으나 점점 현대화, 핵가족화, 의료발달과 기술의 성장은 오히려 죽음과 삶을 원거리로 인식하게 하고 있다. 그러나 결코 죽음과 삶은 전혀 반대되는 개념이 아니라 연속적인 과정으로 삶 가운데 죽음이 존재한다는 것을 깨닫게 하는 것이 중요하다.

노인이 한정된 삶의 기간 속에 살면서 죽음에 임박해 있다는 점과 주위의 죽음을 체험하게 됨으로 노인들에게 있어 죽음준비는 삶을 재조명하는 데 중요하다. 또한 노년기의 죽음은 삶을 재조명하며 동시에 노년기 삶의 질과 깊은 관련성을 지닌다고 할 수 있다.

이러한 측면에서 앞으로 다가올 죽음을 인정하고 수용할 수 있는 태도를 지님으로써 남은 생애를 총체적인 행복과 건강한 정신으로 살아가고 생을 마감할 수 있다. 이러한 의미에는 포괄적인 죽음준비교육의 필요성을 내포하고 있는데, 노년기에 죽음준비교육이 필요한 이유를 구체적으로 살펴보면 다음과 같다.

첫째, 죽음 자체보다 죽어 가는 과정과 돌봄, 외로운 죽음에 대한 걱정과 불안이 노인들에게 있다. 따라서 죽음에 대한 지식을 습득할 때 두려움이 감소되며 노년기에 접어드는 사람들이 가장 절실하게 필요로 하는 교육이 죽음교육이라고 하는 것은 마땅하다. 이렇게 누구도 경험할 수 없는 죽음이기에 두려움을 갖는 것이 보편적이기는 하지만 구체적으로 죽음을 준비함으로써 죽음에 대한 불안 태도를 낮추는 데 죽음준비교육이 필요하다.

둘째, 인간의 존엄성을 외면하는 병원사(病院死)가 만연하고 있는 현대에서 인간의 존엄성 회복을 위해 죽음준비교육이 반드시 필요하다. 의료기계에 의존하여 임종을 하게 되는 현대의 죽음에 이르는 과정은 인간의 존엄성이 배제된 것으로 가족들에게 의존되었던 죽음의 방식을 노인 스스로 주체적으로 선택할 수 있는 권리로 인식하게 한다. 죽음을 맞이하는 방식은 자기 자신이 선택할 수 있어야 한다.

셋째, 죽음준비교육은 삶의 회복을 가져온다. 많은 연구들에서 죽음 관련 학습경험이 '현재의 삶의 중요함을 인식했다'는 결과가 있었으며, 죽음의 대면을 통한 삶의 가치를 재인식하고 새로운 삶을 준비하는 것이 죽음준비교육이라고 하였다. 죽음을 생각하고 준비하는 것이 자기 자신의 삶의 방식을 반성하는 것이며, 자신만을 위함이 아니라 남겨진 이들에게 죽음에 대한 새로운 모습을 제시할 수 있다.

넷째, 우리사회는 노인의 자살률이 상당히 높은 편이다. 그러나 삶의 포기로 죽음을 선택하는 것은 결코 옳지 않으며, 성숙한 죽음문화의 부재가 자살이라는 사회문제를 일으키고 있는 것이다. 따라서 죽음에 대해 아무것도 모른 채 자살을 감행하는 불행을 막기 위해 죽음준비교육은 시급히 시행되어야 한다.

다섯째, 죽음준비교육은 삶의 교육이 된다. 즉, 죽음을 바르게 이해함으로써 삶을 보다 의미 있게 살도록 하는 것이 죽음준비교육이며, 죽음준비교육은 죽음을 한층 편안하게 맞이할 수 있도록 돕는 삶의 준비교육이라고 할 수 있다.

2) 죽음준비교육의 의미와 방법

노인에게 죽음을 준비해야 하는 것은 임박한 과제이다. 디켄(2002)은 죽음의 공포는 생명체가 지니는 자연스러운 자기보존 본능이라고 할 수 있으나 정도가 지나치면 정상적인 정서활동에 방해가 되고 죽음이라는 인생의 최대과제에 적극적으로 다가설 수 없게 된다고 하였다.

레비톤(Levition, 1977)은 죽음준비에 대해 자기 자신에 대한 존엄함을 느끼게 하며, 불필요한 심리적 짐으로부터의 해방이며, 베커(Becker, 1994)는 삶을 올바르게 가꾸는 데 필요한 필수조건을 죽음준비라고 하였다. 따라서 죽음준비는 현재의 삶을 더욱 가치 있게 하기 위해 실행해야 하는 구체적인 노력을 의미한다.

죽음준비 방법에 있어 칼리시(Kalish, 1976)는 개방된 분위기로 서로의 생각을 나누는 것이 노인이 죽음에 대처하는 것을 돕는 가장 좋은 방법이라고 제시하였다. 즉, 노인들이 친밀한 동료들과 죽음에 대한 이야기를 나눔으로써 죽음에 대한 두려움을 경감시키기도 하고 죽음 자체에 대한 심한 두려움을 나타내지 않는다는 것이다. 따라서 죽음이라는 것은 수동적으로 수용하기보다는 적극적으로 처리해야 할 과제로서 금기(禁忌)로 여기지 말고 죽음의 여러 국면에 대하여 솔직하고 정직하게 말하는 것이 중요하다. 그리고 특수문제에 직면하기 위해 특수교육을 받듯이, 죽음이라는 특수한 상황을 잘 맞이할 수 있고 죽음에 성숙하게 직면할 수 있도록, 죽음에 대해서 배워야 하는 것이다.

3) 죽음준비교육의 요소

디켄(2002)은 죽음준비교육이 지식의 차원, 가치관의 차원, 감정의 차원, 기술의 차원에서 실시되어야 하는 필요성에 대해 언급하였는데, 지식의 차원은 학제적으로 다양한 죽음학(thanatology)의 연구 성과를 전달하며, 가치관의 차원은 각 개인은 자기의 가치관에 대해 재점검과 재평가를 실시하여, 확고한 윤리관을 갖도록 한다. 그리고 감정의 차원은 죽음에 대하여 감정적, 정서적 반응을 스스로 느끼고 극복을 도우며, 기술의 차원은 구체적으로 기술을 습득하도록 익히도록 하는 것이다.

코르(1995)은 임종(dying), 죽음, 사별이라는 분야의 교육에서 사람들이 무엇을 알고, 어떻게 행동하고 무엇을 가치 있게 여기는지와 관련하여 죽음준비교육을 **표 11-5**와 같이 인지적, 정서적, 행동적 및 가치적인 네 가지 차원으로 기술하고 있다.

표 11-5. 죽음준비교육의 4가지 차원

- 죽음준비교육은 죽음과 관련한 경험과 대처방식 등에 대한 정보를 제공하고 그러한 경험들을 이해하도록 도와준다는 점에서 인지적 혹은 지적 활동이라고 할 수 있다. 즉, 죽음, 비탄, 사별의 다양한 측면을 설명하고 정보들을 제공한다.
- 죽음준비교육의 정서적 차원은 죽음, 임종, 사별에 관한 감정, 정서와 관련되어 있다. 비탄 반응을 함께 공유하고 논의하는 것은 삶의 건강한 과정의 한 부분으로서 죽음준비교육의 정서적 차원의 중요한 부분이다.
- 행동은 사람들이 느끼고 믿는 것의 외적 표현이다. 죽음준비교육의 행동적 차원은 죽음과 관련된 상황에서 어떻게 행동해야 하고 행동할 수 있는지 등을 탐색하는 것이다.
- 죽음준비교육의 가치적 차원은 인간의 삶을 지배하는 기본적 가치들을 확인하며 표현하고 지지하도록 돕는 것이다.

4) 죽음준비교육 프로그램 구성 및 운영의 실제

지금까지 우리나라 노인의 특성에 맞는 죽음준비교육 프로그램 개발의 필요성을 인식하고 구체적인 교육내용을 제시하여 왔는데, 대부분의 죽음준비교육의 내용으로는 앞서 코르(1995)가 제시한 죽음준비교육의 4가지 요소 중 정서적, 인지적 및 행동적 차원으로 구분하여 제시되고 있다(박지은, 2009).

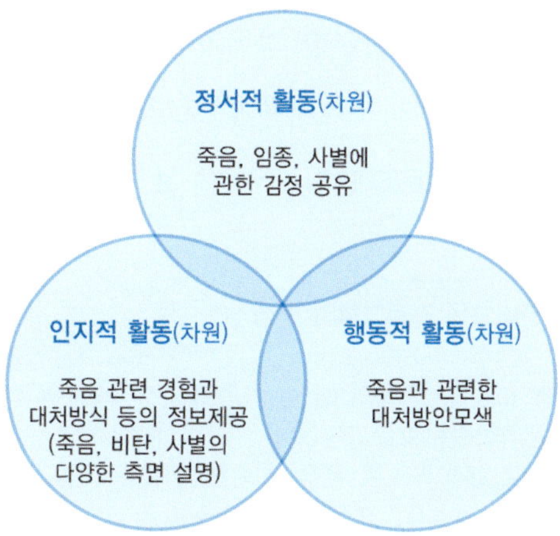

그림 11-2. 코르(1995)의 죽음준비교육 차원에 따른 지표

첫째, 정서적 측면에서 코르(1995)는 죽음, 임종, 사별에 관한 감정공유 등이 죽음준비교육 내용에 포함되어야 한다고 주장하고 있다. 따라서 정서적 측면의 죽음준비교육 프로그램의 구성은 **표 11-6**과 같다.

표 11-6. 정서적 측면의 죽음준비교육 프로그램의 구성

- 자서전 쓰기 프로그램이다. 이것은 자신과 가족에 대해 다시 한번 생각하게 하고 잊을 수 없는 사건과 사람들이라는 주제로 자신의 지나온 삶에 대해 회상해 보도록 하는 프로그램이다.
- 사별과 상실의 경험 나누기이다. 그 경험이 가져오는 충격과 슬픔 또한 대처해 왔던 극복방법 등 감정을 공유하는 프로그램이다.
- 초대하고 싶은 사람 프로그램이다. 이 프로그램은 가장 보고 싶고 만나고 싶었던 사람을 초대하는 프로그램으로 사별한 사람을 초대하여 못다한 이야기, 맺힌 감정들을 풀어내고 해소하도록 돕는 프로그램이다.

둘째, 인지적 측면에서는 죽음과 관련한 경험과 대처방식에 관련한 정보를 제공하고 죽음, 비탄, 사별의 다양한 측면이 교육내용에 포함되어야 한다고 주장한다. 따라서 인지적 측면의 죽음준비교육 프로그램의 구성은 **표 11-7**과 같다.

표 11-7. 인지적 측면의 죽음준비교육 프로그램의 구성

- 죽음의 의미탐색 프로그램이다. 즉, 죽음의 과정, 죽음의 정의, 죽음의 의미 등을 다양한 관점별(의학적, 철학적, 법적 등)로 살펴보는 프로그램이다.
- 존엄한 죽음의 의미알기 프로그램이다. 즉, 존엄한 죽음, 잘못된 죽음, 사전의료지시제도, 사망기 쓰기 등 죽음의 존엄성을 인식하게 하는 프로그램이다.
- 법적 준비, 장례준비, 호스피스 이해, 장기기증 등 죽음과 관련하여 다양한 정보를 제공하는 것이다.

마지막으로 행동적 측면에서는 죽음과 관련한 대처 방법을 모색해 보도록 하는 과정을 소개하고 있다. 따라서 행동적 측면의 죽음준비교육 프로그램의 구성은 **표 11-8**과 같다.

표 11-8. 행동적 측면의 죽음준비교육 프로그램의 구성

- 남은 생에 대해 미래를 계획할 수 있도록 구성하는 것이다. 즉, 노인문제에 대한 역할극, 나의 다짐, 버리고 싶은 것, 하고 싶은 것 등 실질적으로 할 수 있는 부분에 대한 프로그램이다.
- 가족에게 영상편지 남기기, 묘비명 쓰기 등 관계회복하기 프로그램이다.
- 실질적 죽음준비이다. 즉, 유언장쓰기, 영정사진 찍기, 가족과 죽음에 관하여 의사소통하기 프로그램이다.

이러한 관점에서 박지은(2009)은 죽음준비교육 프로그램 내용을 네 단계(나 알기, 죽음 알기, 인생 알기, 나눔 알기)로 구분하여 총 17회차로 프로그램을 진행하고 그 효과성을 검증하였는데, 프로그램의 구체적인 내용은 **표 11-9**와 같다.

표 11-9. 노인의 죽음준비교육 프로그램 내용

구분	회차	주제	내용	Corr 지표	자료방법
모집	1회	예비소집	죽음준비학교 운영 안내 교육신청서 작성		ppt 활용
개강	2회	오리엔테이션	프로그램 목적 이해 / 자기소개 개인별 참여 동기 확인		강의
1단계 나 알기	3회	노년기 삶 이해	나는 누구인가? 인생그래프 그리기 나의 사랑, 나의 가족 잊을 수 없는 사건과 사람 용서와 화해와 감사	정서적 차원	강의 및 기록 (교육자료) 토론
	4회	자서전 쓰기			
	5회				
2단계 죽음 알기	6회	죽음과 임종	죽음의 의미 탐색하기 (죽음의 느낌, 생각나누기 죽음에 대한 심리적 반응 죽음에 이르는 심리과정이해)	인지적 차원	강의 및 토론
	7회	존엄한 죽음	존엄한 죽음의 의미 알기(존엄사, 자살, 안락사, 사전의료지시제도 설명) 사망기 작성 / 호스피스 이해	인지적 차원	강의 및 토론
	8회	상실의 치유	사별과 상실의 경험 나누기 (가장 깊이 남아 있는 죽음기억하기)	정서적 차원	강의 및 토론, 영상자료

구분	회차	주제	내용	Corr 지표	자료방법
			'초대하고 싶은 사람' (떠나 보낸 사람과의 만남 갖기)		
	9회	법적 준비	상속과 유언	인지적 · 행동적 차원	강의 및 질의 응답
	10회	장례준비	서울장묘문화센터 기관견학 (장례법 소개), 영정사진 촬영	인지적 차원	기관견학 소감 공유
3단계 인생 알기	11회	관계회복 하기	가족에게 보내는 영상편지 묘비명 쓰기	행동적 차원	참여 및 토론(캠프)
	12회	영상으로 본 죽음 story	"축제" 영화 감상 전통장례예식 추억 나누기	정서적 차원	영상자료 (캠프) 토론
	13회	미래계획 하기	역할극(노인문제) 향후 하고 싶은 일 계획하기 (버리고 싶은 것, 하고 싶은 것) '나의 다짐' 석고주먹 만들기	행동적 차원	발표 및 기타재료 (캠프)
	14회	유언장 쓰기	가족과 세상에 남기고 싶은 유언장 작성	행동적 차원	강의 및 기록
4단계 나눔 알기	15회	장기기증 교육	장기기증 및 조직기증에 대한 이해 (사랑의 장기기증 운동본부)	인지적 차원	강의 및 질의응답 (ppt 활용)
	16회	老老 메아리	죽음교육 이수한 노인이 노인에게 죽음교육의 필요성에 관한 정보전달 (캠페인)	행동적 차원	강의 및 발표 (홍보 리플렛)
	17회	"함께해요" 수료식	가족이 참여한 가운데 죽음준비교육 수료식 진행(가족의 교육을 통해 소통 방법모색)	행동적 차원	강의 및 기타 방법

표 11-9에 근거한 노인의 죽음준비교육 프로그램 개입 이후 정서적 불안 정도의 감소와 인지적인 수용정도가 증가하였으며 긍정적인 행동적 반응이 나타나는 것으로 보고되었다.

12

Chapter

세대공동체교육

배울 내용

1. 세대, 세대갈등 및 세대공동체의 이해
2. 세대공동체교육

학습목표

1. 세대, 세대갈등 및 세대공동체의 개념을 설명할 수 있다.
2. 세대공동체교육의 개념 및 필요성을 설명할 수 있다.
3. 세대공동체교육 프로그램 현황을 파악하고 개선방안을 모색해 본다.

1. 세대, 세대갈등 및 세대공동체의 이해

1) 세대

세대란 공통의 경험을 바탕으로 공통의 의식이나 풍속을 전개하는 일정폭의 연령층을 의미한다. 세대의 사전적인 의미는 일정한 연령대에 속하는 사람들을 총괄한 동시대인을 말하며, 일반적으로 사용되는 의미는 비슷한 사회적 · 역사적 경험을 공유하는 30년의 연령을 일컫는 말이다. 이처럼 사회변화의 역동적 관계에서 세대의 기능을 분석하는 측면에서는 대체로 30년을 한 세대로 규정하는 경우가 일반적이지만 인구통계학에서는 인구분석을 5~10년 단위로 하는 연령집단이라고도 한다. 또한 생물학적 관점에서는 아이가 성장하여 부모의 일을 계승할 때까지의 기간으로 약 15~30년간을 단위로 하며, 역사학 영역에서는 특정 역사적 시기에 생존한 사람들을 한 세대라고 말한다. 심리학에서는 세대란 인간발달과정에서 생애주기의 동일한 단계에 있는 사람들을 의미하는데, 예를 들어 청소년 세대, 대학생 세대라고 하는 것이다. 사회학에서의 세대는 동일한 시대의 사람들로서 사회구조 내에서 비슷한 위치를 점한 사회변동과 밀접한 관련이 있는 많은 개인들의 집단을 의미한다.

이처럼 세대에 대한 정의는 관점에 따라 다양하게 존재하지만 일반적으로는 사용되는 세대에 대한 개념은 비슷한 시기에 동일한 문화권에서 태어나 사회적, 역사적 경험을 공유하고 그로 인해 비슷한 인식과 행동양식을 갖는 동시기 출생 집단으로 정의하고 있다.

2) 세대갈등

다른 세대는 시대적, 사회적, 역사적 경험이 달라서 다른 세대 간 인식과 행동양식의 차이를 초래하여 세대차이가 발생한다. 이와 같이 세대차이에 근거하여 야기되는 충돌이나 갈등을 흔히 세대갈등이라고 말한다(홍영란 외, 2013). 우리나라는 급속한 사회변화나 빠른 과학기술의 발달로 다른 세대 간 자란 환경이나 경험의 차이를 초래하고, 그로 인해 세대 간 가치관 차이가 보다 명확해져서 세대갈등이 점점 심화되고 있다. 즉, 세대 간 가치관의 차이는 정치, 사회, 문화, 교육 등 다양한 분야에서 세대갈등으로 나타난다. 이러한 세대갈등은 가정에서 부모와 자녀가 학교에서 교사와 학생이, 직장에서 상사와 부하가 정치적 장에서는 주로 진보적 성향을 지닌 젊은 세대와 주로 보수적 성향을 지닌 기성 세대 간의 대립과 충돌로 나타난다. 따라서 세대갈등을 완화하기 위해서는 어려서부터 타인이 나와 어떻게 다른지를 학습하여 고정관념을 갖지 않도록 하며, 서로의 다름을 존중하는 태도를 형성해 줄 필요가 있는데, 교육이 그런 역할을 수행할 수 있다고 본다.

또한 세대갈등이란 세대 간 목표와 가치관의 차이에서 나타나는 이념적 갈등뿐만 아니라 권력갈등, 문화갈등, 배분적 갈등을 포함하는 개념으로 이해될 수 있다(박재홍, 2010; 홍영란 외, 2013). 이념적 갈등은 세대 간 목표와 가치관의 차이에서 발생하는 갈등을 의미하는데, 예를 들어 정치적 장에서 주로 진보적 성향인 젊은 세대와 주로 보수적 성향인 기성세대 간에 나타나는 갈등이다. 권력갈등은 다른 세대에게 부당한 방법으로 권력을 행사하여 야기되는 갈등을 의미하는데, 예를 들어 젊은 세대가 기성세대를 배척하거나 비판하는 태도 또는 정년 단축 시도에 대한 집단적 반발과 그에 따른 세대갈등이다. 문화갈등은 다른 세대 간 역사적이고 사회적인 경험의 차이로 발생하는 갈등을 의미한다. 예를 들어, 디지털 세대와 아날로그 세대 간의 갈등을 들 수 있다. 또한 배분적 갈등은 각 세대별로 부담하는 상대적 기여와 보상의 상대적 몫을 둘러싼 갈등을 의미하는데, 예를 들어 노인복지비 증액과 관련된 갈등과 성과급제와 연봉제를 둘러싼 갈등 등이다.

이러한 세대 간 갈등과 이를 해소하기 위한 방향에 대해 사회심리학자들은 크게 세 가지 이론, 즉 현실적 집단갈등 이론, 사회적 정체성 이론 및 사회적 접촉 가설로 설명하고 있다(오윤영, 2017).

표 12-1. 세대 간 갈등을 해소하기 위한 이론

구분	내용
현실적 집단갈등 이론	현실적 집단갈등 이론(the of realistic intergroup conflict)의 관점은 세대갈등이 제한된 자원에 대한 경쟁 때문에 발생한다고 본다. 즉, 다른 목표를 가진 다른 세대 간 각기 제한된 자원에 대해 경쟁하여 세대갈등을 일으킨다는 것이다. 예를 들어, 청년 실업 문제로 인해 정년 단축 상황이 발생하면 평균수명 연장으로 정년을 앞둔 기성세대는 더 일하고 싶어서 젊은 세대와 갈등을 초래할 수 있다. 따라서 현실적 집단갈등 이론의 관점에서는 다른 세대 간 다른 목표보다 더 상위의 공통 목표를 위해 활동하거나 서로 상호작용이 이루어질 때 그리고 무엇보다 서로에게 이익이 될 때 세대갈등은 감소될 수 있다고 본다. 그러므로 각 세대는 공통의 목표를 위하여 상호 협력하며 서로에 대한 이해가 확대될 수 있는 교육인 세대공동체교육으로 세대갈등을 감소시키게 된다는 것이다.
사회적 정체성 이론	세대갈등에 있어 인지적 요소를 강조하는 사회적 정체성 이론(social identity theory)의 관점은 다른 세대에 대해 연령처럼 자신이 속한 세대와는 다른 특징을 인지했을 때 특히 부정적인 태도를 형성하게 된다는 것이다. 이는 사람들이 인지능력의 한계로 인하여 정보를 효율적으로 처리하기 위해서 대상을 유목화하게 되는데, 이러한 이유로 사람들은 남-녀, 노인-젊은이 등 집단으로 분류하게 된다. 자신이 속한 집단은 소속감을 높이기 위해 더 긍정적으로 인식하는데, 자신이 속하지 않은 집단은 부정적인 태도를 형성하게 된다. 따라서 사회적 정체성 이론의 관점에서는 하나의 공동체로 세대를 통합함으로써 세대 간의 정체성 분리를 극복하게 되면 세대갈등은 감소될 수 있다는 것이다. 그러므로 다른 세대 간 친밀하고 지속적인 활동을 통해 서로의 차이점보다는 공통점에 초점을 맞출 수 있는 교육인 세대공동체교육을 통해 세대갈등을 감소시키게 된다는 것이다.
사회적 접촉 가설	다른 세대 간 접촉부족에 따른 정보부족과 오해로 인하여 세대갈등이 발생한다고 보는 것이 사회적 접촉 가설(social contact hypohtesis)이다. 예를 들어, 급격한 도시화의 전개에 따른 핵가족화 및 마을공동체의 붕괴로 인해 다른 세대 간 빈번하게 접촉할 기회를 거의 갖지 못하는 데서 비롯되는 갈등이라는 것이다. 사회적 접촉 가설 이론의 관점에서는 세대 간 접촉부족에 따른 정보부족과 오해로 세대 간 고정관념이나 부정적인 태도를 만들어 낸다고 본다. 따라서 세대 간 긍정적이고 의미 있는 상호교류나 접촉의 기회를 줄 수 있는 세대공동체교육을 통하여 세대갈등을 감소시키게 된다는 것이다.

세대갈등은 어느 한 원인에 의해 발생되기보다는 이 세 가지 이론의 관점에서 공존하는 복합적인 현상이라고 할 수 있다. 우리나라가 고령사회가 되면서 예전과는 다른 다양한 세대가 동시에 한 사회 속에 공존하는 시기가 길어지고 있다. 다양한 세대가 공존하여 살아가는 사회에서는 세대 간 제한된 자원을 어떻게 나눌 것이가 하는 문제가 있을 것이며, 인지능력의 한계로 다른 세대에 대해 부정적인 태도를 형성할 수 있고, 세대 간 정보와 접촉의 부족으로 세대갈등이 발생될 수 있다. 따라서 세대갈등을 해결하기 위해 어느 한 원인에 대해 집중하지 않고 이 세 가지 이론의 관점에서 공존하는 복합적인 현상으로 바라보아야 한다. 또한 세대갈등을 해결하기 위해 노인 일자리 창출이나 젊은 세대에게 부양부담을 최소화하는 등 정부의 복지정책과 같은 실질적인 문제의 해결방안도 중요하다. 하지만 예방적 차원에서 세대 간 상호 이해하며 의미 있는 상호교류를 통해 긍정적인 유대관계를 형성하도록 지원하는 교육도 중요하다. 이러한 예방적 차원에서 세대공동체교육을 통해 사회문제로 대두되는 세대갈등을 완화시키면 나아가 세대통합이 이루어질 수 있는 것이다.

3) 세대공동체

세대공동체는 학자에 따라 조금씩 다른 용어로 불리는데, 흔히 혼용되는 것 중 하나가 세대통합이다. 세대공동체란 맥클러스키(1990)가 사용한 “the community of generations”라는 개념을 번역한 것으로 여러 세대 혹은 여러 연령집단이 공통의 목표를 가지고 하나의 공동체를 이루는 것을 의미한다. 그리고 이것은 여러 세대가 물리적으로 같은 공간 안에서 사느냐 아니냐가 아니라 여러 세대가 얼마나 조화를 이루며 사느냐를 중요하게 생각한다. 세대공동체와 유사한 용어로 사용되고 있는 세대통합은 다양한 세대가 서로 협력하고 공동체 의식을 공유하여 세대 간 상호이해 및 세대 간 공감능력을 함양하는 상태로 정의할 수 있다.

2. 세대공동체교육

1) 세대공동체교육의 개념

세대란 사전적인 의미로는 일정한 연령대에 속하는 사람들을 총괄한 동시대인을 뜻하며 비슷한 사회적, 역사적 경험을 공유하는 30년의 연령을 일컫는 말이다. 또한 세대란 동일한 시대의 사람들로서 사회구조 내에서 비슷한 위치를 점한 많은 개인들의 현상을 의미하며 사회변동과 매우 밀접한 관계가 있다고 정의하고 있으며, 세대갈등을 사회변동과 밀접한 관련이 있는 현상으로 보고 있다. 하지만 최근에는 30년이라는 숫자적 기준을 떠나 시대적, 사회적, 역사적 경험을 공유하는 비슷한 연령대를 의미하는 넓은 개념으로 확대 · 해석되고 있다.

세대공동체란 맥클러스키(1990)가 처음으로 주장한 개념으로서, 여러 세대 혹은 여러 연령집단이 한 공동체 안에서 만나는 것을 의미한다. 각 세대들은 비록 살아가는 시간과 경험 측면에서는 다르다 해도, 전체 생애의 일부분으로서 서로 관련되어 있다는 점에서 공통된 이해관계를 가진다는 전제조건을 가지고 있다. 따라서 세대공동체는 오히려 서로 간의 세대 차이로 인하여 인생 전체의 경험을 더욱 잘 이해하도록 하는 데 도움이 된다.

보다 구체적으로 세대공동체교육은 여러 세대 혹은 여러 연령집단들이 어떤 교육적인 목적(학교교육뿐 아니라 더 넓은 의미의 변화를 전제로 하는 모든 활동을 포함하는 의미에서의 교육적 목적)을 위하여 공동체 안에서 함께 활동해 나가는 것이다. 이때 우리는 세대공동체 속에서 각 세대는 자신들이 미처 경험하지 못했던 시간과 공간을 경험할 수 있을 뿐 아니라 서로를 통하여 더욱 많은 것을 배우고 얻을 수 있다는 장점을 가진다.

또한 세대공동체교육은 노인들에게는 학습자로서 참여한다는 점에서 노인을 위한 교육이고, 젊은이들에게는 노인들과의 상호작용을 통하여 노화와 노인을 이해할 수 있다는 점에서 노인과 노화에 관한 교육인 동시에 노인들의 지혜를 교육적 자원으로 활용한다는 점에서 노인에 의한 교육이기도 하다. 세대공동체교육을 통한 노인교육은 노인을 위한, 노화와 노인에 관한 그리고 노인에 의한 교육이 동시에 가능할 수 있도록 하는 교량으로서 진정한 노인교육의 목적이 실현될 수 있는 기회를 제공해 줄 수 있다.

이와 같은 세대공동체교육은 학자에 따라 조금씩 다른 용어로 불리는데, 세대통합교육, 세대 간 교육, 간 세대교육, 노인 · 아동 상호작용 프로그램, 노인인식교육 프로그램, 세대통합 프로그램, 세대공동체교육 등이 그것이다. 물론 각각의 개념들이 저마다 조금씩 다른 강조점을 가지고 있지만 공통적으로 서로 다른 세대의 협력과 상호작용을 통하여 세대 간에 기술 · 지식 · 경험을 공유하고, 세대 간 서로에 대한 올바른 이해와 긍정적 유대관계를 형성하는 것을 목적으로 실시되는 교육을 의미한다.

2) 세대공동체교육의 필요성

세대공동체교육의 필요성은 고령화와 세대갈등, 핵가족화와 세대갈등, 전통의 전수와 정신문화의 위기 및 새로운 공동체 개념의 등장으로 구분하여 살펴볼 수 있다(이승자, 2007; 한정란, 2002).

(1) 고령화와 세대갈등

고령화에 따른 문제들에는 여러 가지가 있겠지만 우선 꼽을 수 있는 것은 세대 간의 갈등의 심화이다. 사회가 고령화될수록 한정된 재화와 기회를 둘러싸고 세대 간의 경쟁은 더욱 치열해지기 마련이다. 세대 간의 갈등의 소지는 이렇게 제한된 재화를 둘러싸고만 일어나는 것은 아니다.

사회의 변화 속도가 가속화되면서 세대 간의 차이와 골은 더욱 커져 간다. 흔히 말하는 30년의 세대 차이는 이미 옛말이 되어 버렸다. 사회의 변화 속도 자체가 변하고 있다고 할 만큼 빠르게 변화하는 사회 속에서 살아가면서 세대 간의 차이와 갈등을 겪는 것은 너무도 당연한 일인지도 모른다. 그러나 이제 세대 간의 갈등은 어떤 지역이나 민족, 출신의 차이로 인한 갈등보다도 더 심각한 사회문제가 되어 가고 있다.

따라서 고령화의 진전으로 인한 세대 간 갈등의 심화는 서로 다른 세대들 간의 의미 있는 만남과 접촉을 통하여 서로 간의 오해와 편견을 줄이고 이해를 넓히려는 세대공동체교육을 통하여 해결해 나갈 수 있을 것으로 기대할 수 있다.

(2) 핵가족화와 세대단절

우리는 지금 가족제도의 변화와 핵가족화로 인한 세대 간 접촉의 단절의 위기에 놓여 있다. 전통사회에서처럼 3대 이상이 한 지붕 아래 혹은 바로 이웃해서 살 수 있었던 확대가족제도하에서는 굳이 세대공동체를 인위적으로 교육상황 속에 구성해 놓지 않아도 될 만큼 충분히 가정 내에서 세대 간의 접촉과 교류가 이루어질 수 있었다. 그러나 급격한 산업화와 도시화로 합리성을 찾아 가족이 흩어지고 부부와 미혼 자녀만의 초핵가족이 대부분을 차지하는 현대사회에서는 더 이상 한 가족 내에서 자연스럽게 세대 간의 접촉이 이루어지기를 기대하기가 힘들어졌다.

이러한 세대 간의 접촉과 교류의 단절은 심각한 사회적 문제를 야기할 수 있다. 단절은 세대 간의 반목과 오해 그리고 갈등의 주된 원인이 된다. 따라서 핵가족 사회일수록 세대 간의 더 빈번한 교류의 기회가 주어져야 한다. 이제 인위적으로라도 세대 간의 접촉과 교류가 이루어질 수 있는 기회와 공간을 조장할 수밖에 없다. 세대공동체교육

속에서 서로 다른 세대들이 교류하고 상호작용하면서 서로 간의 이해를 높이고 단절을 극복하는 것만이 유일한 방법이 될 것이다.

(3) 전통의 전수와 정신문화의 위기

과거 확대가족제도하에서는 자연스럽게 가족 속에서 전통이나 역사를 만날 수 있었다. 할아버지와 할머니로부터 가족의 역사를 옛날이야기처럼 듣도 자랐고, 부엌에서 일을 도우며 또는 밭일을 도우며 전통의 방법과 기술 그리고 그 속에 숨은 지혜까지도 배울 수 있었다. 그러나 지금은 조부모는 멀리 계시고 부모들은 밖에서 바쁘게 생활하고 저녁 식탁에서나 겨우 얼굴을 마주할 수 있는 가정 속에서 그런 것들을 더 이상 기대할 수 없게 되었다. 또한 빠르게 변하는 첨단 기술, 유형, 세계적인 것을 따라잡기에도 벅찬 학교교육에서도 전통이니 역사니 하는 것들을 여유 있게 돌아볼 수 없는 형편이 되었다.

이런 상황에서 세대공동체교육은 서로 다른 세대들 간의 교류를 통하여 역사와 전통에 대한 올바른 인식과 우리사회의 역사를 꿰뚫어 온 정신의 맥이 전 세대에서 후 세대로 자연스럽게 이어지도록 도와준다. 즉, 세대공동체 교육은 끊어졌던 전통을 자연스럽게 다시 이어 주고, 위기에 처한 우리의 정신문화를 회복할 수 있는 장을 마련해 줄 수 있는 것이다.

(4) 새로운 공동체 개념의 등장

과거 공동체란 주로 혈연 같은 자연발생적 원인에 의하여 엮여진 공동체의 개념이었다. 또한 그 공동체 개념은 시·공간적으로도 매우 제한적이어서 다소 배타적이고 그 경계가 매우 경직되어 있었다. 그러나 현대에 와서 공동체의 개념이 점차 바뀌어 가고 있다.

이런 상황에서 이제 자연발생적인 공동체의 중요성은 상대적으로 줄어들고 있다. 그리고 반대로 의도적으로 발생된 공동체, 소위 구성적인 공동체의 중요성이 더 크게 부각되고 있다. 세대공동체 역시 일종의 인위적인 구성적 공동체라고 할 수 있다. 교육 장면 속에서 혈연으로 맺어진 조부모가 아닌 다른 노인들과 긴밀한 관계를 맺는 것이며, 내 손자가 내 자녀가 아닌 젊은이들과 함께 어울리는 것이다. 이런 점에서도 세대공동체교육은 현 시대에 가장 적합한 교육 모형이라고 할 수 있다.

3) 세대공동체교육 프로그램

우리나라의 세대공동체교육은 한정란(1993)이 그 개념을 소개하면서, 그 이후 일부 연구자들에 의해 제한적인 관심으로 시작되었다. 2000년대 초에는 세대공동체교육 관련 개념이 주로 연구되기 시작하였으며, 2000년대 중반부터는 프로그램 개발과 효과 검증이 확산되기 시작하였다. 이러한 프로그램의 개발 등 세대공동체교육이 확산된 계기로는 2007년부터 교육부가 실시한 '3세대 하모니 교육정책[13)]'사업과 2009년부터 문화체육관광부가 실시한 '아름다운 이야기 할머니 사업[14)]'이 대표적이다. 이 두 가지 국가사업으로 인하여 연구자들이 세대공동체교육에 관심을 가지기 시작하였지만 어른들의 일자리창출에 국한되어 진행되었기 때문에 교육적 측면에서 프로그램 개발이 진전되지 못했다는 한계점을 지니고 있다.

13) 교육부(2007)의 지원으로 진행된 '3세대 하모니 교육정책' 사업은 중·고령 여성에게 일자리 창출을 통해 사회참여 기회 제공 및 핵가족화로 할머니의 정을 느낄 기회가 적은 유아들의 정서순화와 세대 간 교감의 폭을 넓힐 수 있도록 하려는 목적으로 추진된 사업이다.

14) 문화체육관광부(2009)의 지원으로 진행된 '아름다운 이야기 할머니 사업'도 유아교육기관을 찾아가 효, 사랑, 정직, 지혜 등과 같은 주제가 있는 선현미담을 들려주는 사업이다. 이 사업은 할머니들이 아이들에게 재미있고 교훈적인 이야기를 들려줌으로써 정신적인 감동뿐만 아니라 이웃의 선행과 전통문화에 대한 긍정적 관심을 유도하는 인성교육 지도자로서의 역할을 수행하는 데 목적을 가졌다.

세대공동체교육의 현황을 일목요연하게 파악하는 것은 쉽지 않다. 이는 국가차원의 전국적 실태조사가 활발하게 진행되고 있지 않기 때문이다. 하지만 현재 이루어지고 있는 세대공동체교육 현황을 대상별로 분류해 본다면 유아, 초등학생, 중・고등학생, 대학생, 노인, 여러 세대를 아우르는 교육으로 분류할 수 있는데 구체적인 내용은 다음과 같다(오윤영, 2017).

(1) 유아 대상 세대공동체교육

유아 대상 세대공동체교육은 어린이집과 유치원에서 실시되고 있다. 교육내용은 옛이야기 구연동화, 민속박물관 견학, 명절음식 만들기, 전통놀이 등이며, 교육방법은 강의, 체험과 레크리에이션 등이 사용된다. 또한 앞에서 제시한 '3세대 하모니 교육정책' 사업과 '아름다운 이야기 할머니 사업' 등의 영향으로 노인을 어린이집이나 유치원에서 보조교사로서 활용해 생활지도나 안전교육, 보건교육, 인성교육, 유아세계시민교육 등의 수업을 하려는 노력이 시도되고 있다.

(2) 초등학생 대상 세대공동체교육

초등학생 대상 세대공동체교육은 학교, 청소년수련관, 지역아동센터에서 주로 실시되고 있다. 교육내용은 가족구조, 인구구조의 변화 이해, 노인과 노화에 대한 이해, 노인 대상 봉사활동, 노인(장애)체험, 전통놀이 체험 등이며, 교육방법은 강의, 체험과 레크리에이션 등이다. 이와 같이 초등학생 대상 세대공동체교육은 노인에 대한 이해 교육과 함께 노인 대상 봉사활동, 사회의 가족구조 및 인구구조의 변화를 이해하는 교육으로 발달정도에 따라 유아를 대상으로 하는 세대공동체교육보다 심화되어 운영되고 있다.

(3) 중 · 고등학생 대상 세대공동체교육

중 · 고등학생 대상 세대공동체교육은 빈도가 높지 않지만 학교와 청소년수련관에서 실시되고 있다. 유아나 초등학생들에게는 활동위주의 교육이 실시되고 있지만 이와 달리 중 · 고등학생들에게는 노인 세대를 이해하는 이론적인 내용이 포함된다. 교육내용은 인구구조의 변화와 고령화 사회 이해, 노인과 노화에 관한 이해, 노인체험, 노인문제 해결방안, 노인 대상 봉사활동이며, 교육방법은 강의, 토의, 체험과 모둠학습 등이다. 이와 같이 중 · 고등학생 대상 세대공동체교육은 노인에 대한 이해 교육과 노인 대상 봉사활동, 노인문제 해결방안 탐색으로 진행되며, 좀 더 적극적으로 노인문제까지 접근하여 해결하고자 한다.

(4) 대학생 대상 세대공동체교육

대학생 대상 세대공동체교육은 대학교와 사회단체에서 실시되고 있으며, 교육내용은 노화 및 노인에 대한 이해, 노인 대상 봉사활동, 세대차이 탐구토론 등이며, 교육방법은 강의와 토론이 주를 이룬다.

(5) 노인 대상 세대공동체교육

노인 대상 세대공동체교육은 노인종합복지관, 주민자치센터, 경로당, 도서관, 사회단체, 시니어클럽에서 주로 실시되고 있다. 교육내용은 정보화교육, 휴대전화 활용교육, 자원봉사를 위한 교육, 시니어교육강사로 활동하기 위한 교육이며, 교육방법은 강의, 실습, 행사와 체험 등이다. 이와 같이 노인 대상 세대공동체교육은 젊은 세대를 이해하는 프로그램이 아니라 새로운 생활방식을 따라잡기 위한 내용과 젊은 세대를 위한 자원봉사나 교육강사로 활동하는 내용이 주를 이룬다.

지금까지 살펴본 다섯 가지, 즉 유아 대상 세대공동체교육, 초등학생 대상 세대공동체교육, 중·고등학생 대상 세대공동체교육, 대학생 대상 세대공동체교육 및 노인 대상 세대공동체교육을 정리해 보면 표 12-2와 같다.

표 12-2. 교육대상별 세대공동체교육

대상	운영기관/ 연구협조기관	교육내용	교육방법
유아	어린이집, 유치원	• 옛이야기 구연동화 • 민속박물관견학 • 명절음식 만들기 • 전통놀이(윷놀이, 콩주머니 놀이, 제기차기), 소고춤과 장구 배우기, 한복 입고 절하기, 국악, 다도, 새끼줄 꼬기	강의, 체험, 레크리에이션
초등학생	학교, 청소년수련관, 지역아동센터	• 가족 구조, 인구구조 변화 이해 • 노인과 노화에 관한 이해 • 노인대상 봉사활동 • 노인(장애)체험 • 전통놀이 체험: 송편 만들기, 새끼줄 꼬기, 민속춤배우기, 민속놀이(제기차기, 굴렁쇠놀이), 민속춤 • 공예(종 만들기), 예절교육, 한문 등	체험, 레크리에이션, 강의
중· 고등학생	학교, 청소년수련관	• 인구구조 변화와 고령화 사회 이해 • 노인과 노화에 관한 이해 • 노인체험 • 노인문제 해결방안 탐색 • 노인대상 봉사활동	강의, 토의, 체험, 모둠학습
대학생	대학교, 사회단체	• 노화 및 노인에 대한 이해 • 노인대상 봉사활동 • 세대차이 탐구토론	강의, 토론
노인	노인종합복지관, 주민자치센터, 경로당, 도서관, 사회단체, 시니어클럽	• 정보화교육(인터넷이나 컴퓨터 교육) • 휴대전화 활용교육 • 자원봉사를 위한 교육(인형극단, 동화구연지도) • 시니어교육강사로 활동하기 위한 교육(한자지도, 미술교육 등)	강의, 실습, 행사, 체험

출처: 오윤영(2017). 청소년의 세대공동체교육에 대한 인식 및 요구분석. 조선대학교 대학원 석사학위논문.

(6) 여러 세대를 아우르는 세대공동체교육

여러 세대를 아우르는 세대공동체교육은 젊은 세대와 노인이 함께 참여하는 프로그램으로 활성화되어 있다. 또한 젊은 세대와 노인이 함께 짝을 이루어 실시되는 세대공동체교육은 앞에서 살펴본 다섯 가지 분류의 세대공동체교육보다 양적으로 가장 많다.

이처럼 젊은 세대와 노인이 함께 참여하는 형태는 세대공동체교육의 특징적인 것으로 보인다. 그것은 유아와 노인이 함께, 초등학생과 노인이 함께, 중 · 고등학생과 노인이 함께, 대학생과 노인이 함께하는 대상으로 구분할 수 있다(오윤영, 2017).

첫째, 유아와 노인이 함께하는 세대공동체교육은 종합복지관, 어린이집, 너싱홈, 문화원, 유치원, 시니어클럽 등에서 실시되고 있다. 교육내용은 함께하는 전통놀이, 함께하는 자연체험, 함께하는 전통음식 만들기, 함께하는 예 · 체능 활동 등이며, 교육방법은 강의, 체험, 행사와 레크리에이션 등이다.

둘째, 초등학생과 노인이 함께하는 세대공동체교육은 노인종합복지관, 공부방, 구청, 청소년수련관, 지역아동센터, 학교, 건강가정지원센터 등에서 실시되고 있다. 교육내용은 함께하는 (전통놀이)게임, 함께하는 예절교육, 함께하는 봉사교육, 함께하는 요리, 함께하는 1 · 3세대 캠프, 문화유적지 방문 등이며, 교육방법은 강의, 체험, 행사, 토의와 레크리에이션 등이다.

셋째, 중 · 고등학생과 노인이 함께하는 세대공동체교육은 학교, 사회단체, 청소년회관, 청소년수련관, 주민자치센터, 건강가정지원센터 등에서 실시되고 있다. 교육내용은 봉사활동, 함께하는 친목도모 프로그램, 어르신 자서전 집필 봉사, 함께하는 동아리 활동, 1:1 스마트폰 활용교육, 함께하는 요리하기 등이며, 교육방법은 강의, 체험, 실습, 관람과 레크리에이션 등이다.

넷째, 대학생과 노인이 함께하는 세대공동체교육은 대학교, 평생교육원, 노인종합복지관, 건강가정지원센터 등에서 실시되고 있다. 교육내용은 함께하는 친목도모 프로그램, 노인과 노화 이해교육, 노인문제 토론, 1:1 홈페이지 제작 및 스마트폰 활용 교육 등이며, 교육방법은 강의, 체험, 체험, 실습과 토의 등이다.

지금까지 살펴본 젊은 세대와 노인이 함께하는 세대공동체교육의 내용을 종합해 보면 표 12-3과 같다.

표 12-3. 젊은 세대와 노인이 함께하는 세대공동체교육

대상	운영기관/ 연구협조기관	교육내용	교육방법
유아-노인	종합복지관, 어린이집, 너싱홈 문화원, 유치원, 시니어클럽	• 함께하는 전통놀이 • 함께하는 자연체험(산책, 텃밭 가꾸기) • 함께하는 전통음식 만들기 • 함께하는 예체능활동	강의, 체험, 행사, 레크리에이션
초등학생- 노인	노인종합복지관, 공부방, 구청 청소년수련관, 지역아동센터, 학교, 건강가정지원센터	• 함께하는 (전통놀이)게임 • 함께하는 전통음식 만들기 • 함께하는 예절교육 • 함께하는 봉사교육 • 함께하는 1 · 3세대 캠프 • 문화유적지 방문	강의, 체험, 행사, 토의, 레크리에이션
중 · 고등학생- 노인	학교, 사회단체, 청소년회관, 청소년수련관, 주민자치센터, 건강가정지원센터	• 봉사활동 • 함께하는 친목도모 프로그램(팀 게임, 공동작업, 독거노인과 함께 영화보기) • 어르신 자서전 집필 봉사 • 함께하는 동아리 활동 • 1:1 스마트폰 활용교육 • 함께하는 요리하기	강의, 체험, 실습, 관람, 레크리에이션
대학생- 노인	대학교, 평생교육원, 노인종합복지관, 건강가정지원센터	• 함께하는 친목도모 프로그램(1, 3세대 도전 공감벨, 티셔츠 만들기, 리폼웨어 디자인) • 노인과 노화 이해교육, 노인문제 토론 • 1:1 홈페이지 제작, 스마트폰 활용교육	강의, 체험, 실습, 토의

출처: 오윤영(2017). 청소년의 세대공동체교육에 대한 인식 및 요구분석. 조선대학교 대학원 석사학위논문.

이와 같이 현재 세대공동체교육은 유아부터 노인에 이르기까지 학교뿐만 아니라 학교 밖 기관에서 다양하게 실시되고 있다는 것을 알 수 있다. 그러나 세대공동체교육이 단순한 체험위주 활동으로 이루어져 있어 다른 세대를 이해하고 의미 있는 상호교류가 이루어지는 것에는 한계점을 보인다. 따라서 단순한 접촉을 넘어서서 긍정적인 상호이해 교육이 이루어질 수 있도록 교육대상에 따른 다양한 프로그램이 개발되어 운영될 필요성이 있다. 더불어 세대공동체교육이 발전되려면 중간 세대의 역할을 이해할 수 있는 프로그램도 함께 개발되어 운영되어야 할 것이다.

참고문헌

강소랑, 김병수(2016). 노인일자리 사업이 고령자의 성공적 노화에 미치는 영향. **한국행정학보, 50**(1), 167-199.

강순희, 김연진, 김이영, 김재현, 김중기, 김현실, 배경란, 시옥진, 이용환, 장지현(2022). **영유아 발달**. 경기: 수양재.

강옥주(2019). 노인평생교육 참여자의 여가만족이 성공적 노화에 미치는 영향: 자아통합의 매개효과를 중심으로. 원광대학교 대학원 박사학위논문.

강재희(2009). 조리실기교육방법의 유형에 따른 학습효과 차이의 비교 연구. 세종대학교 대학원 박사학위논문.

과학기술정보통신부, 한국지능정보사회진흥원(2022). 2022 디지털정보격차 실태조사.

교육과학기술부(2012). 기본교육과정.

교육부, 국가평생교육진흥원(2023). 2022 평생교육백서.

교육부, 한국교육개발원(2019). 2019 한국 성인의 평생학습실태.

교육부, 한국교육개발원(2021). 2021 한국 성인의 평생학습실태.

권경희, 고정미, 서은경, 서준혁, 이남희, 이상구, 정윤아, 허금희(2021). **생명윤리**. 경기: 양성원.

권석만(2008). **임상심리학**. 서울: 학지사.

권성호, 현승혜(2014). 중 · 장년층 직장인의 디지털 리터러시에 대한 연구. **학습과학연구, 8**(1), 120-140.

권순황(2008). **특수교육 교과교재연구 및 지도법**. 서울: 일문사.

권이종(2001). **평생교육방법론**. 경기: 교육과학사.

권중돈(2006). 최신 노화이론과 성공적 노화. 대한간호협회 보건진료원회 대구 · 경북지회. 보건진료원 혁신교육 및 건강증진발표대회 자료집, 23-33.

권중돈(2010). **노인복지론**. 서울: 학지사.

권중돈(2016). **노인복지론**. 서울: 학지사.

기영화(2000). 퇴직준비를 위한 평생교육프로그램 개발모델의 이론적 토대. *Andragogy Today: International Journal of Adult, 3*(4), 17-41.

기영화(2001). **평생교육 프로그램 개발**. 서울: 학지사.

김경란(2010). 효과적인 영어 학습 암기 모델: Ebbinghaus의 망각 주기 이론을 적용하여. 단국대학교 대학원 석사학위논문.

김경태(2010). 협동학습과 강의식 수업을 복합적으로 적용한 수업이 중학교 과학 학업성취도에 미치는 영향. 아주대학교 교육대학원 석사학위논문.

김경태(2015). 정보통신기술(ICT)기반 스마트관광 서비스 활성화방안. **한국관광정책**, 62, 69-77.

김근태(2012). 인문 영재학생과 일반학생의 성격 유형과 교수-학습방법 선호도 비교. 순천향대학교 교육대학원 석사학위논문.

김기진, 한정란(2010). 충청남도의 노인평생교육 현황 및 개선방안. **한국지역사회복지학**, 32, 61-83.

김남선(2002). **평생교육개론**. 서울: 형설출판사.

김남선 외(2014). **노인교육개론**. 서울: 형설출판사.

김도균(2020). 4차 산업혁명시대 인재상과 기독교교육의 방향: 핵심역량을 중심으로. 고신대학교 대학원 석사학위논문.

김만기, 채경선(2018). 공무원 · 공기업 중년기 남성의 심리적 안녕감에 대한 연구. **문화교류와 다문화교육**, 7(4), 127-151.

김문섭, 김규태, 김진숙(2019). **평생교육론**. 경기: 양성원.

김미령(2013). 준고령자의 성공적 노화 구성요소의 삶의 만족도 영향 및 노후준비의 매개효과. **노인복지연구**, 62, 257-287.

김선정(2013). 상호적 또래교수가 수학 학습 성취도 및 수학적 태도에 미치는 효과. 한국교원대학교 교육대학원 석사학위논문.

김선화(2003). 죽음준비교육이 노인 삶의 질에 미치는 영향. 단국대학교 행정법무대학원 석사학위논문.

김소연(2010). 반복학습의 기간차이가 학업성취도와 수학학습태도에 미치는 영향. 국민대학교 교육대학원 석사학위논문.

김애련(2004). 성인학습자의 학습성과 인식 연구. 단국대학교 대학원 박사학위논문.

김연옥(1992). 퇴직예정자의 퇴직태도 및 퇴직 후 계획에 대한 연구. **사회복지연구**, 4(1), 47-65.

김연진(2012). 한국형 은퇴준비 척도타당화 연구. 단국대학교 대학원 박사학위논문.

김영대, 조윤희, 서영조(2017). 장 · 노년층 정보화교육의 효과에 관한 연구: 디지털 역량과 삶의 질을 중심으로. **행정론총, 55**(1), 229-259.

김완균(2010). **청소년을 위한 뇌과학**. 서울: 비룡소.

김욱, 김정현, 박현식, 조성희(2012). **노인복지론**. 경기: 양서원.

김유진(2010). 반복학습을 적용한 음악 개념 지도방안 연구: 4학년을 중심으로. 한국교원대학교 대학원 석사학위논문.

김정언, 노용환, 최두진, 정부연, 김재경(2007). **노인의 정보격차 현황 분석 및 정책방안**. 서울: 정보통신정책연구원.

김정욱, 박봉권, 노영우, 임성현(2016). **2016 다보스 리포트: 인공지능과 4차 산업혁명**. 서울: 매일경제신문사.

김주동(2012). 지방공무원들의 퇴직준비교육 프로그램 요구분석과 설계. 숭실대학교 대학원 박사학위논문.

김진숙, 김규태, 서민호, 조정선(2018). **평생교육경영론**. 경기: 양성원.

김진숙, 여익구, 박희숙, 김미숙(2018). **노인교육론**. 경기: 공동체.

김진화, 고영화, 권재현, 정민주(2010). 한국 평생교육 프로그램 분류체제 개발 연구. **평생교육학연구, 16**(3), 211-236.

김청자, 선우현, 유경훈(2012). **발달심리학의 이해**. 서울: 동문사.

김현주(2003). 노인의 생활만족도가 죽음에 대한 태도에 미치는 영향. 한림대학교 사회복지대학원 석사학위논문.

남선경(2012). 노년층 성인교육자의 실천적 지식을 활용한 교수활동 특성 탐색. 숙명여자대학교 대학원 석사학위논문.

노용구, 이철원, 박선시, 오세이, 이주연, 김영재, 서상훈, 박세혁, 김재운, 오세숙, 신규리, 이승민, 황향희, 정윤하, 박수정, 전태준, 한우진, 김재훈, 김현아, 강현욱, 안동수(2008). **여가학 총론**. 서울: 레인보우북스.

류성창 외(2017). 4차 산업혁명 시대의 미래인재 핵심역량 조사 · 분석. 고려대학교 HRD 정책중점연구소.

모선희(2004). 고령화 사회의 노인여가활동. 대전보건대학 평생교육원 노인복지사 양성교재.

모선희, 김형수, 유성호, 윤경아(2006). **현대노인복지론**. 서울: 학지사.

민용성(2004). 한국 교사의 교수유형 분석. 한국교원대학교 대학원 박사학위논문.

박가열, 천영민, 홍성민, 손양수(2016). **기술 변화에 따른 일자리 영향 연구**. 충북: 한국정보고용원.

박귀영, 정일교, 전영록, 전대성, 오현숙, 이영식, 황동섭, 정명희, 유승창(2023). **노인복지론.** 경기: 양성원.

박미영(2017). 학교 밖 청소년 대상 취업성공패키지 프로그램 적용사례 연구. 공주대학교 교육대학원 석사학위논문.

박미진, 여구환, 박병현(2010). 지역사회거주 빈곤 노인의 건강증진행위에 대한 영향요인 연구. **노인복지연구,** 48, 205-227.

박민경, 한승협(2020). 노인교육이 삶의 만족도에 미치는 영향에서 인구통계 변인의 조절효과. **사회융합연구, 4**(4), 127-142.

박석돈, 박순미, 이기원, 이용환, 이재모, 최병태(2022). **노인복지론.** 경기: 양성원.

박선희(2020). 평생학습관의 교육프로그램 효율적 운영 방안. 중원대학교 대학원 박사학위논문.

박성익(1997). **교수 · 학습방법의 이론과 실제.** 서울: 교육과학사.

박소영, 김지원(2019). 노년층 세대 내 디지털 정보격차 분석: 2010-2018 한국미디어 패널조사를 중심으로. **한국정보분석학회지, 21**(5), 2407-2418.

박수진(2020). 노인의 평생교육프로그램 참여가 삶의 만족도에 미치는 영향: 도, 농복합 지역(청주시 오창읍)의 특성을 중심으로. 고려대학교 대학원 석사학위논문.

박재홍(2010). 한국사회의 세대갈등. **한국인구학, 33**(3), 75-99.

박지은(2009). 죽음준비교육이 노인의 죽음에 대한 정서 · 인지 · 행동에 미치는 효과. 서울여자대학교 사회복지 · 기독교 대학원 석사학위논문.

박창희, 장석준(2013). 노년층 스마트 미디어와 디지털 복지-스마트 기기 접근 및 이용격차를 중심으로. **지역과 커뮤니케이션, 17**(4), 79-105.

박표진, 기영화(2009). 퇴직준비교육이 교원의 성공적 노후에 미치는 영향. 숭실대학교 한국평생교육 HRD 연구소.

박형근, 김영훈(2014). POSRI 보고서: 인더스트리 4.0, 독일의 미래 제조업 청사진. POSRI 이슈리포트, 포스코경영연구원, 11-21.

배상명(2021). 정년퇴직예정근로자의 재취업지원교육 개선방안 연구. 대구대학교 디자인 · 산업행정대학원 석사학위논문.

백욱인(2001). 전자 아카이브와 디지털 리터러시. **황해문화,** 30, 448-452.

백혜진(2006). 사회과 법교육의 '사례중심 교수-학습방법' 적용에 관한 연구. 숙명여자대학교 교육대학원 석사학위논문.

변금선(2018). 노인일자리 사업 정책효과에 관한 연구의 경향과 쟁점. 한국노인복지학회 학술대회, 206-227.

변주성(2009). 평생교육기관 도자교육 프로그램의 학습성과에 미치는 영향요인 구조분석. 한국교원대학교 대학원 박사학위논문.

보건복지부(2020). 2020 노인일자리 및 사회활동지원 사업 운영안내.

보건복지부, 한국보건사회연구원(2020). 2020년도 노인실태조사.

산업자원부, 한국사이버교육학회(2003). e-learning 백서. 서울: 콘텐츠미디어.

손승현(2008). 학습부진아를 위한 개별화 교육방법. **교육방법연구, 20**(1), 93-110.

송민정(2016). 신뢰기반의 정보통신기술 인프라가 주는 새로운 비즈니스 기회에 대한 연구. **정보와 통신, 33**(2), 39-50.

송병순, 이영호(2000). **평생교육의 이론과 실제**. 서울: 원미사.

신경안, 공영미, 김송고, 김태희, 김현경, 오승하, 이영희, 정형민(2023). **노인복지론**. 경기: 양성원.

실무노동자용어사전(2014). 실무노동자용어사전.

안은경(2012). 노인복지관 평생교육프로그램 참여의 장해요인에 관한 연구. 인천대학교 행정대학원 석사학위논문.

안주희, 여상인(2017). 초등과학영재 담당교사의 과학영재수업과 일반과학수업에서의 교수유형 분석. **과학영재교육, 9**(1), 11-22.

양흥권(2017). **평생교육론**. 서울: 신정.

오병철(2012). 베이비붐 세대 남성 직장인들의 퇴직 태도, 노후준비, 노년기 사회참여 의향. 한서대학교 대학원 박사학위논문.

오애숙(2013). 노인의 평생교육프로그램 참여변인에 따른 삶의 만족도. 광주대학교 대학원 석사학위논문.

오윤영(2017). 청소년의 세대공동체교육에 대한 인식 및 요구분석. 조선대학교 대학원 석사학위논문.

오진탁(2007). **마지막 선물**. 서울: 세종서적.

우예신(2021). 노인을 위한 스마트폰 교육프로그램 개발 및 검증: 대중교통 이용을 중심으로. 연세대학교 대학원 박사학위논문.

윤정민(2018). 제4차 산업혁명 시대에 대한 유아교사의 인식 연구. 총신대학교 교육대학원 석사학위논문.

윤형준(2010). 성공적 노화에 미치는 영향요인과 인식에 관한 연구. 강원대학교 대학원 박사학위논문.

이경희(2021). 코로나19와 노인교육의 변화 방향. 한국노년교육학회 학술대회 발표집, 31-56.

이귀옥, 이수연(2019). 노인의 건강정보원 이용유형과 건강증진 행동: 정보원 이용에 영향을 미치는 요인과 건강증진 행동과의 관계를 중심으로. **노인복지연구, 74**(4), 157-184.

이기원, 한영상, 박선태, 정혜선, 명근홍, 장순휘(2023). **평생교육론.** 경기: 양성원.

이기원, 현영렬, 한영상, 송재만, 최연우, 이순임(2022). **평생교육방법론.** 경기: 양성원.

이나겸(2019). 연령통합 사회를 위한 노인 평생교육 프로그램의 연구: S재단 W캠퍼스 중고령층을 중심으로. 서강대학교 교육대학원 석사학위논문.

이동우(2009). 고령화 사회에서의 노인재취업 활성화 방안에 관한 연구. 영남대학교 행정대학원 석사학위논문.

이명성(2015). 정보화 사회에서 스마트폰 이용이 노인의 자아존중감에 미치는 영향: 대인관계의 매개효과를 중심으로. 서울기독대학교 대학원 박사학위논문.

이민재(2024). 경찰공무원 퇴직준비교육경험이 자아존중감과 삶의 질에 미치는 영향. 서울사이버대학교 휴먼서비스대학원 석사학위논문.

이성현(2013). 퇴직준비교육을 중심으로 한 퇴직공무원 지원에 관한 연구. 서울대학교 행정대학원 석사학위논문.

이소정, 정경희, 이윤경, 유삼현(2007). 우리나라 노인의 사회참여 유형분석 및 정책적 함의. 한국보건사회연구원.

이수혜(2004). 고령화 사회의 노인인력 활용에 관한 연구. 경희대학교 행정대학원 석사학위논문.

이승민(2008). 한국적 여가교육을 위한 지식체계 및 실행활성화 요인 탐색. 단국대학교 대학원 박사학위논문.

이승윤(2022). 노인의 신체적 건강, 연령주의, 우울 간의 관계: 삶의 의미의 조절된 매개효과. 전북대학교 대학원 석사학위논문.

이승자(2007). 아동·노인간 세대공동교육프로그램의 효과에 관한 연구. 한서대학교 대학원 석사학위논문.

이영희(2018). 노인 남성의 평생교육 참여경험과 인식에 관한 합의적 질적 연구. 한국방송통신대학교 대학원 석사학위논문.

이유진(2011). 초고령사회를 대비한 평생교육으로서의 노인여가교육 활성화 방안. 강원대학교 대학원 석사학위논문.

이임엘(2021). 제4차 산업혁명시대 속 다음세대 예배 활성화 방안 연구. 백석대학교 기독교전문대학원 석사학위논문.

이장호(1999). **상담심리학**. 서울: 박영사.

이정은(2021). 노인여가복지시설에서의 건강증진 프로그램 이용에 따른 노인의 신체건강, 정신건강 및 삶의 질 비교. 중앙대학교 대학원 석사학위논문.

이정희(2008). 노인의 여가활동이 생활 만족도와 자아존중감에 미치는 영향. 한양대학교 사회복지정책학과 석사학위논문.

이정희(2015). 노인의 성공적 노화에 영향을 미치는 요인에 관한 연구: 여가 · 자원봉사 · 영성을 중심으로. 건국대학교 행정대학원 석사학위논문.

이지영(2004). 죽음에 대한 노인의 인식 연구. 성공회대학교 일반대학원 석사학위논문.

이해숙(2023). 세계평화통일가정연합의 죽음준비교육 프로그램 개발과 효과 연구. 선문대학교 신학전문대학원 박사학위논문.

이현미(2007). 노인의 직업활동과 생활만족도 관계에 관한 연구. 서울대학교 대학원 석사학위논문.

이현찬(2011). 노인교육프로그램이 사회적 자본과 삶의 만족도에 미치는 영향. 경남과학기술대학 벤처기업대학원 석사학위논문.

임영미(2008). 노인정보화교육 개선 및 활성화를 위한 연구. 한국방송통신대학교 평생대학원 석사학위논문.

임용진(2018). 4차 산업혁명시대를 위한 교육혁신의 저해요소에 관한 분석. 성공회대학교 교육대학원 석사학위논문.

임원숙(2009). 노인여가 활성화와 복지정책의 발전방안. 경희대학교 행정대학원 석사학위논문.

임일(2016). **4차 산업혁명 인사이트**. 경기: 더 메이커.

장인협, 최성재(2006). **노인복지학**. 서울: 서울대학교 출판부.

장천식(2008). 노인복지관 평생교육프로그램 운영에 관한 실증적 연구. 국제신학교 대학원 박사학위논문.

전영숙(2006). 노인여가교육 프로그램이 노인의 여가인식과 삶의 질에 미치는 영향 연구. 서울여자대학교 대학원 박사학위논문.

전효진(2007). 사회과 법 교육의 사례 중심 교수-학습 방법. 한국외국어대학교 교육대학원 석사학위논문.

정순둘, 송아영, 전혜상(2015). 복지태도와 연령주의에 대한 연구. **노인복지연구**, 70, 245-266.

정순둘, 정주희, 김미리(2016). 연령주의와 연령통합이 세대갈등인식에 미치는 영향. **한국사회복지학**, 68(4), 5-24.

정순태(2020). **55+ 지혜로운 노후생활**. 경북: 소소담담.

정애라(2015). 학습자유형별 학습문제의 원인과 효과적인 교수학습방법에 대한 교사 및 학생의 인식조사. 조선대학교 교육대학원 석사학위논문.

정영임(2006). 중년기 직장인의 직업특성이 퇴직태도에 미치는 영향에 관한 연구. 경기대학교 대학원 석사학위논문.

정옥분(2008). **성인 · 노인 심리학**. 서울: 학지사.

지경미, 김남숙(2021). 노인의 디지털리터러시 능력이 정치효능감에 미치는 영향: 사회적지지의 조절효과. **인문사회 21**, 12(1), 1601-1616.

진경엽(2017). 미래교사의 역할 및 교수역량 구인 타당화. 숭실대학교 대학원 박사학위논문.

진주영(2023). 노인의 정보통신기술(ICT) 활용능력이 삶의 만족도에 미치는 영향: 자기효능감의 매개효과. 예명대학교 대학원 박사학위논문.

차갑부(2014). **평생교육론**. 경기: 교육과학사.

차동숙(2021). 노인여가교육 프로그램 개선방안에 관한 연구: 노인원예활동 프로그램 사례를 중심으로. 대구대학교 디자인 · 산업행정대학원 석사학위논문.

최경인(2014). 노년기 사회참여의 변화궤적: 심리사회적 기능과의 관계 및 예측요인. 상지대학교 일반대학원 박사학위논문.

최두진, 김은정, 이재광(2009). **고령층의 정보문화 활성화 방안: 사회참여활동을 중심으로**. 서울: 한국정보문화진흥원.

최병두(2006). 정보통신기술의 발달이 사회공간에 미치는 영향. **한국지역지리학회지**, 12(2), 245-264.

최성재, 장인협(2010). **고령화 사회의 노인복지학**. 서울: 서울대학교 출판부.

최순자(2015). 노인의 평생교육프로그램 참여가 삶의 질에 미치는 영향요인의 관한 연구: 교육만족도 매개효과를 중심으로. 중앙신학대학교 대학원 박사학위논문.

최용구(2012). 문화예술교육 프로그램 참여 노인의 문화예술활동 만족도에 영향을 미치는 요인. 대구한의대학교 대학원 박사학위논문.

최은수, 김미자, 최연희, 윤한수(2016). **평생교육론**. 경기: 공동체.

최일섭, 최성재(1995). **사회문제와 사회복지**. 서울: 나남출판.

최현자, 주소현, 조혜진, 김민정, 김정현(2012). 우리나라 가계의 은퇴준비 종합지수 개발 연구. **조사연구**, 13(3), 63-87.

최현재(2019). 노인의 정보 활용 행태로 본 지자체의 정보화 정책의 현주소: 고령화, 정보화정책의 변화를 기대하며…. **한국지역정보개발원**, 116, 26-29.

통계청(2010). 장래인구추계.

통계청(2022). 2022 고령자 통계.

하란희(2010). 노인의 여가참여 형태 및 제약이 여가만족에 미치는 영향. 한남대학교 행정복지대학원 석사학위논문.

하미경(2021). 노인의 인구사회학적 특성에 따른 평생교육프로그램 참여형태에 관한 연구. 대구대학교 디자인 · 산업행정대학원 석사학위논문.

한국노인인력개발원(2019). 2018 노인일자리 및 사회활동 통계 동향.

한규석(2008). **사회심리학의 이해**. 서울: 학지사.

한정란(1993). 노인교육 교육과정 개발 실천 연구. 연세대학교 대학원 박사학위논문.

한정란(1998). 고령화 사회에 대비한 퇴직 준비 교육. **연세교육연구**, 11(1), 263-285.

한정란(2001). 노인교육과 세대통합: 세대공동체교육. 한국성인교육학회추계학술대회 자료집, 23-34.

한정란(2002). **교육노년학**. 서울: 학지사.

한정란(2006). **노인교육의 이해**. 서울: 학지사.

한정란(2008). 한국노년학 30년을 통해 본 노년교육 관련 연구. **한국노년학**, 28(4), 831-846.

한정란, 김승원, 서정분(2019). 세대 간 정보격차 해소를 위한 노인 휴대폰 활용 교육의 성과. **노년교육연구**, 5(1), 43-61.

한정란, 안경실, 오병철(2010). 중년 직장 남성의 직업 및 퇴직에 대한 태도. **한국노년학**, 30(2), 599-613.

한준(2022). 고령화와 한국사회: 새로운 재론. **지식의 지평**, 33, 1-11.

현경선, 한상숙, 김원옥, 원점숙, 김귀분, 전준희(2006). 노인건강증진 프로그램이 경로당을 이용하는 여성노인의 체력과 심리건강에 미치는 효과. **대한보건연구**, 32, 26-34.

현대경제연구원(2017). 2017년 다보스포럼의 주요 내용과 시사점. **경제주평**, 727, 1-13.

홍숙정(2007). 박물관 · 미술관의 노인 문화예술교육 현황 및 활성화 방안 연구: 국립중앙박물과 국립현대미술관을 중심으로. 경희대학교 대학원 석사학위논문.

홍영란, 김미란, 최두진, 황여정, 홍순현(2013). **세대통합을 위한 교육 · 정보체제 개선 전략 연**

구: 실태 진단 및 정책 분석. 서울: 한국교육개발원.

홍지선(2017). 예비퇴직자의 평생교육프로그램 준비도, 참여도, 선호도 분석. 이화여자대학교 교육대학원 석사학위논문.

황유정(2004). 공공도서관 성인학습자의 평생교육프로그램 방전방안. 동아대학교 대학원 석사학위논문.

황정규 외(1998). 대학의 교수 · 학습 체제 분석과 학습량 적정화 방안 연구. 대학교육협의회.

Atchley, R. C. (1971). Retirement and Leisure Participation: Continuity or Crisis?. *The Gerontologist,* 13-17.

Atchley, R. C. (1977). *The social forces in later life: An introduction to social gerontology.* Belmont, CA: Wadsworth.

Atchley, R. C. (1989). A continuity theory of normal aging. *The Gerontologist,* 29, 83-190.

Baltes, P. B., & Baltes, M. M. (1990). *European Network on Longitudinal Studies on Individual Development. Successful Aging: Perspectives from Behavioral Sciences.* New York: Cambridge University Press.

Baltes, P. B., & Baltes, M. M. (1990). Psychological perspectives on successful aging: The model of selective optimization with compensation. In P. B. Baltes & M. M. Baltes(Eds.), *Successful aging.* Cambridge, England: Cambridge University Press.

Birchfield, V., & Crepaz, M. M. L. (1998). The impact of constitutional structures and collective and competitive veto on income inequality in industrialized democracies. *European Journal of Political Research,* 34, 175-200.

Buttler, F. M. (1999). Reading partners: students can help each other learn toread!. *Education and Treatment of Children*, 22, 415-426.

Caldwell, L. L. (2004). *Time Wise: Taking charge of Free Time Curriculum for middle school students.* Scotts Vally, CA: ETR Associate.

Collett, L. J., & Lester, D. (1969). The Fear of Death and Fear of Dying. *The journal of Psychology, 72*(2), 179-181.

Corr, C. A. (1995). Death education for adults. In Corless, I. B., Germino, B. B. and Pittman, M. A.(Eds.), *A challenge for living: Dying, death, and bereavement.* Boston: Jones and Bartlett.

Corr, C. A., Nabe, C. M., & Corr, D. M. (2000). *Death and dying, life and living.* Belmont,

CA: Wadsworth.

Cross, K. P. (1982). *Adults as Learners.* San Francisco: Jossey-Bass Publishers.

Cumming, E., & Henry, W. E. (1961). *Growing Older: The Process of Disengagement.* New York: Basic Books.

Dave, R. H. (1976). *Foundations of Lifelong Education.* New York: Pergamon Press.

Deeken, A. (2002). **죽음을 어떻게 맞이할 것인가.** [How to face with death] (오진탁 역). 서울: 궁리(원저출간: 2002).

Dowd, J. J. (1980). *Stratification Among the Aged.* Cali: Brooks/Cole.

Durlak, J. A. (1994). Changing death attitudes through death education. In Neimeyer, R. A.. *Death anxiety Handbook.* Washington. DC: Taylor and Francis.

Eggen, P. D., & Kauchak, D. P.(2006). *Strategies and models for teachers: teaching content and thinking skills* (4th ed). Boston: Pearson.

Epperson, R. M. (1977). Power Defence Relations. *American Sociological Review,* 27, 23-35.

Erikson, E. H. (1964). *Childhood and Society* (2nd ed.). New York: Norton.

Fantuzzo, J. W., Polite, K., & Grayson, N.(1990). An evaluation of school-based reciprocal peer tutoring across elementary school setting. *Journal of educational Psychology,* 28, 309-324.

Fields, G. S., & Mitchell, O. S. (1984). The Effects of Social Security Reforms on Retirement Ages and Retirement Incomes. *J. Public Econ,* 25, 143-159.

Garrison, D. R., & Kanuka, H. (2004). Blended Learning: Uncovering Its Transformative Potential in Higher Education. *The Internet and Higher Education,* 7, 95-105.

Gordon, C., Gaitz, C. M., & Scott, J. (1976). Leisure and Lives: Personal Expressivity across the Life Span. In R. H. Binstock and E. Shanas(Eds.), *Handbook of Aging and the Social Sciendes* (pp.310-341). New York: D. Ban Nostrand.

Harvey, S. J. (1995). Army Centralizes Outplacement. Personnel Journal. May.

Havighurst, R. J. (1973). Social roles, work, leisure, and education. In C. Eisdorfer & M. P. Lawton(Eds.), *The psychology of adult development and aging* (pp. 598-618). Washington: American Psychological Association.

Havighurst, R. J. (1977). A Social Psychological Perspective on aging, Let's learn about Aging. J. R. Barry and C. R. Wingrove(eds), *A Book of Reading.* New York: Schenkman pub.

Hooyman, N. R., & Kiyak, H. A. (2008). *Social Gerontology: A multidisciplinary perspective* (8th ed.). Boston, MA: Allyn and Bacon.

Iso-Ahola, S. E. (1980). *The Social Psychology of Leisure and Recreation.* Dubuque, IA: William C. Brown Co.

Kane, R. L., Kane R. A., & Arnold, S. B. (1985). Prevention and the elderly Risk factors. *Health Services Research,* 19, 945-955.

Kinch, J. W. (1963). A formalized theory of self-concept. *American Journal of Sociology,* 68, 481-486.

Lemon, B. W., Bengtson, V. L., & Peterson, J. A. (1972). An exploration of the activity theory of aging: Activity types and satisfaction among in-movers to a retirement community. *Journal of Gerontology, 27*(4), 511-523.

Lengrand, P. (1975). *An Introduction to Lifelong Education.* London: Croom Helm.

Loureiro, A., & Barbas, M. (2014). Active Ageing-enhancing digital literacies in elderly citizens. *In International Conference on Learning and Collaboration Technologies,* 8524, 450-459.

Maddox, G. L., Atchley, R. C. Evans, J. G., Hudson, R. B., Kane, R. A., Masoro, E. J., Mezey, M. D., Poon , L. W., & Siegler, I. C. (2001). *The Encyclopedia of Aging.* New York: Springer Publishing Company.

Mantyla. K. (2001). *Blending e-learning: The power is in the mix.* Alexandria, VA: ASTD.

McClusky, H. Y. (1971). *Education: Background. Report prepared for the 1971 White House Conference on Aging.* Washington, DC: White House Conference on Aging.

McClusky, H. Y. (1990). The community of generations: A goal a context for the education of persons in the later years. *Introduction th educational gerontology,* 59-83.

McGuire, W. J. (1985). Attitudes and attitude change. In G. Lindzey & E. Aronson(Eds.), *The handbook of social psychology* (3rd ed., Vol. 2, pp. 233-346). New York: Random House.

Mckechnnie, E. (1976). Ag and Nobel Prize. *Behavioral Science*, 2, 301-307.

Mclnnis-Dittrich, K. (2005). *Social work with Elders: A Biopsychosocial Approach to Assessment and Intervention* (2nd ed.). Boston, MA: Pearson Education, Inc.

Metzler, M. W. (2007). **체육수업모형.** [Instructional models for physical education](유정애, 이충원, 신기철, 김선희, 최희진, 김윤희, 김원정, 조남용, 김종환, 문도순 역). 서울: 대한미디어(원저출간: 2000).

Mosston M., & Ashworth S. (1990). The Spectrum of Teaching Styles. From Command to Discovery. Longman, Inc, 95 Church St., White Plains, NY 10601-1505.

Mundy, J. (1998). *Leisure education: Theory and Practice.* Champaign, IL: Sagamore Publishing.

Mundy, J., & Odumn, L. (1977). *Leisure education: Theory and Practice.* New York: John Wiley & Sons.

Peterson, C. A., & Gunn, S. L. (1998). *Therapeutic recreation program design: Principle and procedures.* Englewood Cliffs, NJ: Perntice-Hall.

Ragheb, M. G. (1980). Social Psychology and Leisure behavior: A frame of reference and implication for research. In S. S. Iso-Ahola (Eds.). *Social Psychological Perspectives of Leisure and Receration.* IL: Charles C Thomas.

Reay, J. (2003). Blended Learning: A fusion for the future. *Knowledge Management Review, 4*(3), 6.

Renzulli, J. S., Rizza, M. G., & Smith, L. H. (2002). *Learning styles inventory-version III: A measure of student preferences for instructional techniques. Technical and administration manual.* Mansfield Center, CT: Creative Learning Press.

Rosow, L. (1974). *Socialization to Old Age.* CA: University of California.

Rowe, J. W., & Kahn, R. L. (1997). *Successful Aging.* New York: Dell Publishing Random House.

Schäffer, B. (2007). The digital literacy of seniors. *Research in Comparative and International Education, 2*(1), 29-42.

Schwab, K. (2016). **클라우스 슈밥의 4차 산업혁명.** [Shaping the fourth industrial revolution] (송경진 역). 서울: 새로운현재(원저출간: 2016).

Smith, L. J. (2001). Content and delivery: A comparison and contrast of electronic and traditional MBA marking planning courses. *Journal of Marketing Education, 23*(1), 35-44.

Thompson, W. E. (1978). Pre-Retirement Anticipation and Adjustment in Retirement. *Journal of Social Issues*, 14, 93-99.

Tornstam, L. (1994). Gerotranscendence: A theoretical and empirical exploration. In L.E. Thomas & S.A. Eisenhandler (Eds.) *Aging and the religious dimension* (pp. 203-225). Westport, CT: Greenwood Publishing Group.

UNESCO(1976). Record of the General Conference Nineteenth Session Nairobi. Annex1, Paris: UNESCO.

Utely, C. A., Mortweet, S. L., & Greenwood, C. R.(1997). Peer mediated instruction and intervention. *Focuson Exceptional Children, 29*(5), 1-23.

Wapner, S., & Hornstein, G. A. (1985). Modes of experiencing and adapting to retirement. *International Journal on Aging and Human Development,* 21, 291-315.

WEF(2016). The Future of Jobs: Employment, Skills and Workforce Strategies for the Forth Industry Revolution. Colony/Geneva: World Economic Forum. January 2016.

Wong, P. T. (1989). Personal meaning and successful aging. *Canadian Psychology, 30*(3), 516–525.

찾아보기

저자 소개

■ **현영렬**

서울시립대학교 대학원 사회복지학박사
현, 서정대학교 사회복지과 교수
〈저서〉 평생교육방법론, 평생교육경영론, 노인복지론, 사회복지학개론 외

■ **황여울**

광신대학교 대학원 교육학박사
현, 세한대학교 겸임교수(사회복지현장실습지도교수)
　　한영대학교 겸임교수
〈저서〉 노년학, 사회복지현장실습 외

■ **최윤지**

계명대학교 대학원 교육학박사
현, 대구과학대학교 유아교육과 교수
〈저서〉 유아사회교육, 영유아창의성교육, 아동관찰 및 행동연구, 아동생활지도 외

■ **정숙희**

신라대학교 대학원 사회복지학박사 수료
현, 동원과학기술대학교 보건복지과 교수

■ **이현주**

성결대학교 대학원 사회복지학박사 과정
현, 경기도사회서비스원 경기서부노인보호전문기관 관장

■ **이장희**

청주대학교 대학원 행정학박사
현, 강동대학교 사회복지과 교수
〈저서〉 정신건강론, 사회복지와 인권, 아동복지론 외

■ **유승창**

일본 나고야대학교 대학원 문학박사

현, 나주대학교 사회복지실천과 교수

〈저서〉 사회복지조사론, 사회복지정책론, 문학으로 보는 일본의 온천문화 외

■ **안경애**

순복음대학원대학교 박사 과정

현, 칼빈대학교 사회복지과 주임교수

■ **서민호**

대구한의대학교 대학원 사회복지학박사

현, 영남외국어대학교 사회복지과 교수

〈저서〉 지역사회복지론, 사회복지실천기술론, 사회복지학개론, 정신건강론 외

■ **김채언**

숭실대학교 일반대학원 복지경영(코칭심리)전공 박사 수료

현, 동원대학교 사회복지과 교수

〈저서〉 청소년의 인터넷윤리 사이버폭력 예방 교육 지침서 외

■ **강희성**

대한신학대학원대학교 사회복지학박사

현, 호원대학교 사회복지학과 교수

〈저서〉 사회복지와 문화의 다양성, 가족복지론 외

노인교육론

1판 1쇄 인쇄 — 2024년 7월 25일
1판 1쇄 발행 — 2024년 7월 30일

저　　자 - 현영렬 황여울 최윤지 정숙희 이현주 이장희
유승창 안경애 서민호 김채언 강희성
발 행 인 - 강철원
발 행 처 - 양성원
주　　소 - 경기도 파주시 검산로 173번길 29-12
전　　화 - 031-946-3861(代)
팩　　스 - 031-946-3864
이 메 일 - tnwpub@naver.com
홈페이지 - tnwpub.co.kr
출판등록 - 2015년 8월 31일 제 2015-000211 호

ISBN 979-11-6126-579-7

정가 22,000원